MATEMÁTICA
CENTURIÓN · LA SCALA · RODRIGUES

Escrevemos esse livro pensando em você. Ele traz um novo olhar sobre a matemática, oferecendo espaço para pensar e fazer matemática de uma forma gostosa e criativa.

Marília Centurión
Júnia La Scala
Arnoldo Rodrigues

MARÍLIA RAMOS CENTURIÓN
Bacharel e licenciada em Matemática pela FFCL de Moema (SP).
Professora de Matemática no Ensino Fundamental e no Médio.
Assessora de Metodologia da Matemática em escolas das redes pública e particular.

JÚNIA LA SCALA TEIXEIRA
Licenciada em Matemática pela Faculdade Paulistana de Ciências e Letras (SP).
Licenciada em Pedagogia pela FFCL Nove de Julho (SP).
Professora de Matemática no Ensino Fundamental e no Médio.

ARNALDO BENTO RODRIGUES
Bacharel em Ciências com habilitação em Matemática pela Universidade de Guarulhos (SP).
Licenciado em Pedagogia pela União das Faculdades Francanas (SP).
Professor de Matemática no Ensino Fundamental e no Médio.

Matemática Centurión, La Scala, Rodrigues – Matemática – 3º ano
Copyright © Marília Ramos Centurión, Júnia La Scala Teixeira, Arnaldo Bento Rodrigues, 2018

Diretor editorial	Lauri Cericato
Diretora editorial adjunta	Silvana Rossi Júlio
Gerente editorial	Natalia Taccetti
Editora	Luciana Pereira Azevedo Remião
Editoras assistentes	Silvana dos Santos Alves Balsamão, Tatiana Ferrari D'Addio
Gerente de produção editorial	Mariana Milani
Coordenador de produção editorial	Marcelo Henrique Ferreira Fontes
Gerente de arte	Ricardo Borges
Coordenadora de arte	Daniela Máximo
Projeto gráfico	Bruno Attili, Juliana Carvalho
Projeto de capa	Sérgio Cândido
Ilustração de capa	Rodrigo Pascoal
Supervisora de arte	Isabel Cristina Corandin Marques
Editor de arte	Lucas Trevelin
Diagramação	Dayane Santiago, Débora Jóia, José Aparecido Amorim, Lucas Trevelin, Sara Slovac
Tratamento de imagens	Ana Isabela Pithan Maraschin, Eziquiel Racheti
Coordenadora de ilustrações e cartografia	Marcia Berne
Cartografia	Renato Bassani
Ilustrações	Adalberto Cornavaca, Aida Cassiano, Alexandre Matos, Andreia Vieira, Artur Fujita, Bentinho, Bruna Ishihara, Danillo Souza, Edson Farias, Estúdio Lab307, Glair Arruda, Ilustra Cartoon, Izomar e João Anselmo, Janjão e Miriam, Lettera Studio, Lucas Farauj, Lúcia Hiratsuka, Luiz Perez Lentini, Mariângela Haddad, MW Editora e Ilustrações, Peterson Mazzoco, Ricardo Dantas, Simone Ziaschi
Coordenadora de preparação e revisão	Lilian Semenichin
Revisão	Desirée Araújo, Iraci Miyuki Kishi, Jussara R. Gomes, Renato Colombo Jr., Solange Guerra
Supervisora de iconografia e licenciamento de textos	Elaine Bueno
Iconografia	Mário Coelho, Priscilla Liberato Narciso
Licenciamento de textos	André Luís da Mota
Supervisora de arquivos de segurança	Silvia Regina E. Almeida
Diretor de operações e produção gráfica	Reginaldo Soares Damasceno

Dados Internacionais de Catalogação na Publicação (CIP)
(Câmara Brasileira do Livro, SP, Brasil)

Centurión, Marília Ramos
   Matemática : Centurión, La Scala e Rodrigues, 3º ano /
— 1. ed. — São Paulo : FTD, 2018.

   Bibliografia.
   ISBN 978-85-96-01618-6 (aluno)
   ISBN 978-85-96-01619-3 (professor)

   1. Matemática (Ensino fundamental) I. Teixeira, Júnia
La Scala. II. Rodrigues, Arnaldo Bento. III. Título.

18-15383   CDD-372.7

Índices para catálogo sistemático:
1. Matemática : Ensino fundamental   372.7
Maria Alice Ferreira - Bibliotecária – CRB-8/7964

1 2 3 4 5 6 7 8 9

Envidamos nossos melhores esforços para localizar e indicar adequadamente os créditos dos textos e imagens presentes nesta obra didática. No entanto, colocamo-nos à disposição para avaliação de eventuais irregularidades ou omissões de crédito e consequente correção nas próximas edições. As imagens e os textos constantes nesta obra que, eventualmente, reproduzam algum tipo de material de publicidade ou propaganda, ou a ele façam alusão, são aplicados para fins didáticos e não representam recomendação ou incentivo ao consumo.

Reprodução proibida: Art. 184 do Código Penal e Lei 9.610 de 19 de fevereiro de 1998.
Todos os direitos reservados à **EDITORA FTD**.

Rua Rui Barbosa, 156 – Bela Vista – São Paulo – SP
CEP 01326-010 – Tel. 0800 772 2300
Caixa Postal 65149 – CEP da Caixa Postal 01390-970
www.ftd.com.br
central.relacionamento@ftd.com.br

A comunicação impressa e o papel têm uma ótima história ambiental para contar

APRESENTAÇÃO

NESTE LIVRO, VOCÊ VAI ENCONTRAR MUITA COISA INTERESSANTE, PORQUE A MATEMÁTICA É ASSIM: GOSTOSA DE FAZER E ENTENDER.

DURANTE ESTE ANO INTEIRO EU VOU ESTAR COM VOCÊ, PARA A GENTE CAMINHAR JUNTO.

NÃO É LEGAL?

SUMÁRIO

UNIDADE 1 — USO DOS NÚMEROS E A SEQUÊNCIA NUMÉRICA ... 8

- CONTANDO E COMPARANDO QUANTIDADES ... 10
- A ORIGEM DO SISTEMA DE NUMERAÇÃO ... 15
- CONTANDO COMO OUTROS POVOS ... 16
    - CONTANDO COMO OS MAIAS, DE 5 EM 5 ... 16
    - CONTANDO COMO OS EGÍPCIOS, DE 10 EM 10 ... 17
    - CONTANDO COMO OS ROMANOS ... 19
- COMPONDO, DECOMPONDO E LENDO NÚMEROS NATURAIS ... 21
    - FAZENDO ESTIMATIVAS ... 30
    - INVESTIGANDO PADRÕES E REGULARIDADES ... 31
- FAZENDO ARREDONDAMENTOS ... 33
    - QUAL É A CHANCE? ... 33
    - TRATANDO A INFORMAÇÃO ... 35
    - PRODUÇÃO • JOGO DO MESTRE MANDOU COM FITA NUMÉRICA ... 36
    - SÓ PARA LEMBRAR ... 37

UNIDADE 2 — ESPAÇO E FORMA ... 38

- FIGURAS GEOMÉTRICAS ESPACIAIS ... 40
    - PRODUÇÃO • UM CASTELO E UMA HISTÓRIA ... 47
    - FACES, VÉRTICES E ARESTAS ... 48
    - INVESTIGANDO PADRÕES E REGULARIDADES ... 49
    - QUAL É A CHANCE? ... 50
    - SÓ PARA LEMBRAR ... 52

UNIDADE 3 — SITUAÇÕES COM ADIÇÃO E SUBTRAÇÃO 56

IDEIAS DA ADIÇÃO: JUNTAR E ACRESCENTAR 58
   TRABALHANDO COM O CÁLCULO MENTAL 60
IDEIAS DA SUBTRAÇÃO: TIRAR, COMPLETAR E COMPARAR 61
   TRABALHANDO COM O CÁLCULO MENTAL 67
   TRATANDO A INFORMAÇÃO 68
TROCANDO IDEIAS PARA RESOLVER PROBLEMAS 69
   SITUAÇÕES DE ADIÇÃO 69
   TRABALHANDO COM O CÁLCULO MENTAL 72
   SITUAÇÕES DE SUBTRAÇÃO 73
   TRATANDO A INFORMAÇÃO 75
   TRABALHANDO COM O CÁLCULO MENTAL 76
   ADIÇÃO COM MAIS DE DOIS NÚMEROS........................... 77
   SÓ PARA LEMBRAR 79
   ADIÇÃO COM REAGRUPAMENTO 80
   TRATANDO A INFORMAÇÃO 82
   ADIÇÃO COM MAIS DE DOIS NÚMEROS COM REAGRUPAMENTO ... 83
   INVESTIGANDO PADRÕES E REGULARIDADES 85
   SUBTRAÇÃO COM REAGRUPAMENTO 85
   TRABALHANDO COM O CÁLCULO MENTAL 88
   SÓ PARA LEMBRAR 90
   QUAL É A CHANCE? 92

UNIDADE 4 — ESPAÇO E FORMA 94

FIGURAS GEOMÉTRICAS PLANAS 96
   INVESTIGANDO PADRÕES E REGULARIDADES 96
   QUAL É A CHANCE? 106
   INVESTIGANDO PADRÕES E REGULARIDADES 107
   TRATANDO A INFORMAÇÃO 108
FIGURAS GEOMÉTRICAS CONGRUENTES 109
MONTANDO E DESMONTANDO CAIXAS 116
   PRODUÇÃO • DADOS DE PROBLEMAS............................ 117
   SÓ PARA LEMBRAR 124
   QUAL É A CHANCE? 126
   INVESTIGANDO PADRÕES E REGULARIDADES 127

ILUSTRAÇÕES: ALEXANDRE MATOS

UNIDADE 5 — AMPLIANDO A SEQUÊNCIA NUMÉRICA ... 128

- **DEPOIS DO 999, QUE NÚMEROS VÊM?** ... 130
  - INVESTIGANDO PADRÕES E REGULARIDADES ... 134
  - TRATANDO A INFORMAÇÃO ... 138
- **COMPARANDO QUANTIDADES** ... 140
  - PRODUÇÃO • PESQUISA DE PREÇOS ... 142
  - SÓ PARA LEMBRAR ... 144
  - QUAL É A CHANCE? ... 145

UNIDADE 6 — AS IDEIAS DA MULTIPLICAÇÃO E DA DIVISÃO ... 146

- **A IDEIA DE ADICIONAR PARCELAS IGUAIS** ... 148
  - A TABELA DE MULTIPLICAÇÃO POR 2 ... 148
  - A TABELA DE MULTIPLICAÇÃO POR 3 ... 150
  - O DOBRO E O TRIPLO DE UM NÚMERO ... 151
  - A TABELA DE MULTIPLICAÇÃO POR 4 ... 154
  - A IDEIA DA ORGANIZAÇÃO RETANGULAR ... 155
  - A TABELA DE MULTIPLICAÇÃO POR 5 ... 156
  - O QUÁDRUPLO E O QUÍNTUPLO DE UM NÚMERO ... 157
  - A TABELA DE MULTIPLICAÇÃO POR 10 ... 158
  - MULTIPLICAÇÃO POR 6, 7 E 8 ... 160
  - A TABELA DE MULTIPLICAÇÃO POR 9 ... 163
- **PADRÕES GEOMÉTRICOS E MULTIPLICAÇÕES** ... 164
- **SITUAÇÕES DE MULTIPLICAÇÃO** ... 166
- **FORMANDO GRUPOS** ... 168
  - REPARTINDO EM PARTES IGUAIS ... 170
  - QUANTOS CABEM? ... 171
  - A METADE E A QUARTA PARTE ... 172
  - A TERÇA PARTE, A QUINTA PARTE E A DÉCIMA PARTE ... 174
- **SITUAÇÕES DE DIVISÃO** ... 176
  - TRABALHANDO COM O CÁLCULO MENTAL ... 179
  - **SUBTRAINDO PARA DIVIDIR** ... 179
  - **A DIVISÃO NÃO EXATA** ... 181
  - INVESTIGANDO PADRÕES E REGULARIDADES ... 182
  - QUAL É A CHANCE? ... 183
  - TRATANDO A INFORMAÇÃO ... 185
  - SÓ PARA LEMBRAR ... 186
  - QUAL É A CHANCE? ... 186

ALEXANDRE MATOS

UNIDADE 7
TROCANDO IDEIAS PARA RESOLVER PROBLEMAS 188

ADIÇÃO E SUBTRAÇÃO COM REAGRUPAMENTO 190
- TRABALHANDO COM O CÁLCULO MENTAL 192
- TRABALHANDO COM O CÁLCULO MENTAL 195
- TRATANDO A INFORMAÇÃO 198

MULTIPLICAÇÃO 199
- TRABALHANDO COM O CÁLCULO MENTAL 200
- QUAL É A SUA OPINIÃO? 201
- TRABALHANDO COM O CÁLCULO MENTAL 203

DIVISÃO 204
- QUAL É A CHANCE? 206
- TRABALHANDO COM O CÁLCULO MENTAL 208
- SÓ PARA LEMBRAR 209

UNIDADE 8
GRANDEZAS E MEDIDAS 210

MEDINDO COMPRIMENTOS: MEDIDAS NÃO PADRONIZADAS 212

MEDINDO COMPRIMENTOS: O CENTÍMETRO, O MILÍMETRO E O METRO 213
- QUAL É A SUA OPINIÃO? 217

COMPARANDO ÁREAS POR SOBREPOSIÇÃO 221

COMPARANDO MASSAS 224
- QUAL É A SUA OPINIÃO? 224

MEDINDO MASSAS: O QUILOGRAMA 225

MEDINDO MASSAS: O GRAMA E O MILIGRAMA 227
- FAZENDO ESTIMATIVAS 229
- PRODUÇÃO • ANALISANDO INFORMAÇÕES EM RÓTULOS E EMBALAGENS 229

MEDINDO A CAPACIDADE: O LITRO E O MILILITRO 230

MEDINDO O TEMPO 235
- LENDO AS HORAS 235
- FAZENDO ESTIMATIVAS 240
- O CALENDÁRIO 241
- INVESTIGANDO PADRÕES E REGULARIDADES 241
- SÓ PARA LEMBRAR 244

PEQUENO GLOSSÁRIO ILUSTRADO 247
BIBLIOGRAFIA 254
DOCUMENTOS OFICIAIS 256
MATERIAL PARA DESTACAR 257

CONTANDO E COMPARANDO QUANTIDADES

1. Um pneu furou. A família Pereira teve de parar no quilômetro 65 para fazer o conserto. Perto da oficina mecânica, alguns moradores da região estavam fazendo um mutirão de limpeza e recolhendo material reciclável. Veja quanto material eles recolheram.

OS ELEMENTOS NÃO FORAM REPRESENTADOS EM PROPORÇÃO DE TAMANHO ENTRE SI.

a) Sem contar, estime o que há mais: latinhas ou garrafas plásticas? _____

b) Sem contar, estime o que há menos: caixas ou latinhas? _____

c) Conte a quantidade de latinhas, garrafas e caixas acima e veja se suas estimativas foram boas. _____

d) Na sua casa, o que é feito com embalagens desse tipo? _____

• Como você faz para comparar a quantidade de garrafas e latinhas? Converse com os colegas sobre isso.

FIQUE SABENDO

A família Pereira foi ajudar na contagem de garrafas e latinhas.

1º Sérgio comparou as latinhas e garrafas plásticas fazendo uma **correspondência um a um**.

OS ELEMENTOS NÃO FORAM REPRESENTADOS EM PROPORÇÃO DE TAMANHO ENTRE SI.

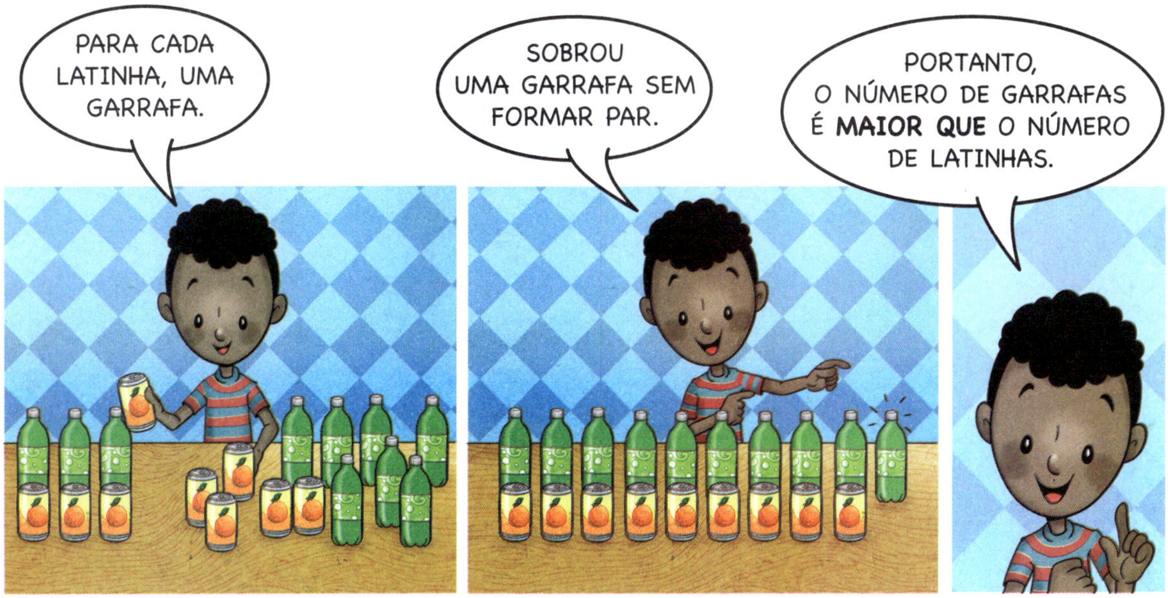

PARA CADA LATINHA, UMA GARRAFA.

SOBROU UMA GARRAFA SEM FORMAR PAR.

PORTANTO, O NÚMERO DE GARRAFAS É **MAIOR QUE** O NÚMERO DE LATINHAS.

2º Bryda preferiu fazer a **correspondência formando grupos com a mesma quantidade**.

FORMANDO GRUPOS DE 3 ELEMENTOS.

SOBROU UMA GARRAFA FORA DOS GRUPOS.

ÀS VEZES, COMPARAR FORMANDO GRUPOS É MAIS FÁCIL.

VEMOS QUE O NÚMERO DE LATINHAS É **MENOR QUE** O NÚMERO DE GARRAFAS.

3º O sr. Pereira fez a **contagem dos elementos de cada grupo**.

E você, o que achou dessas formas de comparar quantidades? Troque ideias com os colegas.

2. Veja estes outros materiais que foram separados para reciclagem.

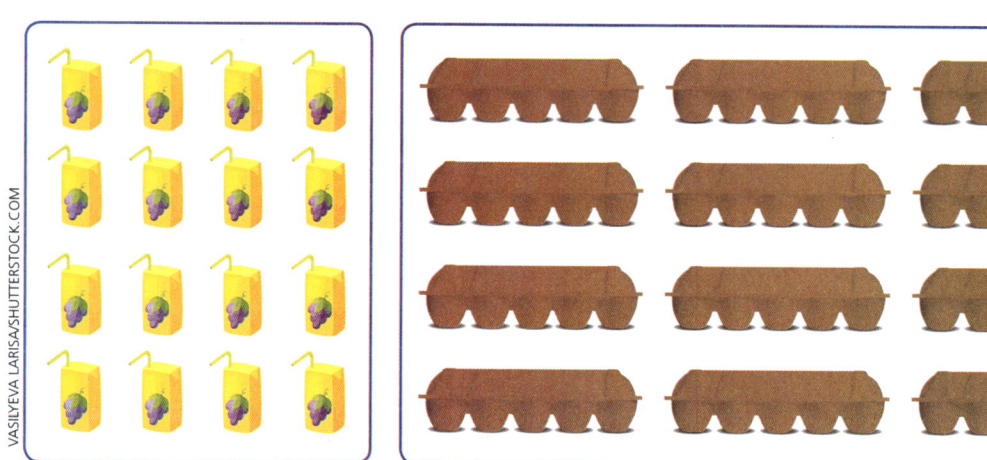

- O que há mais: caixas de suco ou caixas de ovos? Quantas a mais? Use uma das formas de comparação de quantidades apresentadas anteriormente para descobrir.

3. Outro dia, Sérgio registrou assim a quantidade de meninos e meninas de sua classe fazendo um | para cada aluno.

	Tabulação
Meninos	| | | | | | | | | | | | | | | | |
Meninas	| | | | | | | | | | | | | | | | | | | | |

a) Sem contar os |, dá para saber se na classe há mais meninos ou meninas?

_____

b) Vocês conseguem pensar em uma forma mais fácil de Sérgio contar os meninos e as meninas da classe usando |? Troquem ideias.

4. Luiz sugeriu agrupar os tracinhos de 5 em 5:

	Tabulação	Total
Meninos	☒ ☒ ☒ ☐	
Meninas	☒ ☒ ☒ ☒ |	

a) E agora, olhando os tracinhos agrupados do quadro, dá para saber se há mais meninos ou meninas na classe?

_____

b) Quantos são os alunos da classe de Sérgio? _____

5. Bela contou os alunos de sua turma formando grupos de 10.

卌 卌   卌 卌   卌 卌

• Quantos são os alunos da classe de Bela? _____

6. Malu também agrupou de 10 em 10, mas registrou assim:

☒☒ ☒☒ ☒☒ ☒

• Quantos alunos tem a classe de Malu? _____

7. Contorne na reta numérica o número que indica o total de alunos da classe de cada criança. Use 🟢 para Sérgio, 🔵 para Bela e 🟡 para Malu.

25 26 27 28 29 30 31 32 33 34 35 36 37 38 39 40 41 42 43

Observe:

a) O número contornado com 🟢 está representado **à direita** do número contornado com 🟡. Qual desses números é maior?

_____

b) O número contornado com 🔵 está representado à **esquerda** do número contornado com 🟡. Qual desses números é menor?

_____

8. Escolha um número entre 50 e 59 e contorne-o com 🟫.

46 47 48 49 50 51 52 53 54 55 56 57 58 59 60 61 62 63 64

• Complete as frases com **à direita** ou **à esquerda**.

a) Números maiores que o número que você escolheu ficam _____ dele na reta.

b) Números menores que o número que você escolheu ficam _____ dele na reta.

9. Que tal contar os meninos e as meninas de sua classe?

	Total
Meninos	
Meninas	

Fonte: Dados coletados na classe em _____.

10. Na sua sala há mais meninos ou meninas? Quantos a mais?

A ORIGEM DO SISTEMA DE NUMERAÇÃO

Há muito, muito tempo, as pessoas faziam contagens:

- usando pedras.
- fazendo marcas em ossos ou madeira.
- dando nós em cordas.

Ainda hoje há povos que fazem contagens como essas.

As pessoas perceberam que podiam usar os dedos das mãos nas contagens e, assim, passaram a formar grupos de 10.

DECIMAL VEM DE DEZ.

O nosso sistema é **decimal** porque está baseado em agrupamentos de 10. Ele teve origem no vale do rio Indo, hoje Paquistão.

Usando os símbolos **1, 2, 3, 4, 5, 6, 7, 8, 9** e **0** — conhecidos como **algarismos** — e **agrupamentos de 10**, podemos registrar qualquer quantidade.

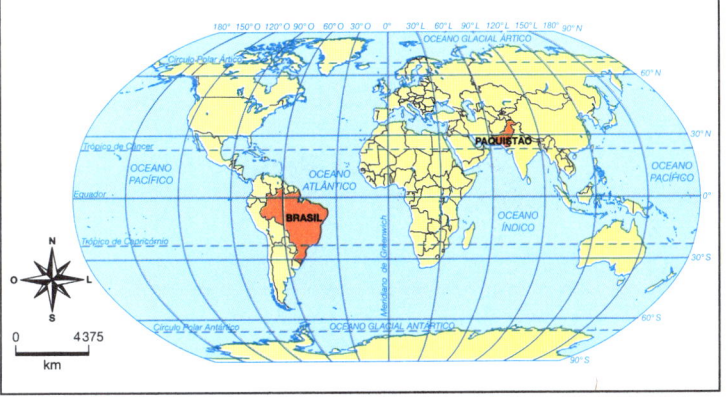

Localização do Paquistão

Fonte: Georges Ifrah. **História universal dos algarismos**: a inteligência dos homens contada pelos números e pelo cálculo. Tradução de Alberto Muñoz e Ana B. Katinsky. Rio de Janeiro: Nova Fronteira, 1997. v. 1 e 2.

Fonte: IBGE. **Atlas geográfico escolar**. 7. ed. Rio de Janeiro, 2016.

CONTANDO COMO OUTROS POVOS
CONTANDO COMO OS MAIAS, DE 5 EM 5

O povo maia viveu na América Central. Entre seus grandes feitos está a construção de pirâmides fantásticas.

Localização de duas cidades maias

Fonte: ATLAS histórico escolar. 7. ed. rev. e atual. Rio de Janeiro: MEC/Fename, 1977.

Na cidade de Chichén Itzá (México), o povo maia construiu a enorme pirâmide Kukulkán, com 4 escadarias de 91 degraus.

O povo maia desenvolveu um sistema de numeração muito interessante. Cada ▬ representava 5. Observe, agora, como representavam o 10 e o 15.

Sistema atual	0	1	2	3	4	5	6	10	13	15
Símbolos maias	👁	•	••	•••	••••	▬	•̶	▬▬	•••̶̶	▬▬▬

1. Escreva os números a seguir usando os símbolos maias.

a) 7 _____

b) 14 _____

c) 8 _____

d) 16 _____

CONTANDO COMO OS EGÍPCIOS, DE 10 EM 10

Há cerca de 5 mil anos, no vale do rio Nilo, que fica no norte da África, desenvolveu-se a civilização dos antigos egípcios, que construíram enormes pirâmides por ordem dos **faraós**, como eram chamados os antigos reis do Egito.

Fonte: ATLAS histórico escolar. 7. ed. rev. e atual. Rio de Janeiro: MEC/Fename, 1977.

As pirâmides do Egito são consideradas uma das sete maravilhas do mundo antigo.

Os antigos egípcios usavam desenhos de animais e objetos para registrar quantidades. Esses símbolos são chamados **hieróglifos**.

Para representar os números de 1 a 9, os antigos egípcios usavam traços como este: |. Veja.

Sistema atual	1	2	3	4	5	6	7	8	9
Antigos símbolos egípcios	|	||	|||	||||	|||||	||||||	|||||||	||||||||	|||||||||

Veja os símbolos que os antigos egípcios usavam para representar quantidades.

Quantidade	Símbolo	O que o desenho representa
Um (1)	|	Bastão
Dez (10)	∩	Calcanhar
Cem (100)	℘	Rolo de corda
Mil (1 000)	⚱	Flor de lótus
Dez mil (10 000)	⌒	Dedo apontando
Cem mil (100 000)	⌦	Peixe
Um milhão (1 000 000)	𓁀	Homem

1. Como vimos, para representar as dezenas, os egípcios usavam um símbolo que lembra o calcanhar. Complete os quadros com as dezenas que faltam.

Sistema atual	10	20	30	40	50
Antigos símbolos egípcios	∩	∩∩		∩∩∩∩	∩∩∩∩∩

Sistema atual	60	70	80	90
Antigos símbolos egípcios		∩∩∩∩ ∩∩∩	∩∩∩∩ ∩∩∩∩	∩∩∩∩∩ ∩∩∩∩

Ainda hoje podemos observar os hieróglifos dos antigos egípcios em gravações feitas em monumentos.

2. Troque ideias com os colegas. Qual dos sistemas de numeração vistos até aqui você acha mais fácil para representar quantidades? Por quê?

Hieróglifos originários de Luxor, Egito. Atualmente no acervo do museu do Cairo, Egito.

CONTANDO COMO OS ROMANOS

Há 2 mil anos, povos de diferentes línguas e diferentes culturas estavam sob o domínio do Império Romano.

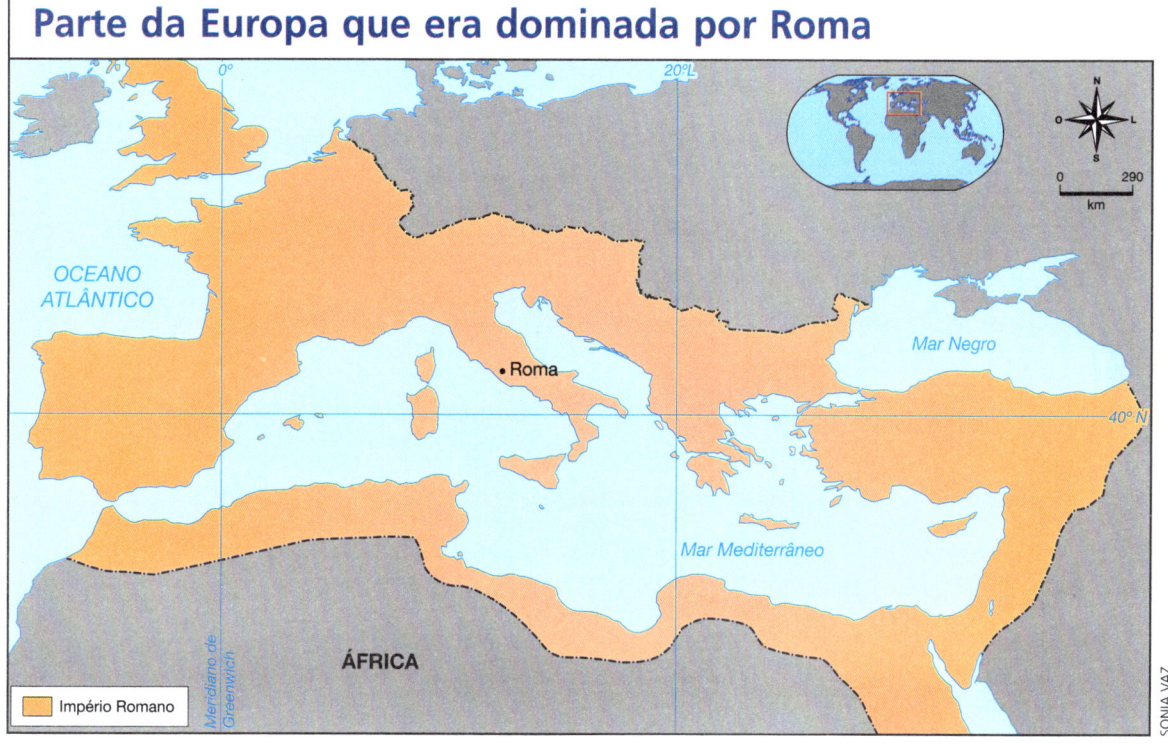

Fonte: ATLAS histórico escolar. 7. ed. rev. e atual. Rio de Janeiro: MEC/Fename, 1977.

Atualmente o sistema de numeração romano é usado em algumas situações. Uma das mais conhecidas é a do mostrador de relógios.

1. Compare os dois relógios, descubra como os romanos indicavam as quantidades de 1 a 12 e complete o quadro.

1	2	3	4	5	6	7	8	9	10	11	12
I											

FIQUE SABENDO

No Sistema de Numeração Romano:

- Quando temos dois símbolos diferentes escritos juntos e o símbolo de **maior valor** está **antes** do que tem **menor valor**, **adicionamos** os seus valores. Por exemplo, os antigos romanos representavam o 6 assim: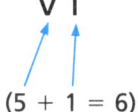

- Quando temos dois símbolos diferentes escritos juntos e o símbolo de **menor valor** está **antes** do que tem **maior valor**, **subtraímos** os seus valores.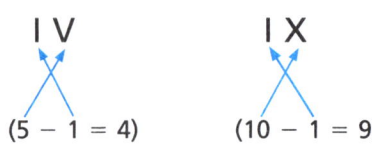

No início, os romanos usavam o símbolo , que lembra uma mão espalmada, para representar o 5.

Com o tempo, o símbolo foi ficando mais simples e passou a ser indicado apenas por **V**.

Os símbolos para representar o 4 e o 9 também sofreram mudanças:

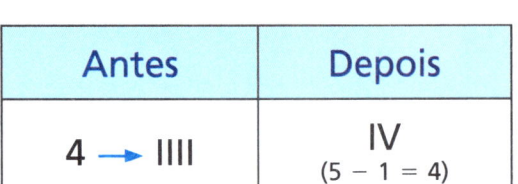

Antes	Depois
4 → IIII	IV (5 − 1 = 4)

Antes	Depois
9 → VIIII	IX (10 − 1 = 9)

2. Os florins foram as primeiras moedas fabricadas no Brasil. Essas moedas eram quadradas e foram fabricadas pelos holandeses na época da invasão do Nordeste brasileiro. Observe os símbolos romanos que aparecem no desenho de cada moeda. Quantos florins cada uma delas indica?

a)

b)

c)

_____   _____   _____

COMPONDO, DECOMPONDO E LENDO NÚMEROS NATURAIS

1. Hoje é aniversário de Camila. Dona Nair preparou um bolo bem gostoso e pediu a Cauê que colocasse as velinhas.

a) Quantos anos Camila está fazendo? _____

b) Com a troca das velinhas, Cauê deixou Camila quantos anos mais velha? _____

2. Veja o que Cauê disse para a mãe.

a) Converse com seus colegas e descubra quantos anos Cauê vai fazer.

_____

_____

b) Em que outros casos inverter a posição das duas velinhas não mudaria o número? Cite ao menos dois casos.

_____

_____

3. Escreva por extenso as idades indicadas pelas velinhas.

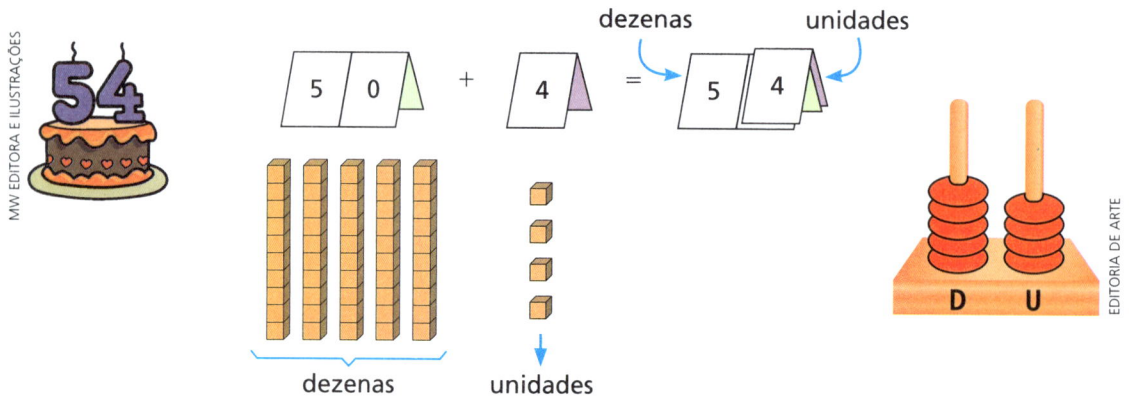

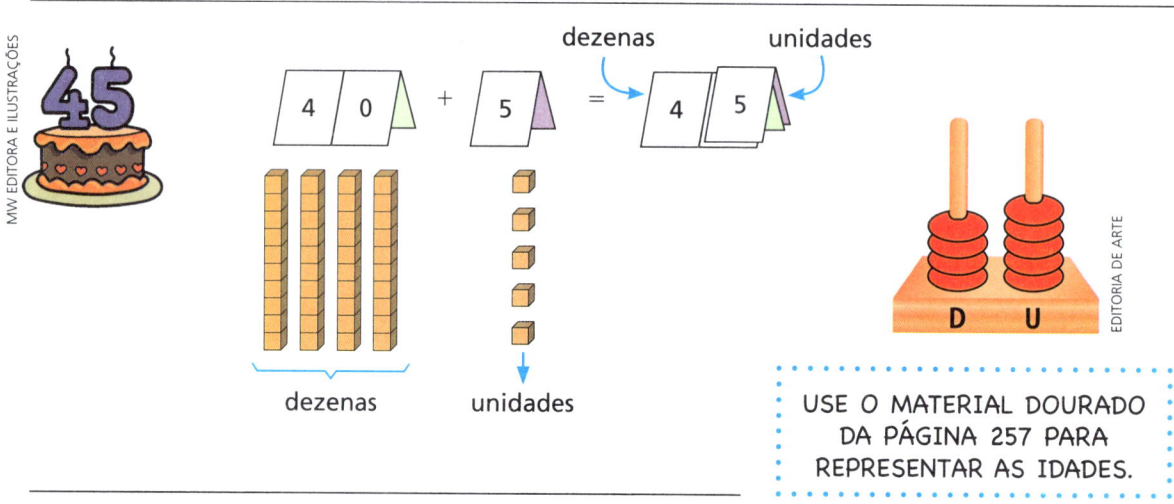

USE O MATERIAL DOURADO DA PÁGINA 257 PARA REPRESENTAR AS IDADES.

4. Estime a idade de cada pessoa e ligue-a ao bolo que você acha que deve ser o do próximo aniversário dela.

5. Carol faz empadinhas para vender. Ela embala as empadinhas em pacotes com 10 unidades.

Veja quantas empadinhas ela fez para atender uma encomenda.

Pacotes	Avulsas
	4̸ 7

4 pacotes de 10 empadinhas e 7 unidades fora dos pacotes.

D	U
4	7

- Na semana seguinte, Carol recebeu estas outras encomendas. E agora, quantas empadinhas ela fez para cada encomenda? Registre no Quadro de Ordens.

a) Encomenda da dona Tânia.

D	U

b) Encomenda do seu Altamir.

Pacotes	Avulsas
4̸ 7	4̸ 7

D	U

c) Encomenda da dona Zilá.

Setenta e oito empadinhas.

D	U

6. Carlota faz lembrancinhas para festa e as coloca em saquinhos. Cada saquinho tem 10 lembrancinhas. Quantas lembrancinhas há, no total, nos saquinhos abaixo?

a) 🎒🎒🎒🎒🎒🎒 _____

b) 🎒🎒🎒🎒🎒🎒🎒🎒🎒🎒 _____

7. Carlota preparou 100 saquinhos com lembrancinhas de festa.

Observe esta coluna. Lembre-se: 4 + 6 = 10.

a) Quantos são os saquinhos azuis? _____

b) E os vermelhos? _____

c) Complete: _____ + _____ = 100
                azuis   vermelhos

8. A soma é sempre 100. Escreva o número que falta.

a) 43 + _____ = 100

b) 100 = 66 + _____

c) 7 + _____ = 100

d) 100 = 75 + _____

e) 90 + _____ = 100

f) _____ + 1 = 100

9. As crianças estavam observando Carlota preparar os saquinhos com lembrancinhas e resolveram usar o ábaco para representar o número 100. Observe como elas pensaram.

- Veja as representações feitas nos ábacos e responda às perguntas a seguir.

Troque ideias com seus amigos.

FIQUE SABENDO

O **antecessor** de um número é aquele que vem **imediatamente antes** desse número. Por exemplo:
- o antecessor de 99 é 98.
- o antecessor de 98 é 97.

O **sucessor** de um número é aquele que vem **imediatamente depois** desse número. Por exemplo:
- o sucessor de 99 é 100.
- o sucessor de 98 é 99.

10. E depois do 100, que número vem? Para responder, complete o balão de fala da menina e a representação desse número no Quadro de Ordens.

11. Veja a representação de números feita com o Material Dourado e responda às perguntas a seguir.

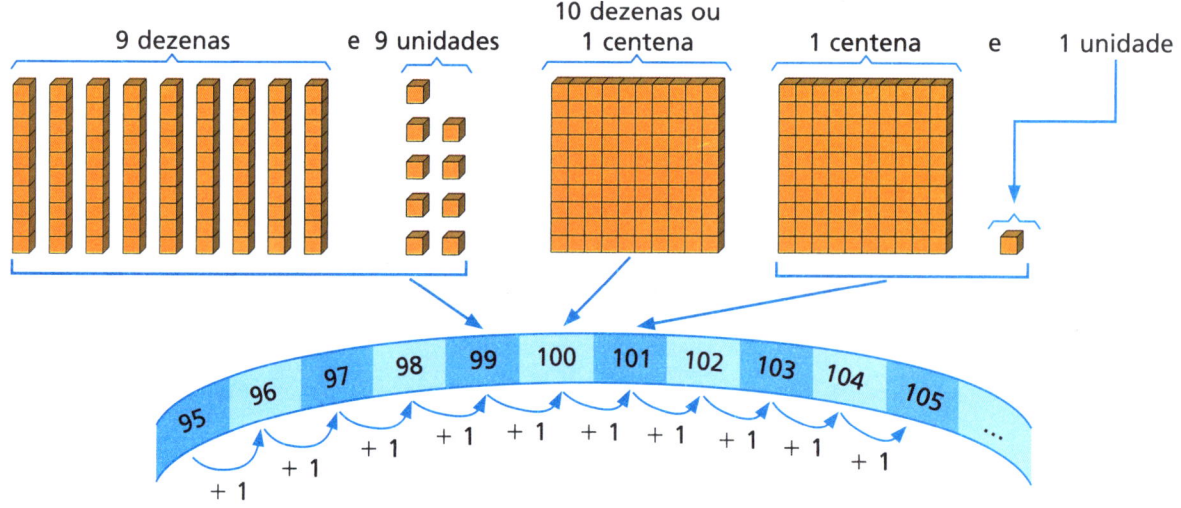

a) Qual é o antecessor de 99? _____

b) Qual é o antecessor de 100? _____

c) Qual é o sucessor de 99? _____

d) Qual é o sucessor de 100? _____

12. Reúna-se com seu grupo. Utilizem o Material Dourado para representar o número 103, seu antecessor e seu sucessor.

13. Lembra-se das lembrancinhas que Carlota fez? Veja quanto ela vai cobrar pelos 100 saquinhos.

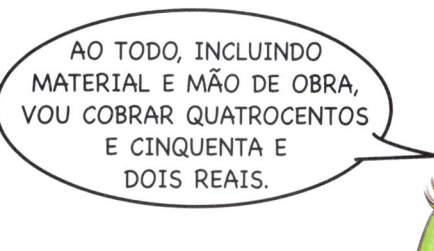

AO TODO, INCLUINDO MATERIAL E MÃO DE OBRA, VOU COBRAR QUATROCENTOS E CINQUENTA E DOIS REAIS.

a) Use o Material Dourado ou as notas de real para representar essa quantia.

b) Agora, represente a mesma quantia com algarismos: _____ reais.

c) Troque ideias com os colegas. Mostre a eles a sua representação e veja a deles.

FIQUE SABENDO

Podemos representar o número 452 de diferentes maneiras. Veja algumas delas.

Veja como podemos relacionar essas 3 representações.

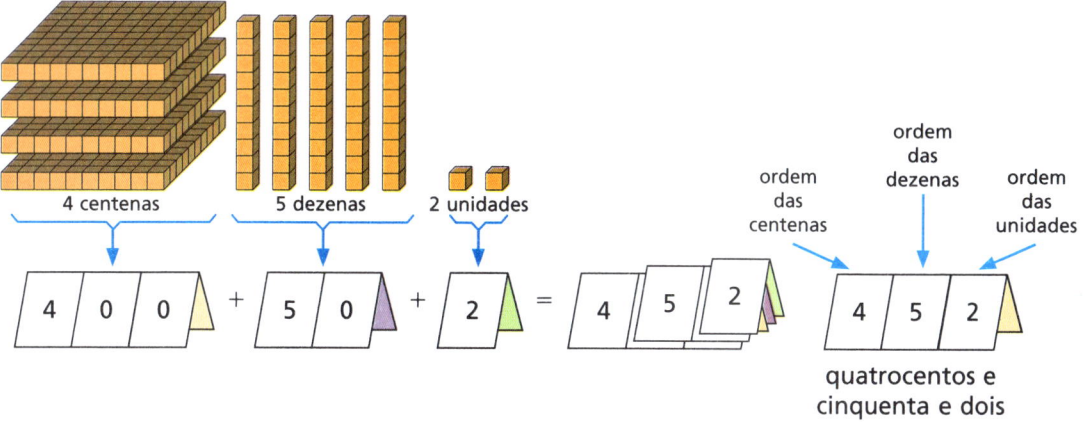

14. Componha os números a seguir.

a) 900 + 30 + 5 = _____

b) 200 + 10 + 1 = _____

c) 800 + 60 = _____

d) 700 + 9 = _____

15. Veja como podemos fazer a decomposição do número 486.

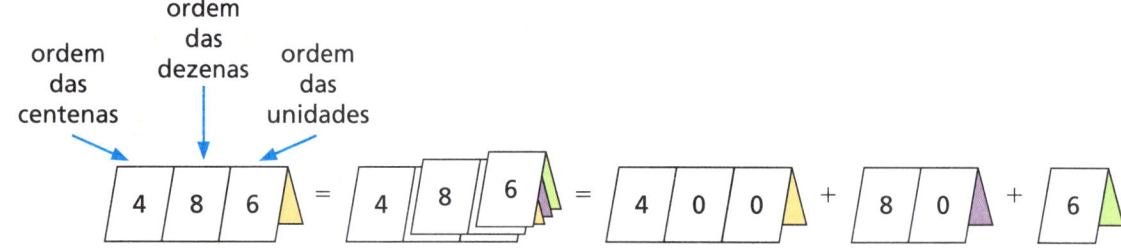

- Agora, decomponha os números a seguir.

a) 3 7 6 = _____

b) 7 6 4 = _____

c) 8 0 9 = _____

d) 1 1 1 = _____

16. Que notas de real você usaria para representar as quantias a seguir?

a) 365 reais

b) 202 reais

_____   _____

_____   _____

17. Escreva com algarismos e por extenso a quantia formada por:

- 6 notas de , uma nota de , uma de  e quatro notas de .

_____

_____

18. Vítor e Vanessa estão usando o ábaco para representar números. O número é 405.

Vítor fez assim:

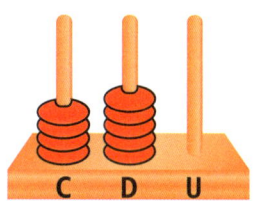

Vanessa fez assim:

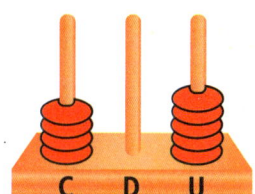

a) Quem fez a representação correta? ______________________

b) Converse com os colegas sobre isso.

MW EDITORA E ILUSTRAÇÕES

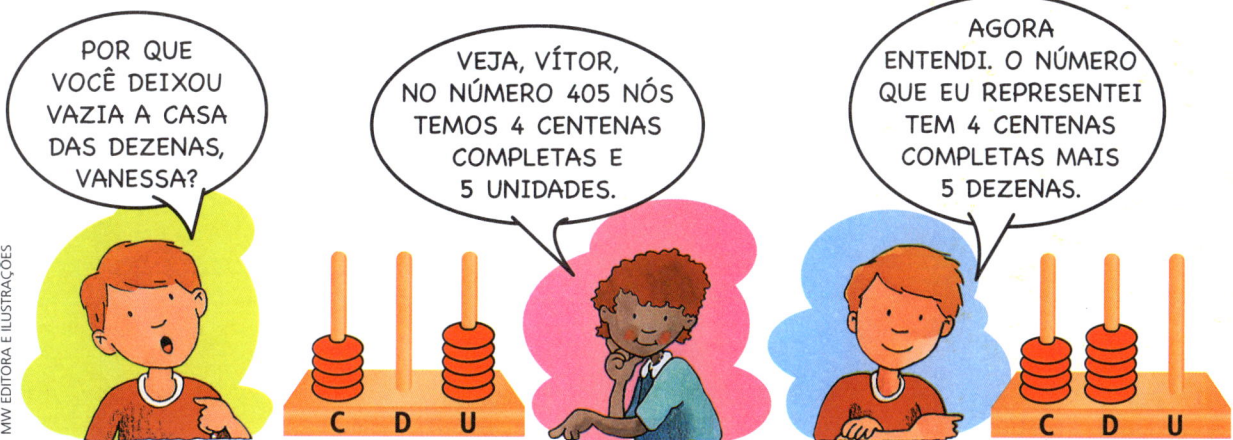

19. Escreva o número representado em cada ábaco.

a)

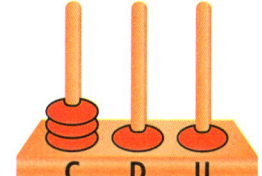

b)

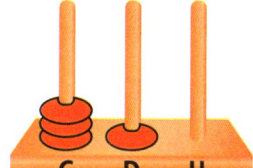

c)

ILUSTRAÇÕES: EDITORIA DE ARTE

______________ ______________ ______________

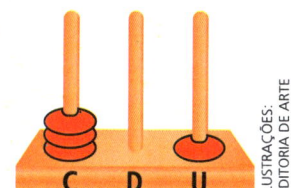

Troque ideias com os colegas. Todos encontraram os mesmos números?

20. Observe a reta numérica e complete:

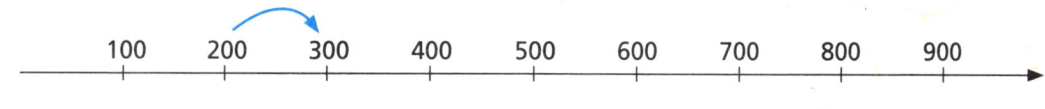

a) 200 + ________ = 300

b) 800 = 400 + ________

c) 900 = 300 + ________

d) 100 + ________ = 600

21. Que número está representado em cada situação?

a) 80 + 3 = ________

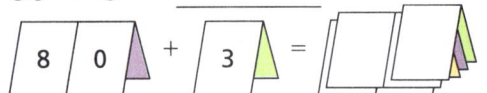

Lê-se: ______________________________

b)

____

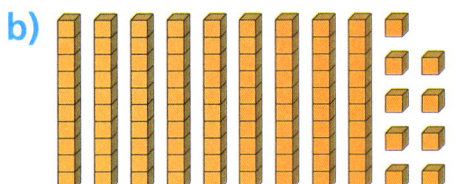

Lê-se: ______________________________

c)

____

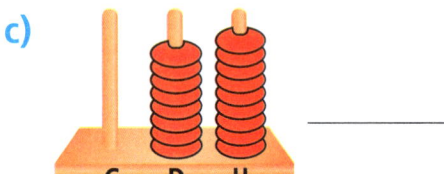

Lê-se: ______________________________

d) 90 + 4 = ________

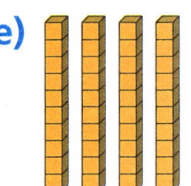

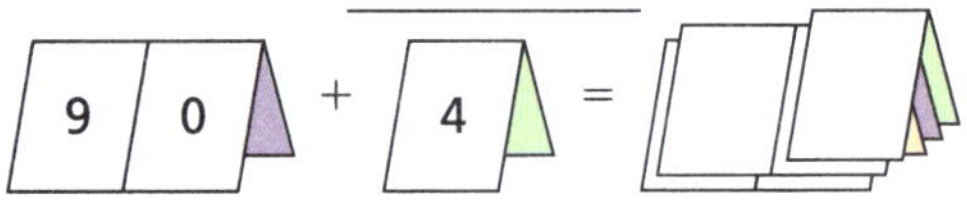

Lê-se: ______________________________

e)

____

Lê-se: ______________________________

f)

____

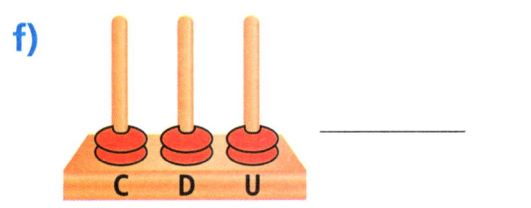

Lê-se: ______________________________

ILUSTRAÇÕES: EDITORIA DE ARTE

FAZENDO ESTIMATIVAS

Sem contar, assinale abaixo a melhor estimativa para a quantidade de livros de cada estante.

3 31 13

8 88 18

ILUSTRAÇÕES: LUCAS FARAUJ

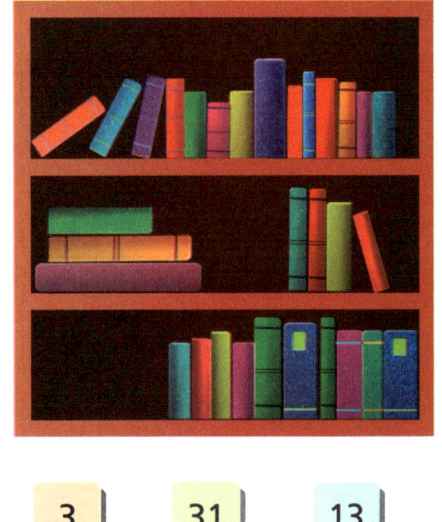

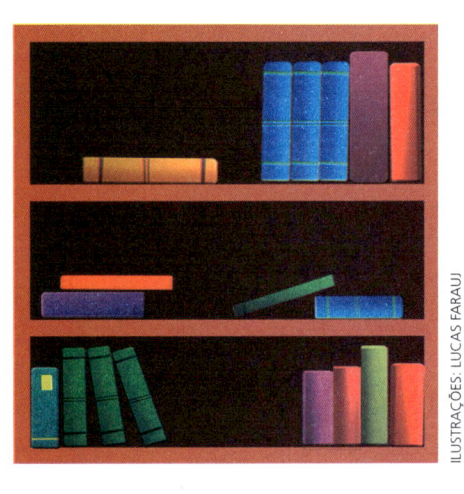

INVESTIGANDO PADRÕES E REGULARIDADES

a) Escreva no quadro os números que faltam, para manter a sequência numérica de 801 a 900.

801		803	804		806	807	808		810
821		823	824		826	827	828		830
831		833	834		836	837	838		840
841		843	844		846	847	848		850
851		853	854		856	857	858		860
861		863	864		866	867	868		870
871		873	874		876	877	878		880
891		893	894		896	897	898		900

- O que você observa nos números da linha indicada por ➡?

_____

_____

- Como são os algarismos das unidades dos números na coluna indicada por ⬆?

_____

- Veja os números das casas destacadas em amarelo, seguindo a ordem indicada por ↘. Qual é o padrão observado?

22. INVESTIGANDO COM A CALCULADORA

Que teclas você deve apertar para que apareça no visor da calculadora:

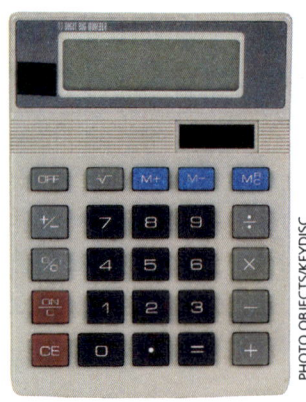

a) 7 dezenas? _____

b) 9 dezenas? _____

c) 10 dezenas? _____

23. INVESTIGANDO COM A CALCULADORA

Beto quer digitar o número 5 na calculadora, mas veja, ao lado, o que está acontecendo.

XI... A TECLA 5 DESTA CALCULADORA ESTÁ QUEBRADA!

a) Como Beto deve fazer para aparecer o número 5 no visor da calculadora sem usar a tecla 5? Dê pelo menos cinco soluções.

_____
_____
_____

b) Troque ideias com seus colegas sobre as soluções encontradas. Crie um problema em que outra tecla da calculadora esteja quebrada. Troque de problema com um colega: ele resolve o seu e você resolve o dele. Depois, conversem sobre as soluções encontradas.

_____
_____
_____
_____
_____

FAZENDO ARREDONDAMENTOS

1. Na trilha de 1 a 100, as casas das dezenas inteiras 10 a 90 estão pintadas de amarelo.

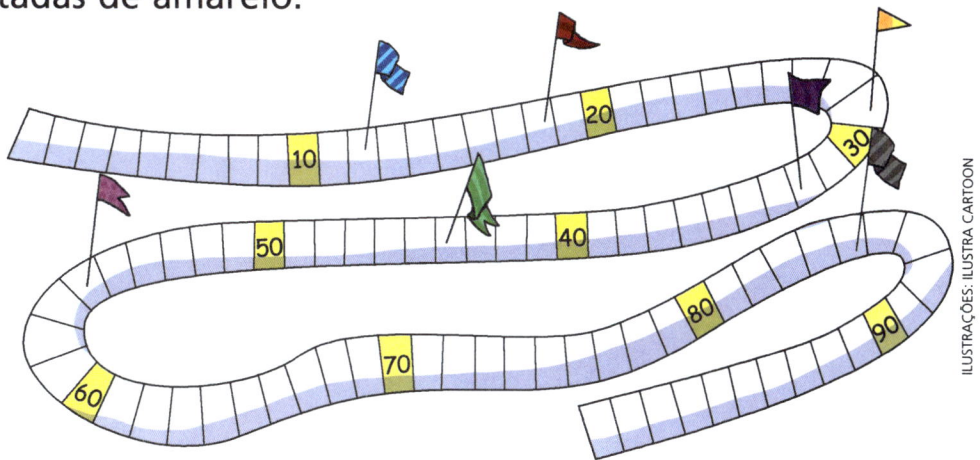

- Complete o quadro de acordo com a posição das bandeirinhas na trilha acima.

Bandeirinha	Casa	Dezena inteira mais próxima
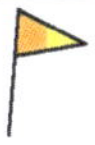 (amarela)		
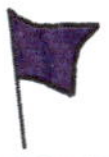 (roxa)		
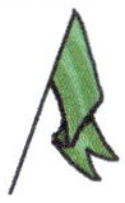 (verde)		
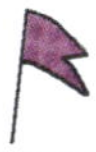 (rosa)		

> AS DEZENAS INTEIRAS TAMBÉM SÃO CHAMADAS DEZENAS COMPLETAS OU DEZENAS EXATAS.

QUAL É A CHANCE?

Girando o ponteiro desta roleta, quais cores você pode sortear? _____

- A cor com **mais chance** de ser sorteada é a _____, e a cor com **menos chance** de ser sorteada é a _____.

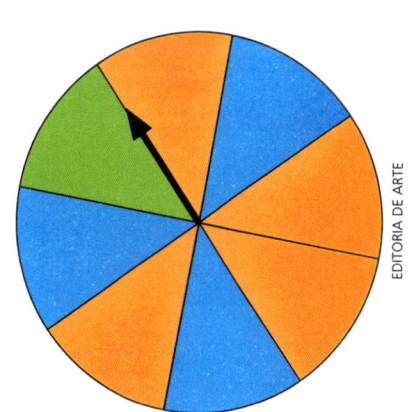

33

2. Veja o preço de alguns produtos na papelaria Bom e Barato.

OS ELEMENTOS NÃO FORAM REPRESENTADOS EM PROPORÇÃO DE TAMANHO ENTRE SI.

18 reais
11 reais
63 reais

a) Arredonde os valores para a dezena exata mais próxima e estime se comprando os três produtos você gastaria mais ou menos de 100 reais.

_____

b) Use as notas e moedas de real destacadas das páginas 259 e 261 para calcular o valor exato dessa compra. Sua estimativa foi boa?

_____

3. Marcos gastou 87 reais numa compra no mercado. No caixa, a funcionária perguntou se ele queria fazer uma doação; nesse caso, ela cobraria arredondando o valor da compra para a dezena exata mais próxima.
A diferença é destinada a uma associação que cuida de crianças com necessidades especiais. Se Marcos aceitar, quanto será destinado à associação beneficente? _____

4. Nesse mesmo mercado, Jussara aceitou doar o troco de 4 reais para a associação e pagou 80 reais pelas compras. Se ela não tivesse feito a doação, quanto teria pago?

34

TRATANDO A INFORMAÇÃO

Os alunos dos 3⁰ˢ anos fizeram uma pesquisa sobre a fábula preferida pelas turmas para montar uma peça de teatro na escola. Todos votaram, e cada aluno podia escolher apenas uma fábula.

a) Complete a tabela com o total de votos que cada fábula recebeu.

Fábula preferida pelos alunos dos 3⁰ˢ anos

Fábula	A lebre e a tartaruga	A raposa e as uvas	A galinha dos ovos de ouro	A cigarra e a formiga
Votos	|||| |||| |||| |||	|||| |||	|||| |||| ||||	|||| ||||
Total de votos				

Dados fictícios. Tabela elaborada em 2017.

b) Quantos alunos votaram ao todo?

_____

c) Agora, pinte as barras para representar os votos que cada fábula recebeu. Cada quadrinho pintado representa um voto.

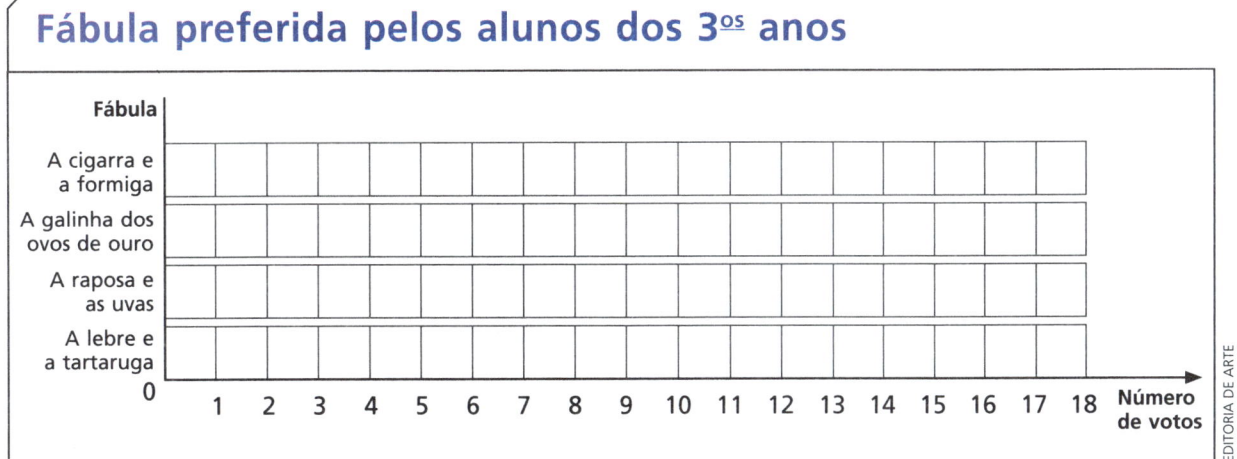

Dados fictícios. Gráfico elaborado em 2017.

PRODUÇÃO

▼ JOGO DO MESTRE MANDOU COM FITA NUMÉRICA

1º Para este jogo, você vai precisar cortar uma folha de sulfite branca em tiras de 2 centímetros de largura. Peça ajuda a um adulto.

2º Emende uma fita na outra.

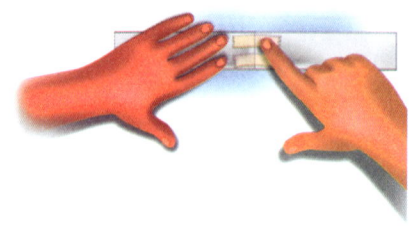

3º Dobre a fita para fazer uma sanfoninha.

4º Numere as "casas" marcadas pelas dobras da sanfoninha para criar uma fita numerada de 1 a 100.

5º Com a fita pronta, é só jogar! O professor fará o papel de Mestre.

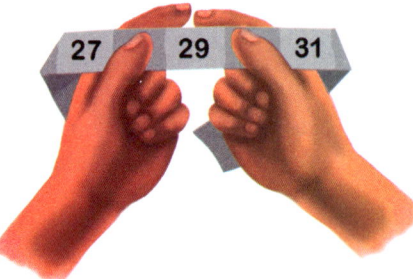

- O Mestre dita um número para iniciar o jogo: "**Vinte e nove!**". Todos devem segurar a fita mostrando o número escolhido. Depois, esperam a ordem do Mestre.

- O Mestre dita, por exemplo: "**10 casas para a direita**". Todos devem buscar na fita o número que fica 10 casas à direita do 29, enquanto o Mestre confere quem acertou.

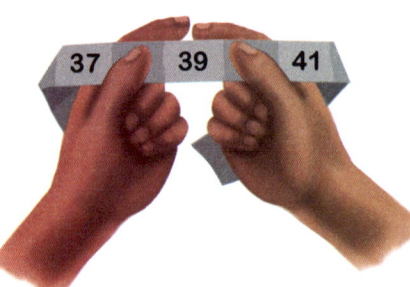

- Quem se engana sai do jogo e o Mestre dá uma nova ordem: "**9 casas para a esquerda**". Todos devem buscar na fita o número que fica 9 casas à esquerda do 39. E o jogo continua assim até restar o último aluno, que será o vencedor.

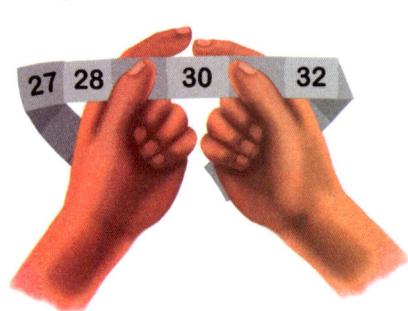

SÓ PARA LEMBRAR

1 Complete a sequência com os números ausentes mantendo o padrão.

| 21 | 23 | | 27 | | | 33 | 35 | 37 | | | | 45 |

• Como você descreveria essa sequência de números?

_____

2 Descubra o padrão e complete a sequência com os elementos ausentes.

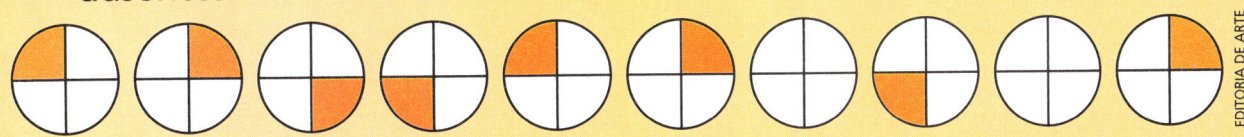

3 Gil desafiou os colegas a descobrir em que número estava pensando. Veja as respostas dadas por Gil para cada pergunta feita pelos colegas para tentar descobrir.

- É UMA DEZENA INTEIRA?
- É UM NÚMERO PAR?
- É UM NÚMERO MAIOR QUE 50?
- É UM NÚMERO MENOR QUE 20?
- É UM NÚMERO DE DOIS ALGARISMOS?

- NÃO.
- NÃO.
- NÃO.
- SIM.
- SIM.

• Em qual número você acha que Gil pensou?

_____

37

UNIDADE 2
ESPAÇO E FORMA

No mundo encantado, tem castelo de todo tipo e tamanho para vender.

Desenhe um castelo mal-assombrado e coloque-o à venda.

VENDE-SE
TRATAR COM BRANCA DE NEVE
BRANCA DE NEVE COLOCOU O CASTELO DELA À VENDA PORQUE VAI MORAR COM OS SETE ANÕES.

VENDE-SE
A MADRASTA DA CINDERELA TAMBÉM COLOCOU O CASTELO À VENDA. ELE É PRÓXIMO DE UM FOSSO REPLETO DE CRIATURAS ESTRANHAS.

VENDE-SE

JOÃO, DO PÉ DE FEIJÃO, ESTÁ VENDENDO O CASTELO DO GIGANTE. A VISTA LÁ DE CIMA É ÓTIMA, MAS O CASTELO É DE DIFÍCIL ACESSO. TEM DE SUBIR E DESCER PELO PÉ DE FEIJÃO.

VENDE-SE CASTELO MAL-ASSOMBRADO

NESTA UNIDADE VAMOS EXPLORAR:
- Figuras geométricas espaciais.
- Faces, vértices e arestas.

FIGURAS GEOMÉTRICAS ESPACIAIS

1. VAMOS BRINCAR COM PERCURSOS?

No mundo encantado, tem gente vendendo castelo, tem gente querendo comprar. Você se lembra da Bela Adormecida? Depois de passar um tempo dormindo, ela despertou com um beijo do Príncipe. Eles se apaixonaram e decidiram se casar. Como eles precisavam de um lugar para morar, foram visitar os castelos que estavam à venda.

- Trace o percurso que você acha que eles farão para visitar estes três castelos.

2. Se eles seguirem o percurso que você traçou, que castelo visitarão:

- primeiro? _____

- em segundo lugar? _____

- por último? _____

3. Como você descreveria para outra pessoa o percurso que você traçou?

- Compare o percurso que você traçou com o de outros colegas. Vocês fizeram as mesmas escolhas?

4. A escolha do castelo estava difícil; então, a Bela Adormecida e o Príncipe resolveram deixar para depois do casamento. Foi dada uma festa muito grande, com muitos docinhos.

Ligue cada doce ao bloco que apresenta a mesma forma que ele.

OS ELEMENTOS NÃO FORAM REPRESENTADOS EM PROPORÇÃO DE TAMANHO ENTRE SI.

Caramelo. Paçoca.  Chocolate.  Doce de amendoim.  Canudinho.  Brigadeiro.

Bloco retangular.  Cone.  Cubo.  Esfera.  Cilindro.  Pirâmide.

5. Vamos voltar à escolha do castelo?

Bela Adormecida preferiu o castelo cuja forma da torre lembra um cilindro e a forma do telhado da torre lembra um cone. O Príncipe preferiu o castelo cuja torre do telhado lembra uma pirâmide.

a) Ligue cada personagem a seu castelo preferido.

OS ELEMENTOS NÃO FORAM REPRESENTADOS EM PROPORÇÃO DE TAMANHO ENTRE SI.

b) No castelo que nenhum dos dois escolheu:

- a forma da torre lembra _____.

- a forma do telhado lembra _____.

6. Escolha um dos castelos. Como você o descreveria para uma pessoa que não viu esse castelo?

7. VAMOS BRINCAR COM PERCURSOS?

O castelo onde o Príncipe e Bela foram morar tem muitas salas. Eles estão sempre se perdendo dentro do castelo.

a) Trace o caminho para o Príncipe encontrar Bela.

b) Que orientações você daria ao Príncipe para ele percorrer o caminho que você traçou? Use as informações abaixo.

| Siga em frente. | Vire à direita. | Vire à esquerda. |

_____

_____

_____

#FICA A DICA

No final das histórias de príncipes e princesas, eles vivem felizes para sempre em seus castelos. Será que é assim mesmo? Para saber mais sobre como era a vida nos castelos e para o que eles serviam, acesse os *sites* das revistas **Mundo Estranho** (http://ftd.li/nhqjm7) e **Nova Escola** (http://ftd.li/p2rqxc). Acessos em: 8 jun. 2017.

8. DIVIRTA-SE!

Complete a cruzadinha com os nomes das figuras geométricas espaciais.

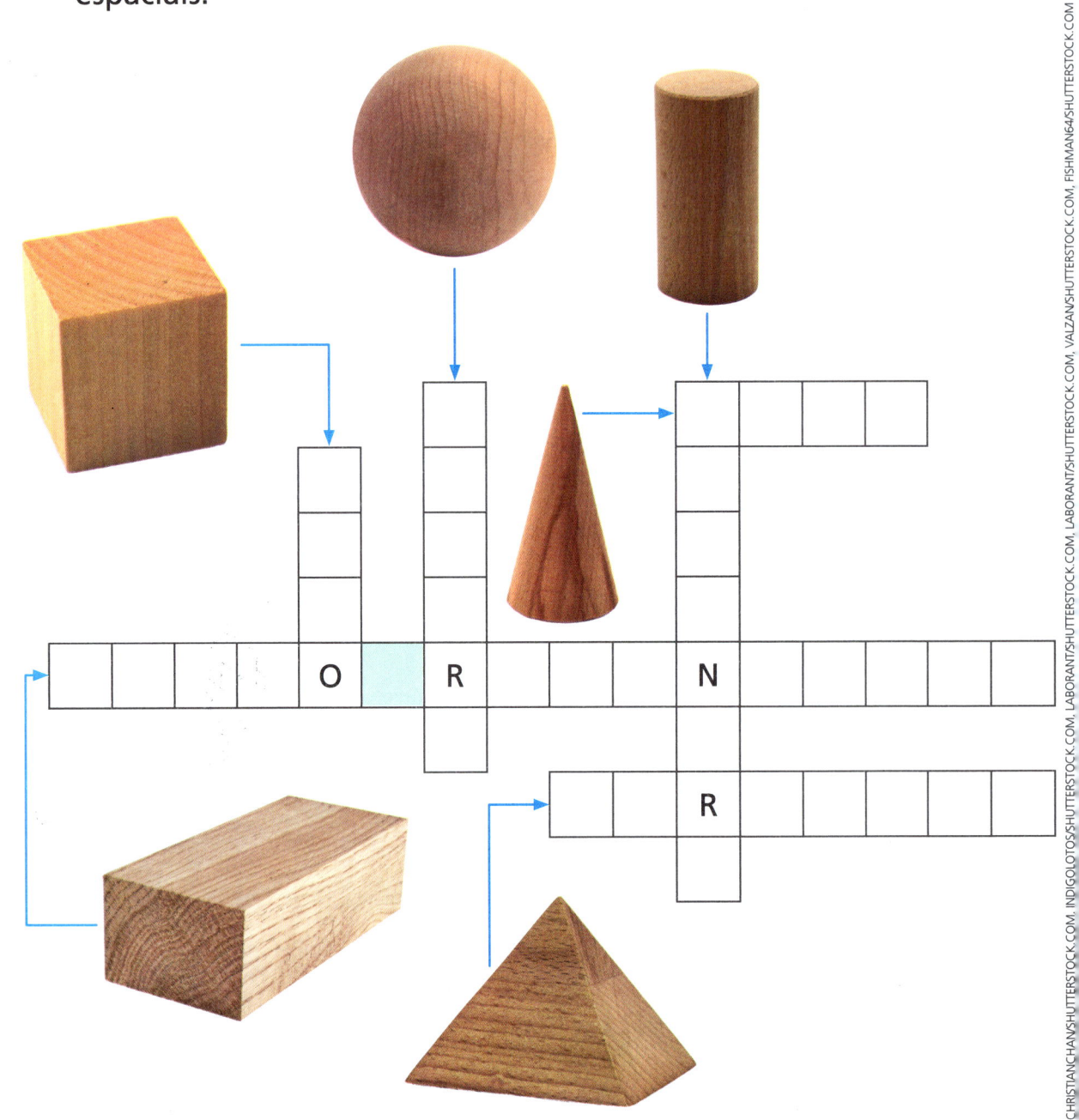

9. Observem os blocos de madeira que lembram as seguintes figuras geométricas espaciais:

Bloco retangular. Cubo. Esfera. Pirâmide de base quadrada. Cone. Cilindro.

a) Manuseiem blocos de madeira como esses acima.
b) Troquem ideias entre si e com outros grupos sobre tudo o que observarem. Quais desses blocos:
   • apresentam superfície arredondada?
   _____
   • não apresentam superfície arredondada?
   _____

10. Use uma lata e faça este experimento para verificar as afirmações a seguir.

Quando colocada nesta posição, a lata rola com facilidade.

Já nesta outra posição, ela não rola.

• Por que você acha que isso acontece? Troque ideias com seus colegas.

#FICA A DICA

Que tal ler **Uma viagem ao espaço**, de Martins Rodrigues Teixeira, São Paulo, FTD, 1998. (Matemática em mil e uma histórias.)?

Viajando ao lado de uma bruxinha meio má, meio boa, você fica conhecendo um pouco sobre o Sistema Solar, a chegada do homem à Lua, além de trabalhar com figuras geométricas espaciais.

11. Observe a pilha e a bateria ilustradas ao lado.

Pilha. Bateria.

a) Quais as diferenças entre as formas das duas figuras?

b) Complete com nomes de figuras geométricas espaciais.

- A forma da pilha lembra um _____.

- A forma da bateria lembra um _____.

FIQUE SABENDO

Pilhas e baterias usadas devem ser recicladas. Se forem descartadas de modo incorreto, poderão vazar e contaminar o solo, os alimentos, os animais e os seres humanos.

Hoje em dia, muitas lojas e instituições bancárias recolhem pilhas e baterias para reciclagem. Verifique se na sua cidade há postos de recolhimento desses materiais.

12. Que tal um experimento usando o sentido do tato? Reúnam e levem para a escola embalagens vazias e limpas com formas diferentes.

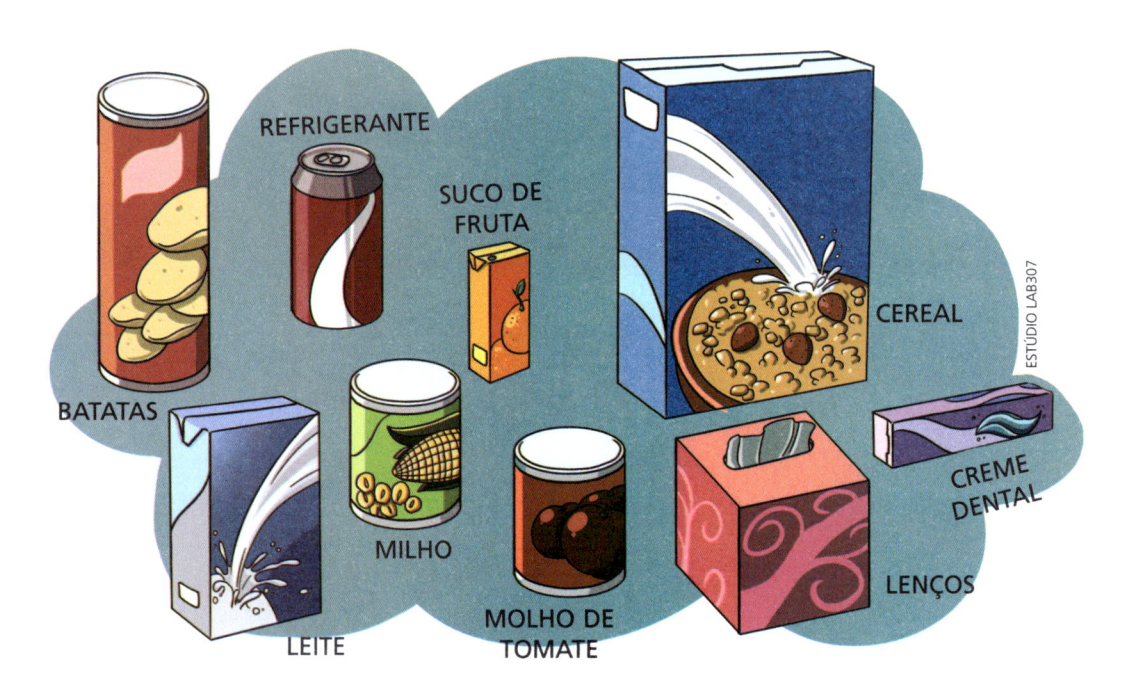

BATATAS — REFRIGERANTE — SUCO DE FRUTA — CEREAL — LEITE — MILHO — MOLHO DE TOMATE — LENÇOS — CREME DENTAL

- Escolham um critério de classificação e separem em dois grupos as embalagens. Em uma folha, escrevam o critério que vocês utilizaram.

PRODUÇÃO

▼ UM CASTELO E UMA HISTÓRIA

1º Observe este castelo construído com embalagens reaproveitadas.

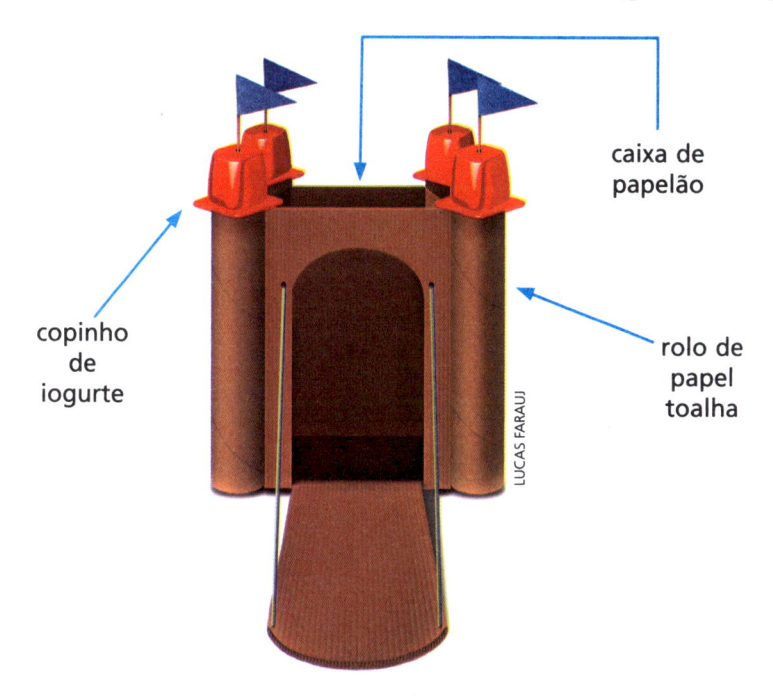

- caixa de papelão
- copinho de iogurte
- rolo de papel toalha

LUCAS FARAUJ

a) A caixa de papelão lembra a forma de qual figura geométrica espacial?

_____

b) E os rolos, usados para construir as torres, lembram a forma de que figura geométrica espacial?

_____

2º Reúnam-se em grupos e construam um castelo como o das histórias infantis usando as embalagens que vocês levaram.
- As embalagens usadas pelo seu grupo para construir o castelo lembram a forma de que figuras geométricas espaciais?

_____

3º Criem uma história que se passe em um castelo. Usando o castelo que vocês construíram e bonequinhos como personagens, contem a história para os outros grupos.

47

FACES, VÉRTICES E ARESTAS

1. Observem os "esqueletos" montados com varetas e bolinhas. Eles lembram algumas figuras geométrias espaciais.

Este é o modelo do "esqueleto" do cubo.

> ASSIM COMO FOI FEITO AQUI, VEJA NO QUADRO ABAIXO OUTROS "ESQUELETOS".

- Complete o quadro a seguir:

"Esqueletos": número de varetas e de bolinhas					
"Esqueleto"					
Número de varetas					
Número de bolinhas					

FIQUE SABENDO

Observe, nas representações abaixo, as indicações das **faces**, dos **vértices** e das **arestas** de um cubo e de uma pirâmide de base quadrada.

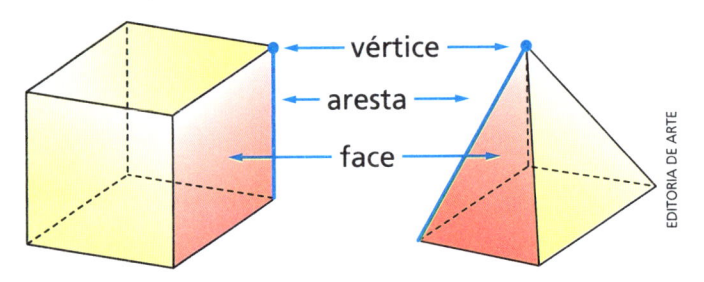

vértice — aresta — face

2. Indique o número de faces, o de vértices e o de arestas de cada figura geométrica espacial, completando o quadro.

Faces, vértices e arestas em figuras geométricas espaciais			
Figura	Número de faces	Número de vértices	Número de arestas
Cubo.			
Pirâmide de base quadrada.			
Bloco retangular.			
Prisma de base triangular.			
Pirâmide de base triangular.			

INVESTIGANDO PADRÕES E REGULARIDADES

Em quais figuras do quadro acima o número total de vértices é igual ao número de faces?

_____
_____

4. VAMOS BRINCAR NA MALHA!

Observe como podemos representar um cubo na malha pontilhada:

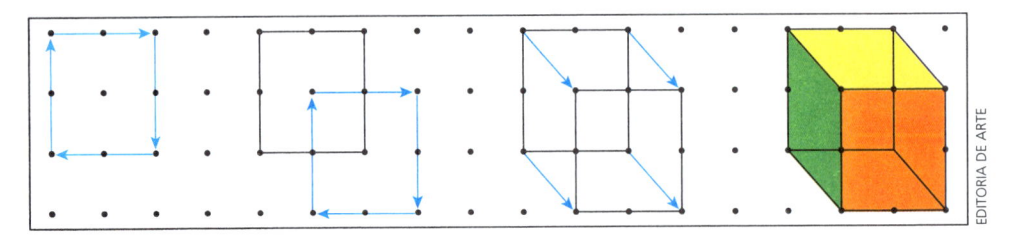

💬 Como você explicaria a um colega, por telefone, um modo de representar um cubo na malha pontilhada?

QUAL É A CHANCE?

As caixas abaixo estavam vazias e em cada uma delas foi colocado um desses blocos de madeira, mas não necessariamente na ordem apresentada.

Marque com um ✖. Ao abrir uma das caixas, é mais provável, menos provável ou impossível encontrar um bloco em que uma das faces tenha formato de:

	⬛	▲	▬	⬤
É mais provável				
É menos provável				
É impossível				

FIQUE SABENDO

Arquitetos e engenheiros inspiram-se em figuras geométricas espaciais ao realizar seus projetos e construções.

Que figura geométrica espacial podemos associar a cada construção abaixo? Escreva o nome de cada uma.

Torre de Hércules, Cádiz, Espanha. Foto de 2010.

Catedral de Maringá, Paraná, Brasil. Foto de 2011.

Prédio das Nações Unidas, Nova York, EUA. Foto de 2013.

Pirâmide do Louvre, Paris, França. Foto de 2011.

51

SÓ PARA LEMBRAR

1 **VAMOS BRINCAR COM PERCURSOS?**
A turma do 3º ano fez uma caminhada no entorno da escola para observar as construções.

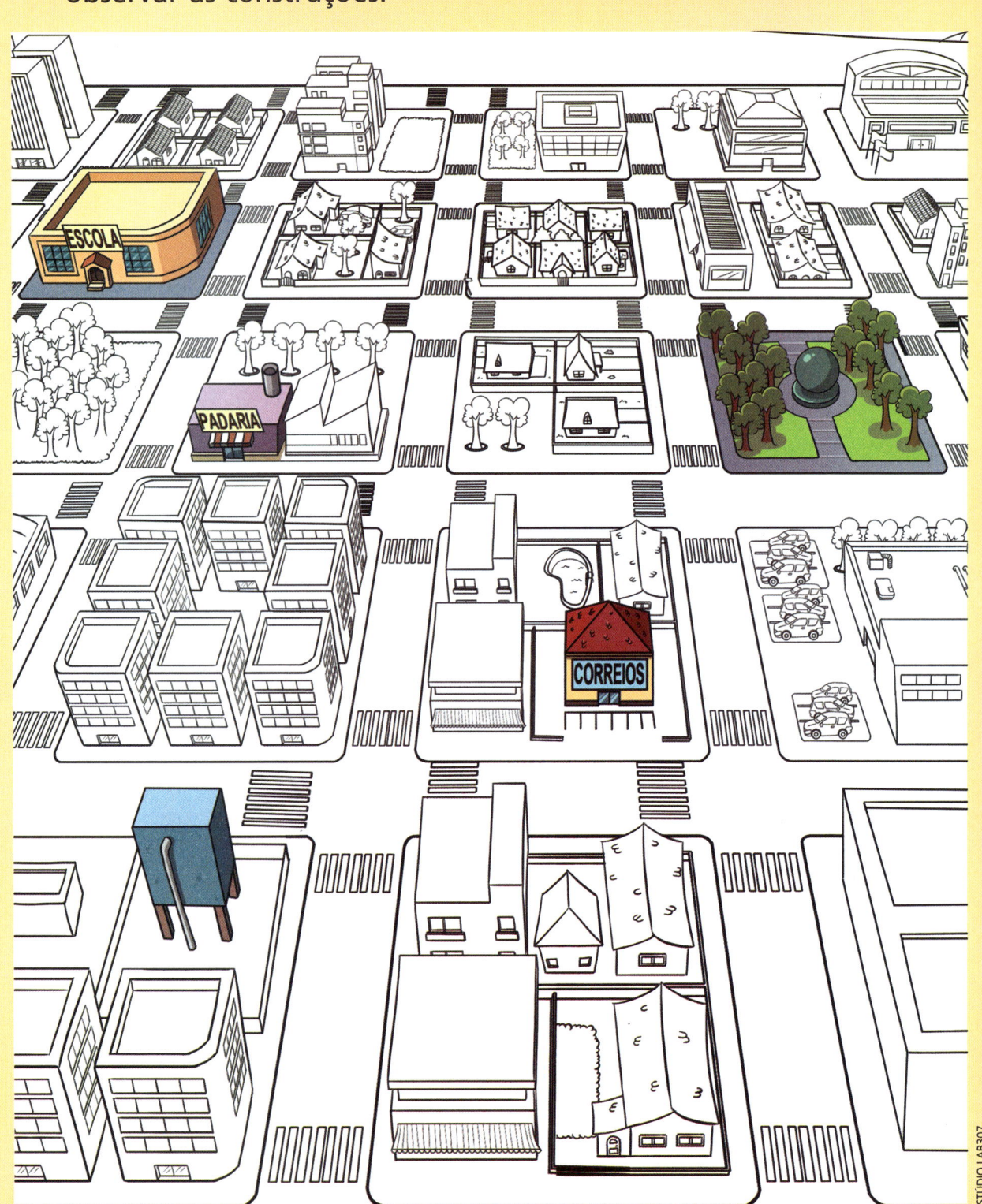

- A caminhada começou e terminou na escola. Trace o percurso que elas fizeram, como indicado nos comentários das crianças.

> A PRIMEIRA CONSTRUÇÃO QUE VIMOS FOI UM MONUMENTO EM FORMA DE ESFERA.

> EM SEGUIDA, VIMOS O TELHADO DO PRÉDIO DOS CORREIOS, QUE LEMBRA A FORMA DE UMA PIRÂMIDE.

> A TERCEIRA CONSTRUÇÃO FOI A CHAMINÉ DA PADARIA, QUE LEMBRA A FORMA DE UM CILINDRO.

> FINALMENTE, VIMOS A CAIXA-D'ÁGUA, QUE LEMBRA A FORMA DE UM BLOCO RETANGULAR.

- Compare o percurso que você traçou com o de um colega. Os percursos traçados são iguais?

2 Combinem uma caminhada com a turma e o professor no entorno da escola ou em outro local para observar as construções.

a) Troquem ideias sobre as construções que vocês observaram na caminhada. Que figuras geométricas espaciais as formas delas lembram?

b) Se possível, tirem fotos das construções e, com elas, façam um painel identificando as formas presentes em cada uma (bloco retangular, cone, cilindro, pirâmide e esfera).

3 Não é só no mundo da fantasia que encontramos castelos. Observe as fotos de alguns castelos encontrados em diferentes países.

Neuschwanstein, Alemanha. Foto de 2016.

Foto de 2008.

Castelo de Maqueda, Toledo, Espanha. Foto de 2015.

Foto de 2010.

Castelo de Beynac, França. Foto de 2011.

Foto de 2017.

Palácio da Pena, Portugal. Foto de 2016.

Foto de 2015.

Ligue as fotos que mostram o mesmo castelo em posição diferente.

54

4 Veja o bolo que Marcos pôs para esfriar sobre a mesa. Pinte apenas a assadeira que ele usou.

5 Com um bloco, Talita fez uma marca na argila.
- Quais destes blocos podem ter deixado essa marca? Contorne-os para mostrar.

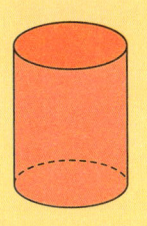

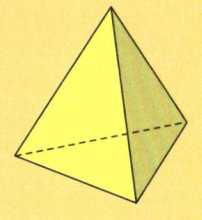

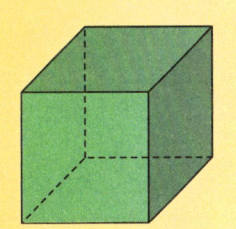

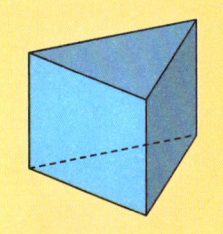

6 Vinícius também fez uma marca na argila usando outro bloco.
- Quais destes blocos podem ter deixado essa marca? Contorne-os para mostrar.

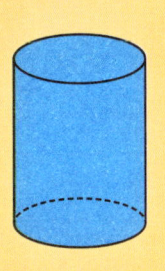

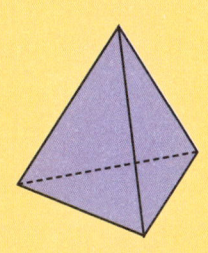

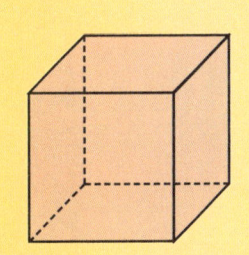

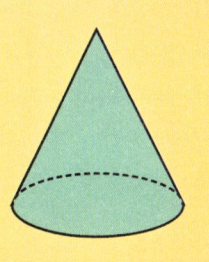

55

UNIDADE 3
SITUAÇÕES COM ADIÇÃO E SUBTRAÇÃO

HOJE VAMOS BRINCAR EM DUPLA DE CORREIO DE PROBLEMAS!

CADA UM DIGITA OS PROBLEMAS.

DEPOIS IMPRIMIMOS OS PROBLEMAS PARA PASSAR AO COLEGA DE DUPLA.

VOCÊS DEVEM INVENTAR DOIS PROBLEMAS: UM DE ADIÇÃO E OUTRO DE SUBTRAÇÃO.

QUE BOM! ADORO INVENTAR PROBLEMAS COM HISTÓRIAS!

SUPERLEGAL! VAI SER MUITO DIVERTIDO.

NO INÍCIO DO SEU TEXTO DEVE HAVER UMA SAUDAÇÃO, E NO FINAL, UMA DESPEDIDA.

Olá.

Texto do problema.

Até mais.

O QUE VOCÊ ACHOU DESSA BRINCADEIRA DE CORREIO DE PROBLEMAS?

INVENTE TAMBÉM DOIS PROBLEMAS PARA ENVIAR AO SEU COLEGA.

NESTA UNIDADE VAMOS EXPLORAR:
- Ideias da adição.
- Ideias da subtração.
- A troca de ideias para resolver problemas.
- Adição com reagrupamento.
- Subtração com reagrupamento.

IDEIAS DA ADIÇÃO: JUNTAR E ACRESCENTAR

1. Observe o problema que Saulo recebeu do seu colega de dupla na brincadeira do correio de problemas.

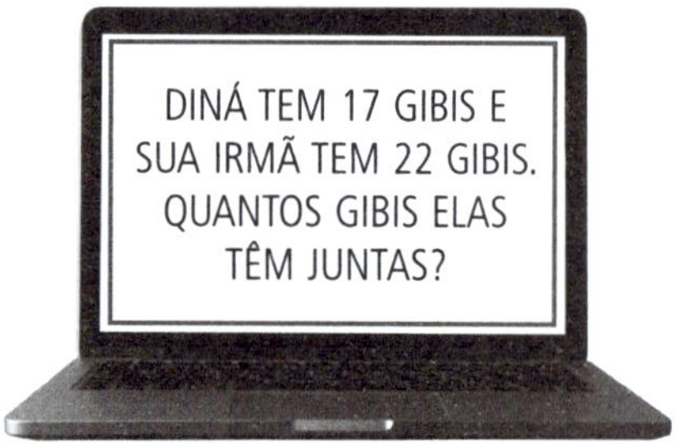

   > DINÁ TEM 17 GIBIS E SUA IRMÃ TEM 22 GIBIS. QUANTOS GIBIS ELAS TÊM JUNTAS?

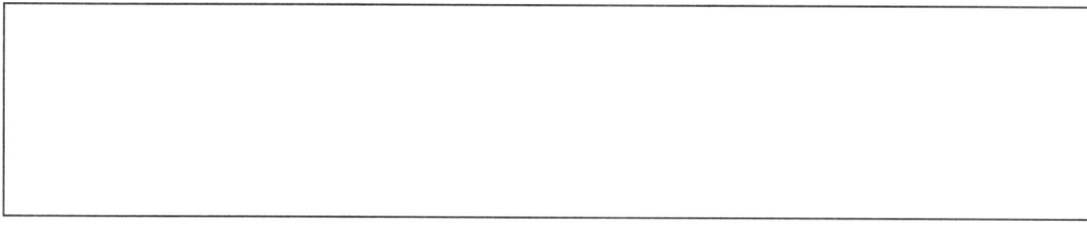

   a) Proponha uma estratégia para calcular o total de gibis.

   b) Saulo pensou em adicionar 17 com 10 e, depois, com 10 novamente.

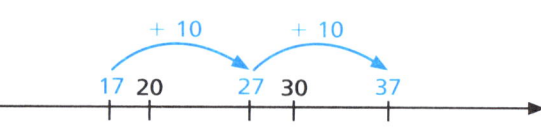

   • O que ele deve fazer em seguida?

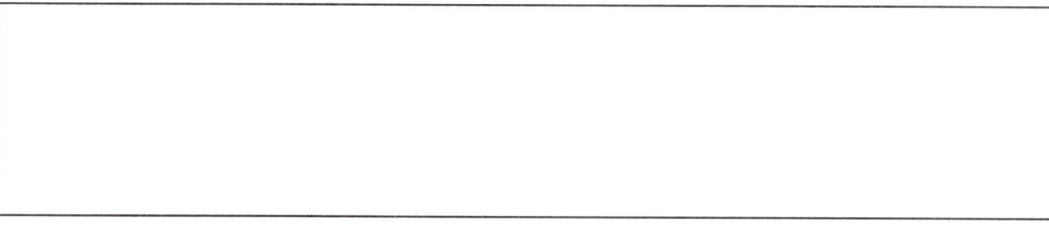

   c) Converse com os colegas sobre a estratégia de Saulo.

2. Rute enviou o problema ao lado para Manuel.

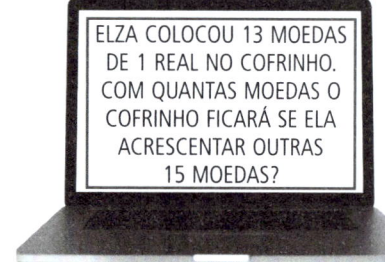

   > ELZA COLOCOU 13 MOEDAS DE 1 REAL NO COFRINHO. COM QUANTAS MOEDAS O COFRINHO FICARÁ SE ELA ACRESCENTAR OUTRAS 15 MOEDAS?

   • Proponha uma estratégia para resolver essa situação-problema.

3. Estas são as notas e moedas do real, que é o dinheiro usado no nosso país.

Moedas de real	Notas de real

a) Que notas e moedas você deve juntar para obter:

- 1 real? _____
- 10 reais? _____
- 100 reais? _____

b) Troquem ideias sobre as soluções encontradas. Elas foram todas iguais?

> USE AS NOTAS E MOEDAS DAS PÁGINAS 259 E 261. VALE ENCONTRAR MAIS DE UMA SOLUÇÃO.

4. Quantos reais serão se você juntar:

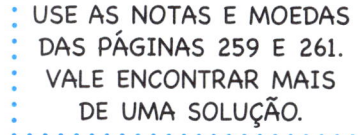

50 com 20 ?

- Escreva essa adição: _____ + _____ = _____

5. Veja a quantia em cada cofrinho. Se acrescentarmos 20 reais em cada cofrinho, com que quantia cada um vai ficar?

a) 80,00

80 + ____ = ____

b) 85,00

____ + ____ = ____

TRABALHANDO COM O CÁLCULO MENTAL

1 Veja diferentes modos de se obter a soma de 8 + 7.

Utilizando a reta numérica.

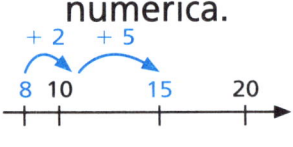

+2 +5
8 10   15   20

Completando 1 dezena.

8 + 7
8 + 2 + 5
10 + 5
15

Usando parcelas iguais.

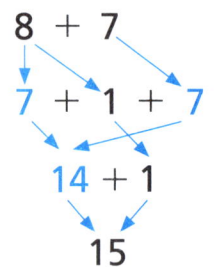

8 + 7
7 + 1 + 7
14 + 1
15

- Use uma dessas estratégias ou invente outra para calcular mentalmente:

8 + 5 = _____   16 + 13 = _____   44 + 55 = _____

2 Veja como Gustavo calculou mentalmente o número que faltava nesta adição.

7 + ☐ = 16

ou

16 = 7 + ☐

VOU USAR AS SOMAS QUE JÁ CONHEÇO:
7 + 7 = 14,
7 + 8 = 15,
7 + 9 = ...

a) Invente estratégias para calcular o número que falta em cada adição:

☐ + 21 = 54

ou

54 = 21 + ☐

☐ + 24 = 87

ou

87 = 24 + ☐

IDEIAS DA SUBTRAÇÃO: TIRAR, COMPLETAR E COMPARAR

1. Este é o problema que Pilar recebeu. Para resolvê-lo, ela usou as reproduções de notas e representou 65 reais. Depois, foi só retirar 42 reais.

> EDI ECONOMIZOU 65 REAIS PARA COMPRAR A CAMISA DO SEU TIME. PESQUISANDO, ENCONTROU A CAMISA EM OFERTA POR 42 REAIS. DEPOIS DA COMPRA, COM QUANTO EDI VAI FICAR?

a) Faça um ✗ nas notas de reais que serão utilizadas na compra da camisa para mostrar como você pode tirar 42 reais dos 65 reais. Quantos reais vão restar?

_____

b) Pense em outra maneira de calcular a quantia que vai restar a Edi.

2. Você recebeu uma mensagem com este problema. Resolva-o.

a) _____

> ROSELI COMPROU ESTE RAMALHETE DE FLORES E PAGOU COM ESTAS DUAS NOTAS:
>
> QUANTO ELA RECEBEU DE TROCO?
>
> 15 reais

b) Troque ideias com os colegas. Por que Roseli não usou apenas a nota de 20 reais para pagar a compra?

61

3. Kim recebeu este problema proposto pelo colega de dupla.

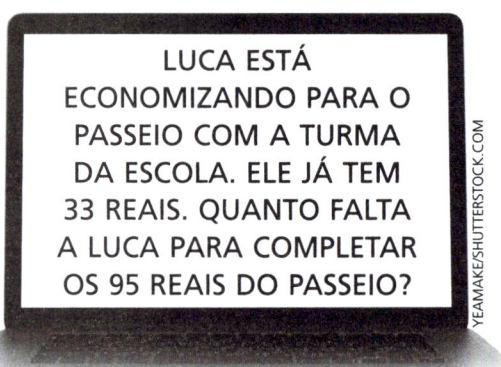

> LUCA ESTÁ ECONOMIZANDO PARA O PASSEIO COM A TURMA DA ESCOLA. ELE JÁ TEM 33 REAIS. QUANTO FALTA A LUCA PARA COMPLETAR OS 95 REAIS DO PASSEIO?

a) Registre aqui como você fez para calcular.

b) Kim pensou na adição 30 + 60 = 90 para ajudá-lo na resolução do problema. Você concorda com essa estratégia de Kim?

_____

_____

c) Troque ideias com os colegas sobre as estratégias que vocês usaram na resolução.

4. Desenhe um 🔴 e um 🔵 em casas desta trilha de modo que:

- para o 🔴 faltem 4 casas para alcançar a casa 30.
- para o 🔵 faltem 5 casas para alcançar a casa 27.

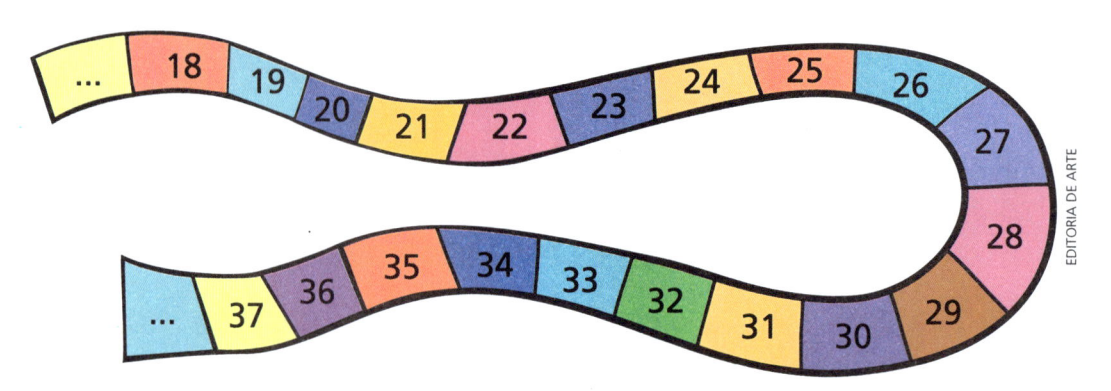

5. Este foi o problema enviado pela colega de Valentina.

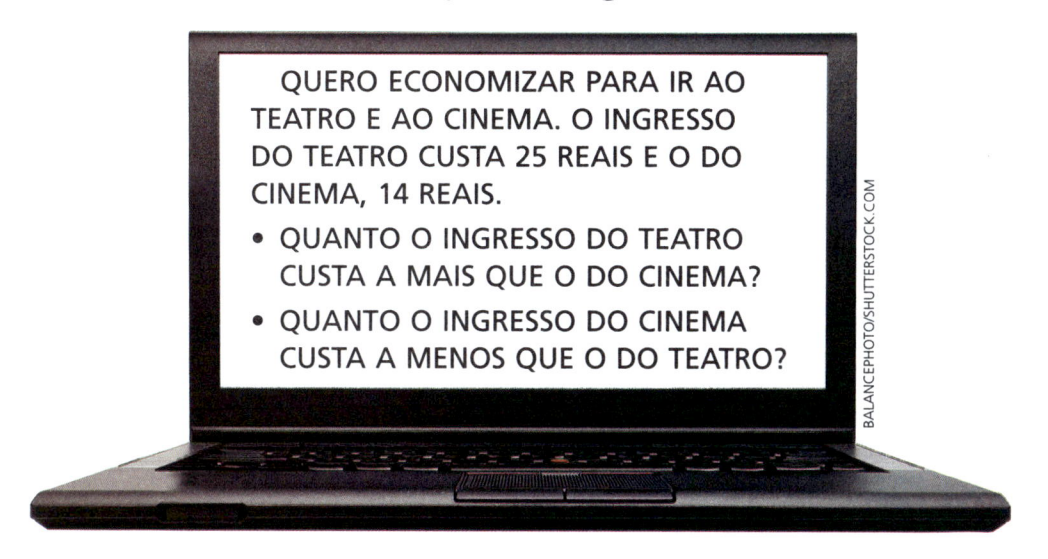

> QUERO ECONOMIZAR PARA IR AO TEATRO E AO CINEMA. O INGRESSO DO TEATRO CUSTA 25 REAIS E O DO CINEMA, 14 REAIS.
> - QUANTO O INGRESSO DO TEATRO CUSTA A MAIS QUE O DO CINEMA?
> - QUANTO O INGRESSO DO CINEMA CUSTA A MENOS QUE O DO TEATRO?

a) Esse problema veio com duas perguntas. Que cálculo pode ser feito para responder a cada uma delas?

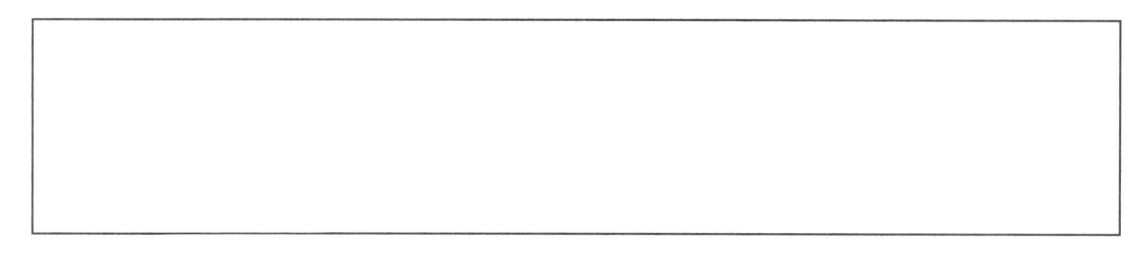

b) Valentina pensou assim:

SE FOSSE 25 − 15, O RESULTADO SERIA 10!

- Como a subtração 25 − 15 = 10 pode ajudar Valentina a resolver o problema?

c) Everton usou a reta numérica na sua resolução. Veja o que ele fez.

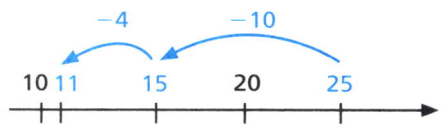

−4   −10
10 11   15   20   25

- Explique com suas palavras o raciocínio de Everton.

6. Quantos reais tem cada criança?

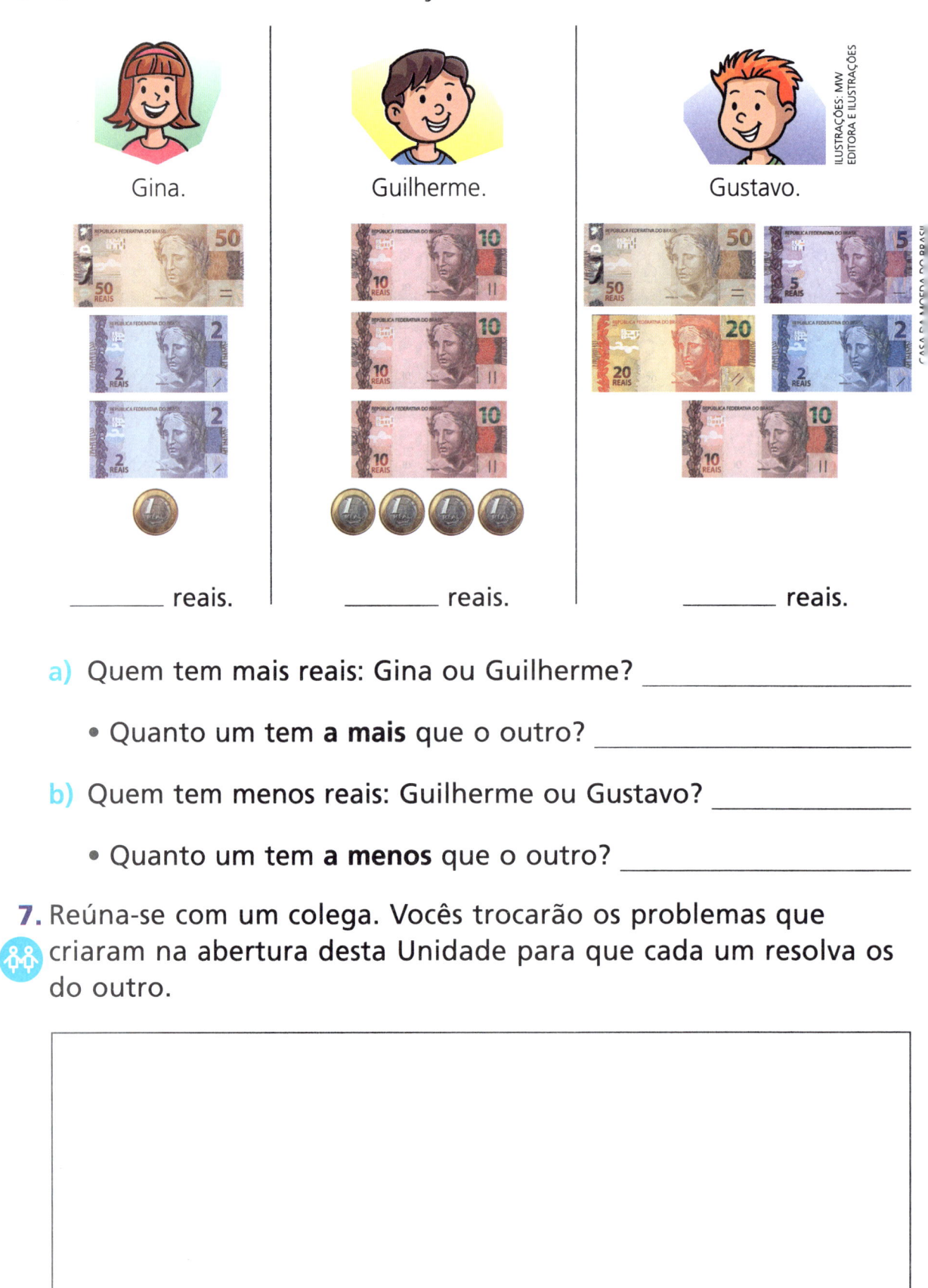

Gina. | Guilherme. | Gustavo.

_____ reais.   _____ reais.   _____ reais.

a) Quem tem **mais reais**: Gina ou Guilherme? _____

• Quanto um tem **a mais** que o outro? _____

b) Quem tem **menos reais**: Guilherme ou Gustavo? _____

• Quanto um tem **a menos** que o outro? _____

7. Reúna-se com **um colega**. Vocês trocarão os problemas que criaram na **abertura desta Unidade** para que cada um resolva os do outro.

8. Vamos resolver este problema?

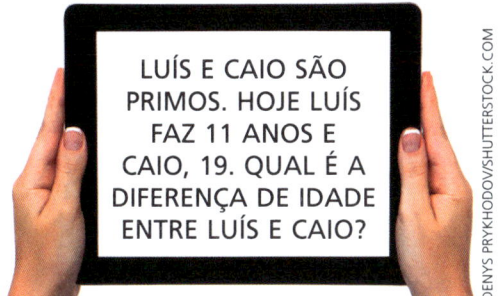

> LUÍS E CAIO SÃO PRIMOS. HOJE LUÍS FAZ 11 ANOS E CAIO, 19. QUAL É A DIFERENÇA DE IDADE ENTRE LUÍS E CAIO?

a) Lina pensou assim:

> EU SEI QUE 19 − 10 = 9.

- De que forma a subtração 19 − 10 = 9 pode ajudar Lina a resolver o problema?

_____

_____

_____

b) Investigue uma estratégia diferente da sua e de Lina para resolver a situação-problema.

_____

_____

c) Com os anos, a diferença de idade entre Luís e Caio aumentará ou diminuirá? Troque ideias com os colegas.

9. DIVIRTA-SE!

> OLHA, CHICO! MARIA TINHA UMA DÚZIA DE GOIABAS! ELA COMEU DEZ! COM O QUE MARIA FICOU?

> CUMA BAITA DOR DI BARRIGA!

Mauricio de Sousa. Chico Bento. **A Gazeta da Zona Norte**, São Paulo, 28 jul. 2001.

- Quantas goiabas sobraram para Maria? _____

10. Veja uma maneira de calcular a diferença entre 29 e 15. Primeiro, volte as dezenas inteiras e, depois, volte as unidades.

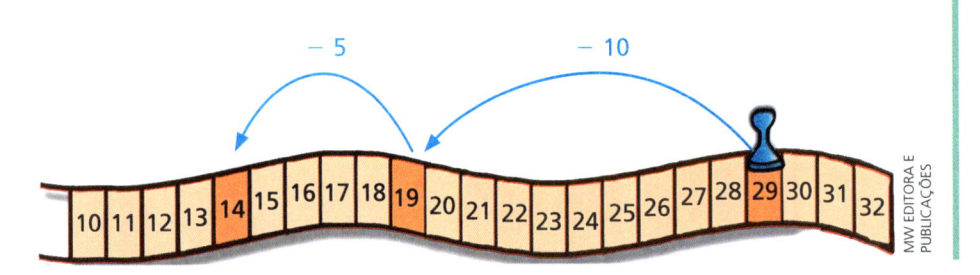

FIQUE SABENDO

O resultado de uma subtração chama-se **diferença** ou **resto**.

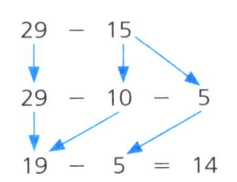

$$29 - 15$$
$$29 - 10 - 5$$
$$19 - 5 = 14$$

- Use a mesma estratégia para calcular as subtrações abaixo.

a) 35 − 13

b) 27 − 14

c) 48 − 26

11. VAMOS BRINCAR NA MALHA!

Com os comandos ↑↑→→↓↓←←, a tartaruga desenhou o contorno de um quadrado.
Veja ao lado.

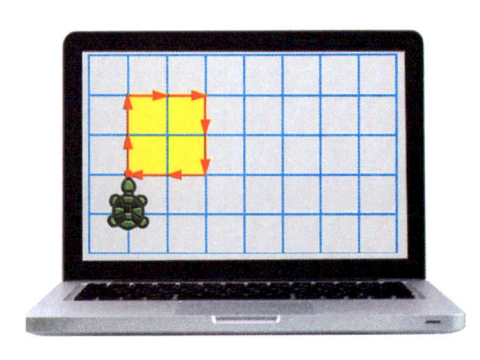

a) Que comandos você daria para a tartaruga construir o contorno do retângulo que aparece ao lado? Registre aqui.

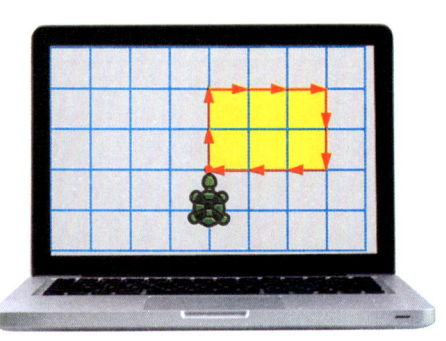

b) Em que desenho a tartaruga usou mais comandos: no contorno do quadrado ou no do retângulo? Quantos comandos a mais?

TRABALHANDO COM O CÁLCULO MENTAL

1 É possível calcular a diferença entre 18 e 6 descobrindo quanto **falta** a 6 **para chegar** a 18.

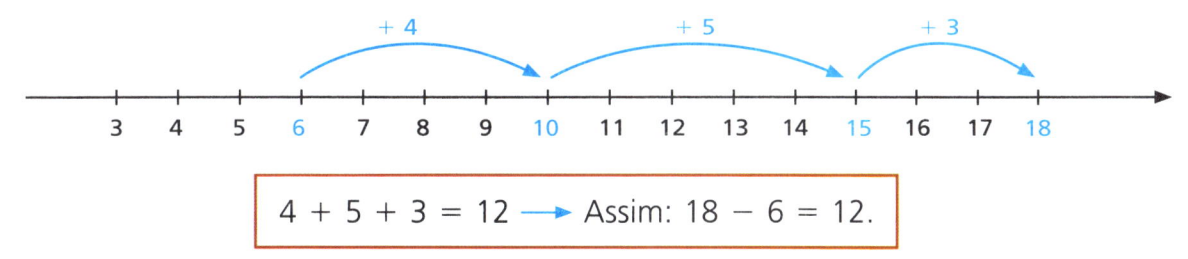

```
       +4        +5        +3
   ┌─────┐   ┌─────┐   ┌─────┐
3  4  5  6  7  8  9  10  11  12  13  14  15  16  17  18
```

$$4 + 5 + 3 = 12 \rightarrow \text{Assim: } 18 - 6 = 12.$$

• Faça uma adição para descobrir quanto falta a:

a) 5 para chegar a 19. _____

b) 7 para chegar a 18. _____

2 Veja a estratégia usada por Melissa para calcular 30 − 9.

$$9 + 1 = 10$$

$$30 - 9 = ? \qquad 30 - 10 = 20 \qquad 30 - 9 = 21$$

dezenas inteiras

$$20 + 1 = 21$$

• Troque ideias com seus colegas. Por que vocês acham que Melissa calculou assim?

3 Veja ao lado o que Melissa pensou.

EU PREFIRO CALCULAR COM DEZENAS INTEIRAS. É MAIS FÁCIL.

> Se adicionarmos **1** ao **subtraendo**, também teremos de adicionar **1** ao **resto** ou **diferença** para que o resultado não mude.

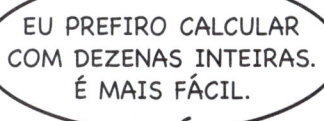

• Calcule mentalmente:

a) 40 − 10 = _____   c) 30 − 20 = _____   e) 50 − 10 = _____

b) 40 − 9 = _____   d) 30 − 19 = _____   f) 50 − 9 = _____

TRATANDO A INFORMAÇÃO

No gráfico abaixo, cada ■ representa 10 pontos no campeonato de basquetebol entre times dos bairros da cidade.

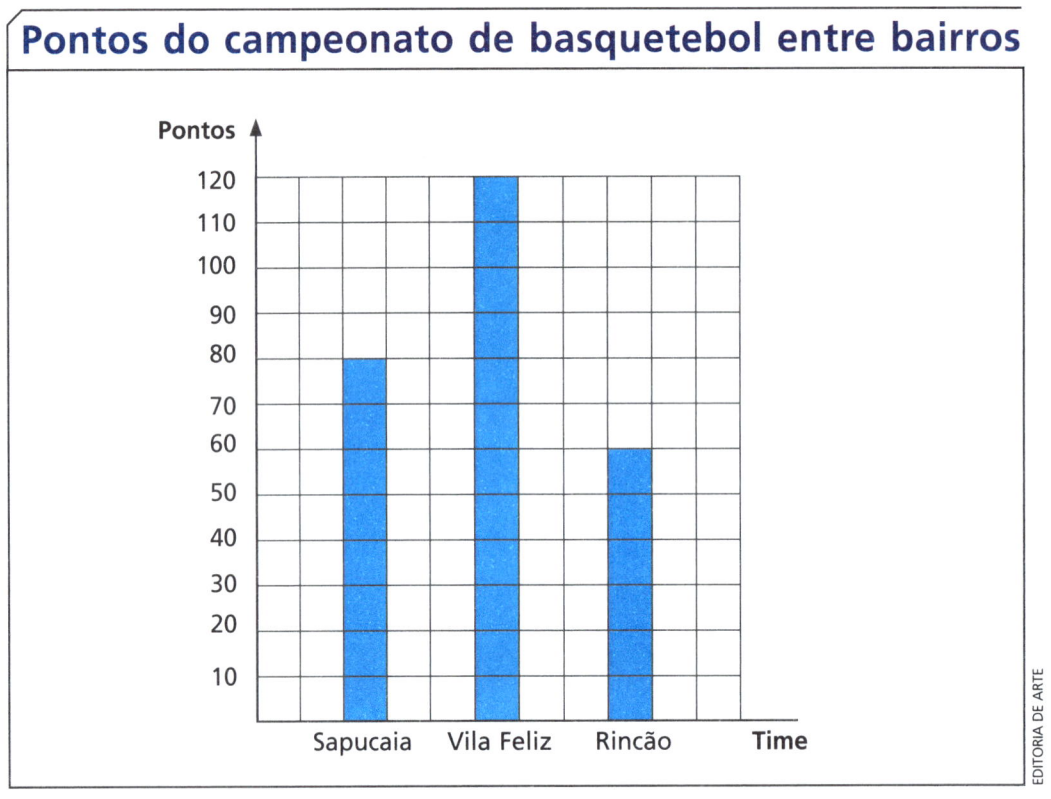

Pontos do campeonato de basquetebol entre bairros

(Gráfico de barras: Sapucaia = 80, Vila Feliz = 120, Rincão = 60)

Dados fictícios. Gráfico elaborado em 2017.

a) Quantos pontos marcou cada time?

Times	Sapucaia	Vila Feliz	Rincão
Pontos marcados			

b) Quantos pontos Vila Feliz fez a mais que Sapucaia?

_____

c) De acordo com as informações do gráfico, crie uma pergunta para ser resolvida com o cálculo 120 − 60 = 60.

_____

_____

TROCANDO IDEIAS PARA RESOLVER PROBLEMAS

SITUAÇÕES DE ADIÇÃO

1. Veja como podemos estimar a soma de 132 + 137.

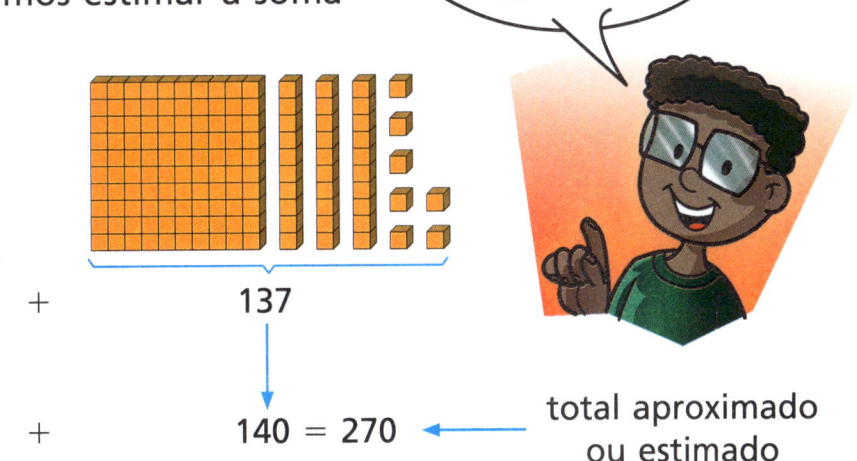

132 ESTÁ MAIS PRÓXIMO DE 130 DO QUE DE 140. 137 ESTÁ MAIS PRÓXIMO DE 140 DO QUE DE 130.

132 + 137

130 + 140 = 270 ← total aproximado ou estimado

- Arredonde as parcelas para a dezena inteira mais próxima. Depois, calcule mentalmente e escolha a melhor estimativa para o resultado de cada adição.

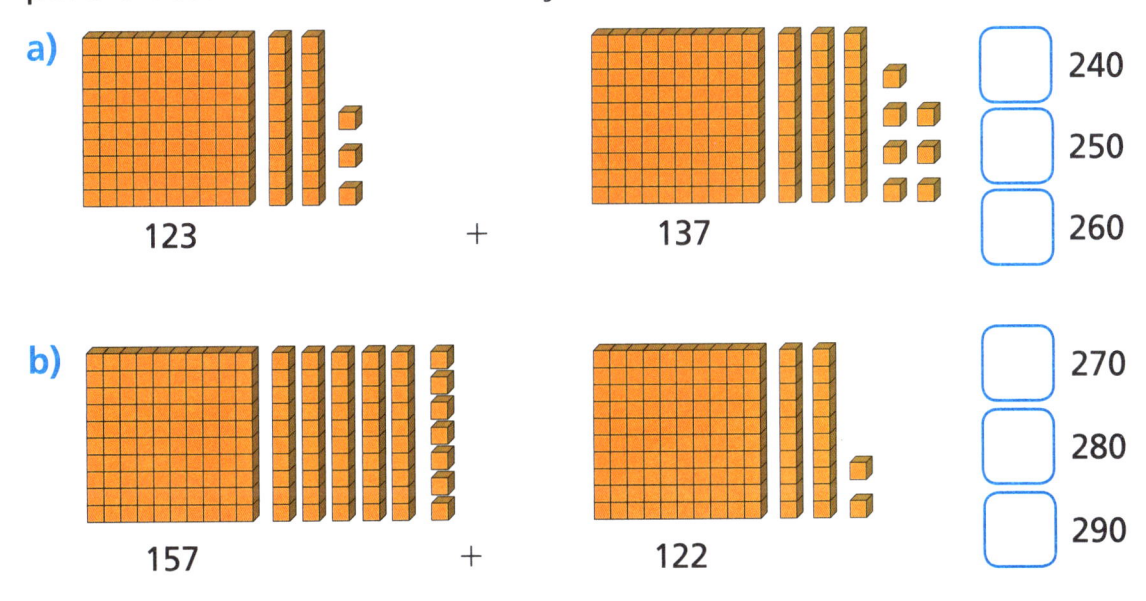

a) 123 + 137
- 240
- 250
- 260

b) 157 + 122
- 270
- 280
- 290

2. Agora, faça os cálculos das adições e verifique se as suas estimativas foram boas.

a) 123 + 137 = _____

b) 157 + 122 = _____

3. Os alunos organizaram na escola um Clube do Livro para a comunidade. Na primeira semana, eles conseguiram 127 livros e na segunda, 112 livros. Quantos livros eles conseguiram nessas duas semanas? _____

a) Inicialmente, estime o resultado.

b) Conversem sobre a estimativa de cada um e troquem ideias para resolver a situação.

c) Registre ao lado a sua resolução.

4. Cristina e seus colegas fizeram cálculos de formas diferentes. Conclua o cálculo de cada um deles.

> USANDO O MATERIAL DOURADO, ENCONTREI 2 PLACAS, 3 BARRINHAS E 9 CUBINHOS.

127
112
_____

127 + 112
120 + 7 + 110 + 2
230   9
_____

> 7 UNIDADES COM 2 UNIDADES SÃO 9 UNIDADES. 2 DEZENAS COM 1 DEZENA SÃO 3 DEZENAS. 1 CENTENA COM 1 CENTENA SÃO 2 CENTENAS.

C	D	U
1	2	7
+ 1	1	2

• Como você prefere calcular?

_____

_____

5. Para comprar um jogo, Emílio já juntou 53 reais. Ainda faltam 122 reais para completar o valor do jogo. Quanto custa o jogo?

6. Bete saiu com algum dinheiro. Gastou 245 reais e ainda ficou com 152 reais. Com quanto dinheiro ela saiu?

7. Reúna-se com um colega. Depois, com as peças da página 257, cada um representa uma adição. Um estima a soma do outro, e os dois verificam se as estimativas foram boas.
Continuem brincando assim, representando outras adições.

8. Escreva um problema a partir de uma representação feita por você com o Material Dourado.

_____

_____

_____

_____

TRABALHANDO COM O CÁLCULO MENTAL

a) Relacione as moedas de cada quadro com as adições que representam o total em centavos de real.

Total em centavos de real

$50 + 25 + 25 = 50 + 50$

_____ = _____

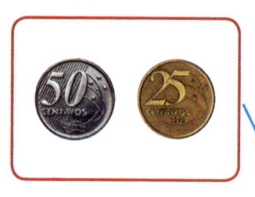

$50 + 25 = 50 + 10 + 10 + 5$

_____ = _____

$25 + 5 + 5 + 5 = 25 + 10 + 5$

_____ = _____

b) Escolha uma destas moedas 50, 25, 10 e 5 para desenhar nos quadros de modo que fiquem com a quantia indicada.

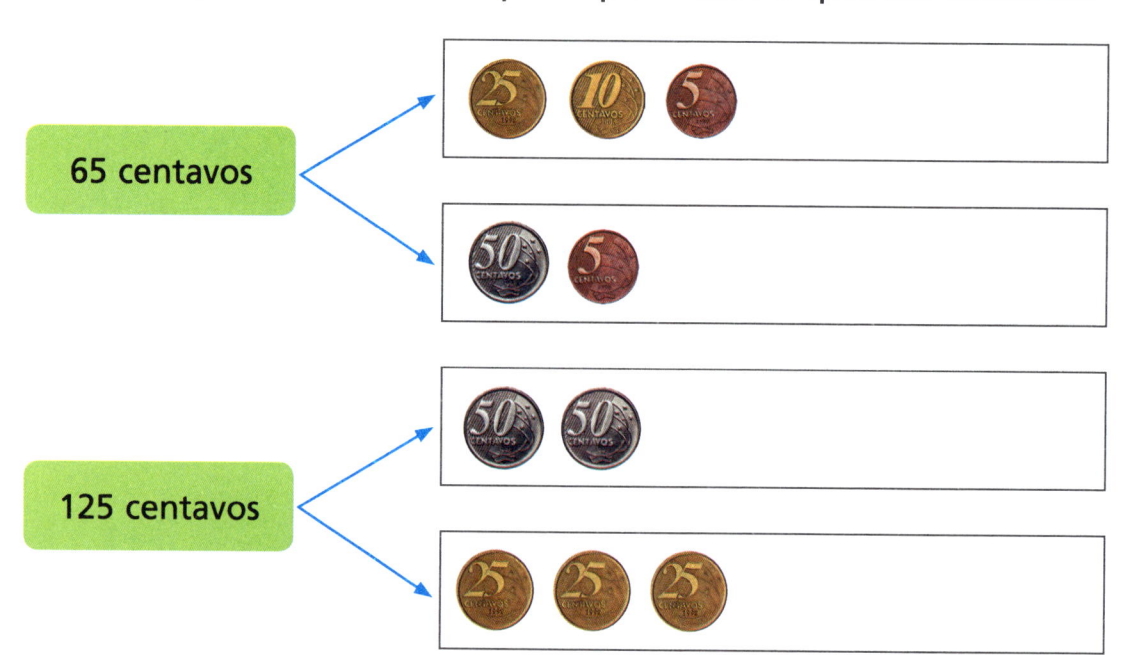

65 centavos

125 centavos

SITUAÇÕES DE SUBTRAÇÃO

1. É hora de arrumar na estante os livros doados para o Clube de Leitura. Vera abriu uma caixa com 149 livros. Desse total, ela já colocou 122 livros na estante. Quantos livros ainda estão na caixa? _____

a) Inicialmente, estime o resultado.

b) Mostre ao grupo a sua estimativa. **Depois,** troquem ideias para resolver a situação.

c) Registre aqui a sua resolução.

2. Bento e sua turma também resolveram essa questão. Veja ao lado como Bento estimou o resultado.

a) Pela estimativa de Bento, sobraram aproximadamente

_____ livros.

A DEZENA INTEIRA MAIS PRÓXIMA DE 149 É 150. A DEZENA INTEIRA MAIS PRÓXIMA DE 122 É 120.

149 → 150
122 → 120

150 − 120 = ☐

b) Márcia calculou mentalmente. Veja como ela pensou e complete os cálculos.

+10 +10 +7
122 132 142 149

10 + 10 + 7 = _____
DE 122 PARA 149
FALTAM _____.

c) Para saber o total de livros da caixa, outros colegas da turma fizeram os cálculos de formas diferentes. Veja como cada um pensou e, depois, complete o cálculo no Quadro de Ordens.

USANDO O MATERIAL DOURADO, ENCONTREI 2 BARRINHAS E 7 CUBINHOS.

EU USEI A DECOMPOSIÇÃO.

EU USEI O QUADRO DE ORDENS: 2 UNIDADES PARA 9 UNIDADES FALTAM 7 UNIDADES. 2 DEZENAS PARA 4 DEZENAS FALTAM 2 DEZENAS. 1 CENTENA PARA 1 CENTENA FALTA 0 CENTENA.

149 − 122
Retirando 1C, 2D e 2U de 149, sobram 2D e 7U.

149 → 100 + 40 + 9
− 122 → 100 + 20 + 2
          0 + 20 + 7

C	D	U
1	4	9
1	2	2

TRATANDO A INFORMAÇÃO

Para comemorar o Dia da Árvore, a prefeitura de uma cidade distribuiu mudas de árvores de 3 espécies: ipê, jacarandá e araribá. Veja no gráfico as mudas que a Sociedade Amigos do Bairro recebeu e plantou nas ruas e praças próximas à escola.

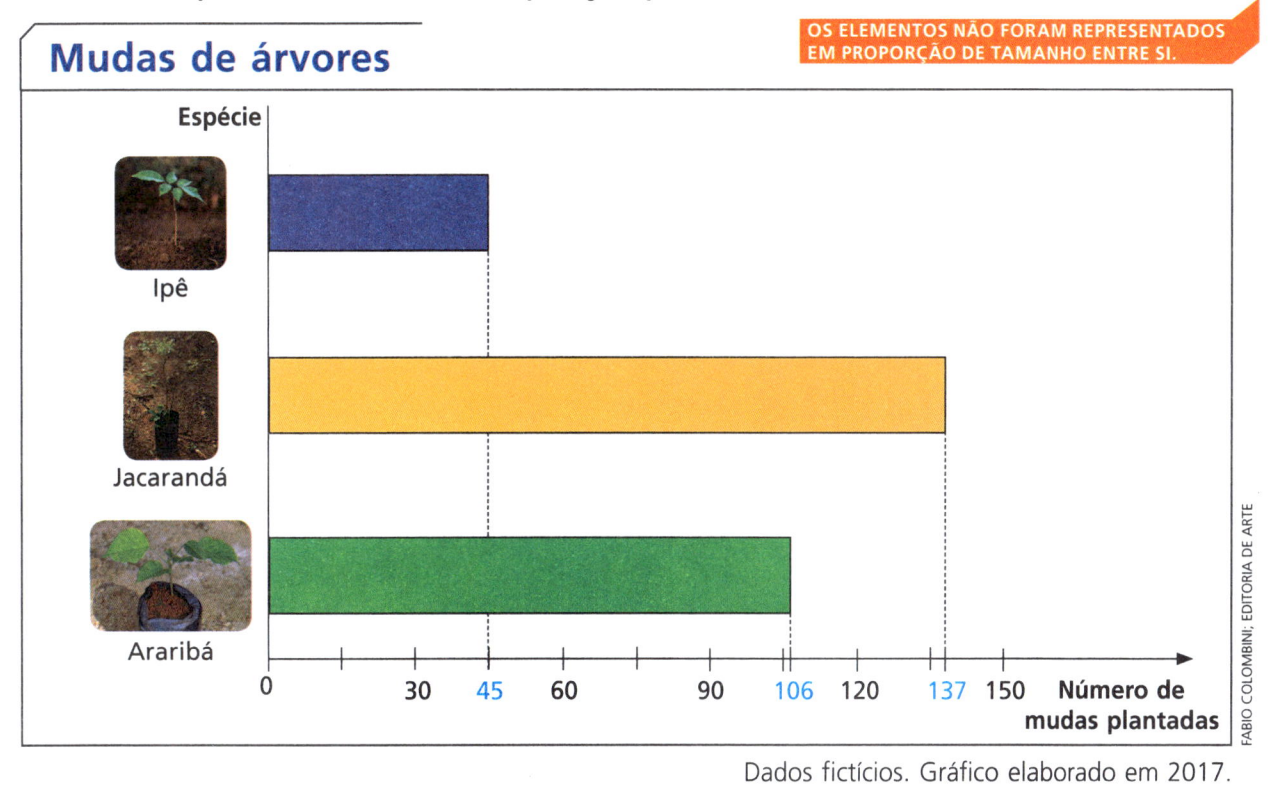

Mudas de árvores

OS ELEMENTOS NÃO FORAM REPRESENTADOS EM PROPORÇÃO DE TAMANHO ENTRE SI.

- Ipê: 45
- Jacarandá: 137
- Araribá: 106

Dados fictícios. Gráfico elaborado em 2017.

a) Preencha a tabela de acordo com as informações do gráfico.

Espécie (árvore)	Ipê	Jacarandá	Araribá
Número de mudas plantadas			

b) Quantas mudas de ipê faltaram para completar as 95 mudas plantadas?

_____

c) De acordo com as informações do gráfico, o que indica o cálculo 106 − 45 = 61?

_____

_____

TRABALHANDO COM O CÁLCULO MENTAL

a) Calcule mentalmente o troco de cada pessoa na compra de um presente.

EU GASTEI 85 REAIS E PAGUEI COM 90 REAIS.

EU GASTEI 90 REAIS E PAGUEI COM 100 REAIS.

EU GASTEI 115 REAIS E PAGUEI COM 120 REAIS.

EU GASTEI 140 REAIS E PAGUEI COM 150 REAIS.

Gilson.   Diva.   Leonor.   Túlio.

_____ _____ _____ _____

_____ _____ _____ _____

b) A turma de Juliano montou um jogo de cartelas para treinar cálculo de troco mentalmente. Ligue para mostrar qual é a nota que indica o troco em cada situação.

para pagar 90 reais	Troco: (10)	para pagar 80 reais
para pagar 18 reais	Troco: (2)	para pagar 40 reais
para pagar 30 reais	Troco: (20)	para pagar 8 reais

ADIÇÃO COM MAIS DE DOIS NÚMEROS

1. A maneira mais eficaz de prevenir doenças é tomar vacina. Ao ser vacinada, a pessoa fica imunizada. Por isso, é importante participar das campanhas de vacinação em todas as idades.

Observe no gráfico quantas pessoas, entre crianças, adolescentes e adultos, foram vacinadas hoje no posto de saúde do bairro em que Sérgio mora.

Vacinação

Quantidade de pessoas vacinadas

- Crianças: 12
- Adolescentes: 25
- Adultos: 30

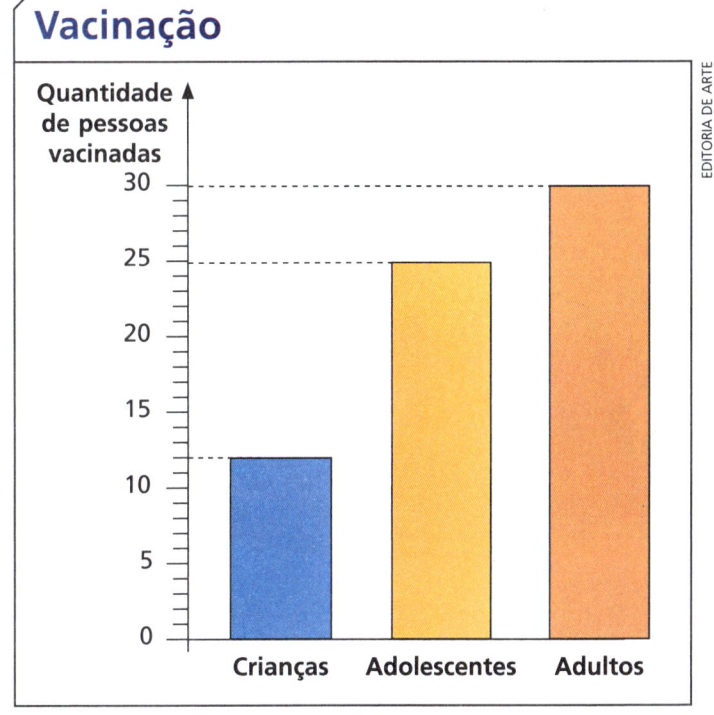

Dados fictícios. Gráfico elaborado em 2017.

a) Quantas crianças foram vacinadas? _____

b) Quantos foram os adolescentes vacinados? _____

c) Quantos adultos receberam vacina? _____

d) Agora, vamos calcular o total de pessoas vacinadas hoje nesse posto de saúde. Observe como foi feito nos galhos à esquerda e complete os cálculos indicados nos galhos à direita.

12 + 25 + 30

37 + 30

67

OU

12 + 25 + 30

12 + ___

___

O RESULTADO SERÁ O MESMO?

77

e) Marcos e Bia calcularam esse total de outras formas. Veja e complete os cálculos.

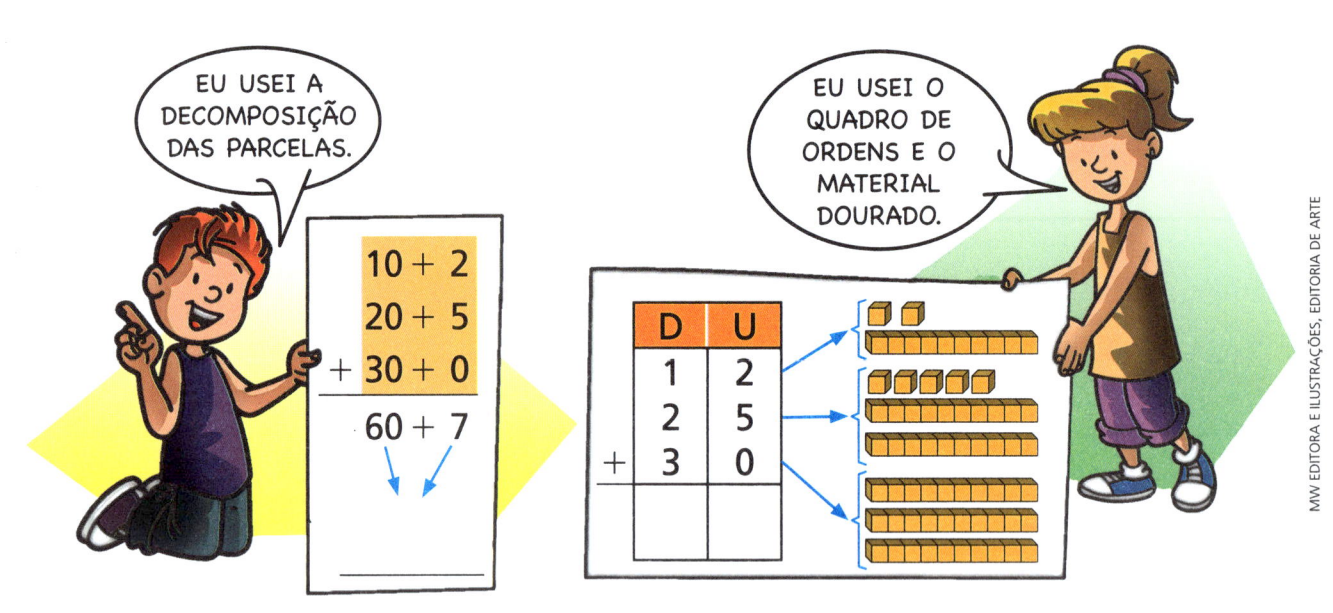

EU USEI A DECOMPOSIÇÃO DAS PARCELAS.

```
  10 + 2
  20 + 5
+ 30 + 0
--------
  60 + 7
```

EU USEI O QUADRO DE ORDENS E O MATERIAL DOURADO.

D	U
1	2
2	5
+3	0

2. Ricardo anotou os pontos que ganhou e perdeu em um jogo.

Ganhei	25	14	31
Perdi	12	20	8

a) Quantos pontos Ricardo ganhou? _____

b) Quantos pontos ele perdeu? _____

c) Qual é a diferença entre os pontos ganhos e os pontos perdidos? _____

3. Em outro posto de saúde, em uma campanha de vacinação contra a gripe, foram vacinadas 124 crianças, 131 gestantes e 143 idosos. Qual é o total de pessoas vacinadas nesse posto? Faça os cálculos como preferir.

_____

4. Encontre três "números seguidos" cuja soma seja 39.

_____

SÓ PARA LEMBRAR

1 Qual é o número máximo de pontos e o número mínimo de pontos que podemos obter com os três dados? _____

• Escreva 3 modos diferentes de se obter 12 pontos jogando 3 dados.

_____

_____

2 Carlos e Adriana compraram miniaturas para as suas coleções. Veja.

Carlos comprou o avião e o ônibus e gastou 25 reais.
Adriana comprou o ônibus e o caminhão e gastou 27 reais.

a) Calcule mentalmente o preço do avião e do caminhão e anote nas etiquetas.

b) Com três notas de 10 reais daria para comprar o ônibus e o caminhão? Sobraria troco?

c) Com duas notas de 10 reais daria para comprar o ônibus e o avião? Sobraria troco?

ADIÇÃO COM REAGRUPAMENTO

1. A escola está participando da campanha de troca de latinhas para conseguir mais livros para a biblioteca. Até ontem, o 3º ano tinha arrecadado 133 latinhas. Hoje, a turma trouxe outras 128 latinhas. Quantas latinhas de alumínio o 3º ano arrecadou até agora?

TROQUE 100 LATINHAS DE ALUMÍNIO POR 1 LIVRO.

a) Faça uma estimativa do total de latinhas de alumínio arrecadadas. _____

b) Monte uma estratégia para resolver a situação.

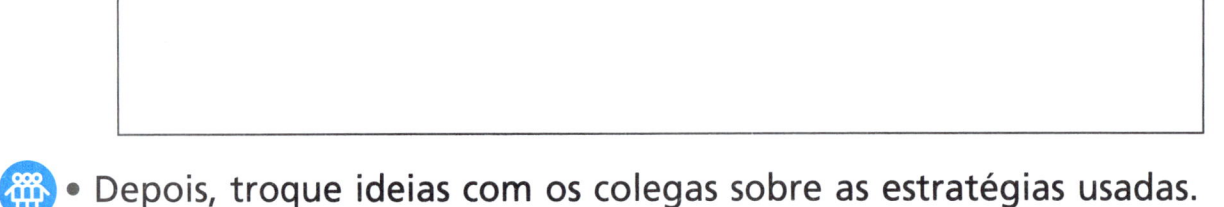

• Depois, troque ideias com os colegas sobre as estratégias usadas.

2. Para resolver a situação, Gabi estimou o resultado.

a) Veja como ela fez e complete o cálculo.

133 ⟶ 130
128 ⟶ 130
130 + 130 =

133 ESTÁ MAIS PRÓXIMO DE 130 DO QUE DE 140.

128 ESTÁ MAIS PRÓXIMO DE 130 DO QUE DE 120.

DEPOIS, É SÓ ADICIONAR COM 130.

b) Veja as estratégias que Gustavo e Lia usaram para resolver a situação e complete os cálculos.

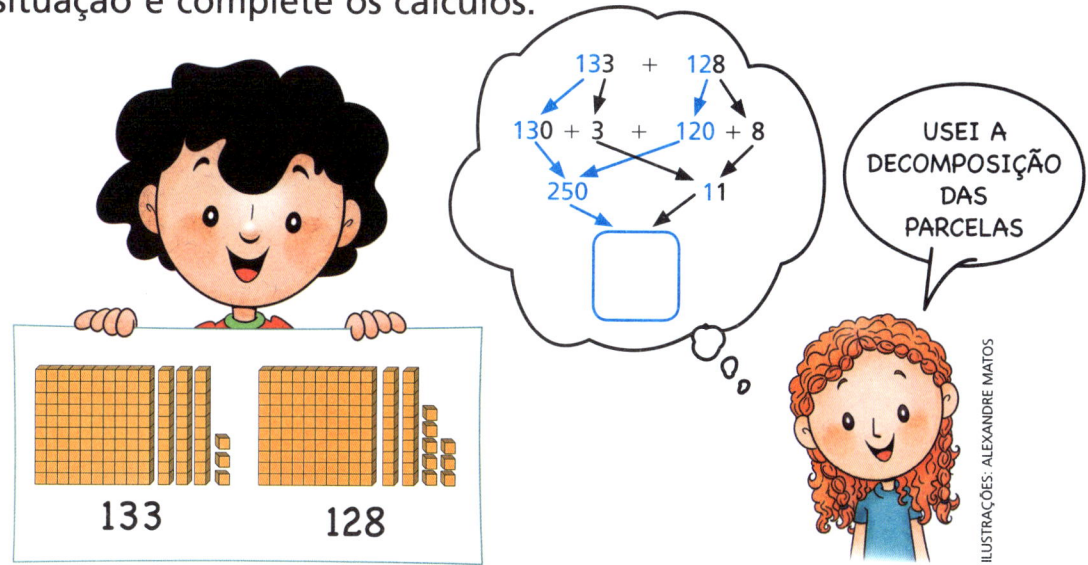

$$133 + 128$$
$$130 + 3 \quad + \quad 120 + 8$$
$$250 \qquad \qquad 11$$

USEI A DECOMPOSIÇÃO DAS PARCELAS

133   128

- Juntando as placas, as barrinhas e os cubinhos, quanto dá?

_____

_____

c) Você fez uma boa estimativa do resultado? Justifique.

3. Acompanhe o mesmo cálculo usando o algoritmo da adição.

a) Adicionamos as unidades e trocamos 10 unidades por 1 dezena.

C	D	U
1	3¹	3
+1	2	8
		1

b) Agora, você adiciona as dezenas.

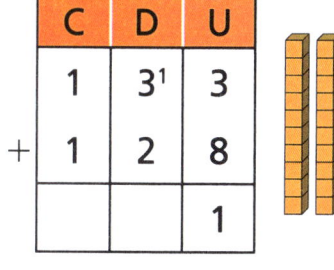

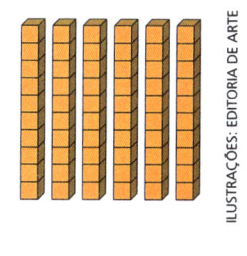

C	D	U
1	3¹	3
+1	2	8
		1

c) Finalmente, você adiciona as centenas.

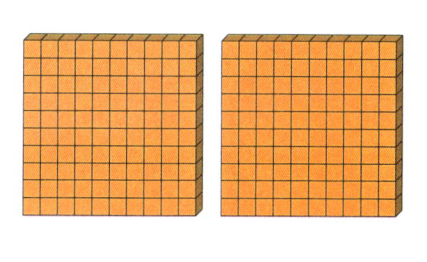

C	D	U
1	3¹	3
+1	2	8
		1

USE O SEU MATERIAL DOURADO E ACOMPANHE AS TROCAS FEITAS NESSE CÁLCULO.

- Qual é a soma das parcelas 133 e 128? _____

81

TRATANDO A INFORMAÇÃO

Observe o número de livros emprestados pela biblioteca da escola em 5 meses.

a) Complete o quadro com o total de livros trocados em cada mês.

Cada 📕 representa 100 livros.

Cada 📄 representa 50 livros.

	Livros trocados	Total
Fevereiro	📕📕📕📄	
Março	📕📕📕📕📄	
Abril	📕📕📕📄	
Maio	📕📕📕📕📄	
Junho	📕📕📄	

b) Quantos livros foram trocados ao todo em fevereiro e março?

_____

c) Quantos livros foram trocados a mais em abril do que em junho? _____

d) De acordo com as informações do quadro, escreva um problema que seja resolvido pelo cálculo 350 + 250 e resolva-o.

82

ADIÇÃO COM MAIS DE DOIS NÚMEROS COM REAGRUPAMENTO

1. Na campanha de latinhas, o grupo de Vítor contribuiu com 80 latinhas de refrigerante, 40 latinhas de suco e 60 latinhas de chá. Com quantas latinhas o grupo conseguiu contribuir?

   a) Veja duas maneiras diferentes de calcular e complete.

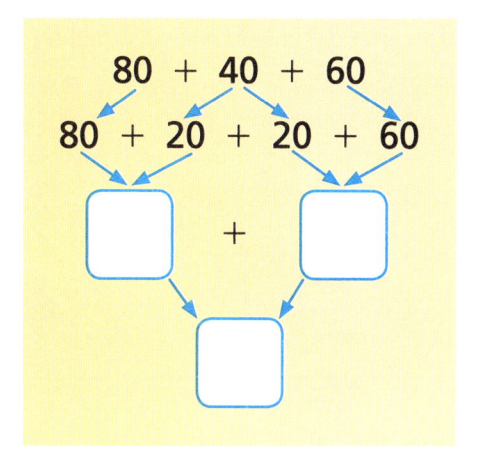

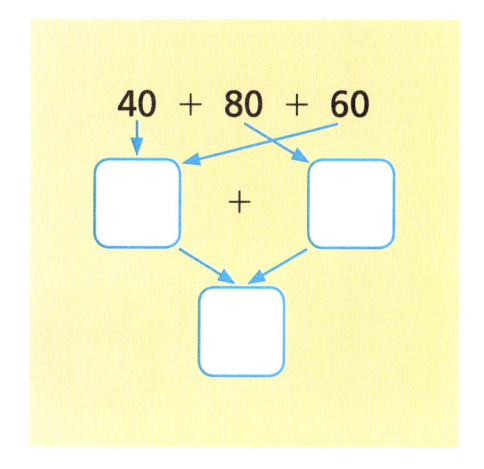

   ```
   80 + 40 + 60
   80 + 20 + 20 + 60
      □   +   □
          □
   ```

   ```
   40 + 80 + 60
    □   +   □
        □
   ```

   b) Explique com suas palavras qual é a diferença entre as duas estratégias de cálculo.

   c) De qual dessas maneiras de calcular você gostou mais? Por quê?

2. Numa folha à parte, inventem um problema que possa ser resolvido usando o cálculo 45 + 90 + 55. Troquem o problema com outra dupla. Copiem aqui o problema que vocês receberam e façam os cálculos.

3. Reúna-se com um colega. Vejam quantas latinhas foram arrecadadas pelas classes dos 4ºˢ anos em 3 dias de campanha.

Caixas com: 219, 133, 241

a) Primeiro, façam a estimativa do total de latinhas nas 3 caixas.

_____

b) Conversem sobre como cada um pensou. Após trocarem ideias, cada um desenvolve uma estratégia para calcular a quantidade total de latinhas nas 3 caixas.

c) Veja como podemos estimar o total de latinhas.

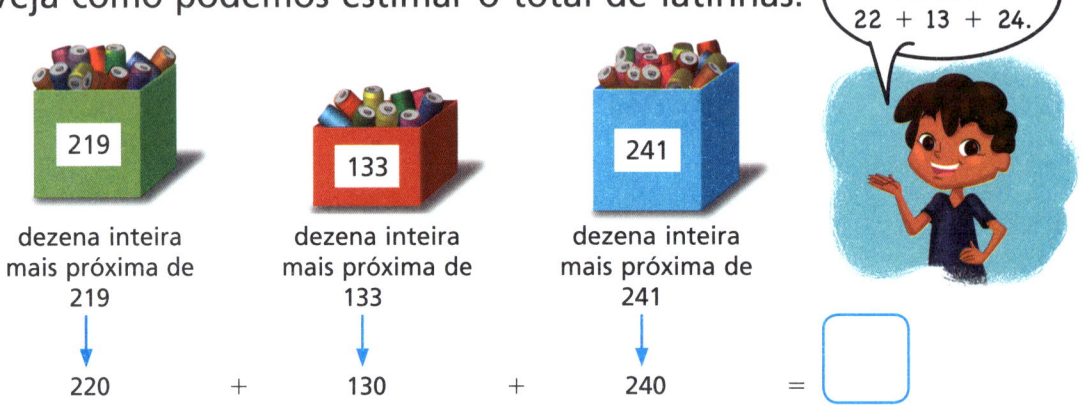

É SÓ PENSAR 22 + 13 + 24.

dezena inteira mais próxima de 219	dezena inteira mais próxima de 133	dezena inteira mais próxima de 241
↓	↓	↓
220	130	240

220 + 130 + 240 = ☐

d) Também podemos calcular o total de latinhas usando a decomposição de parcelas. Complete.

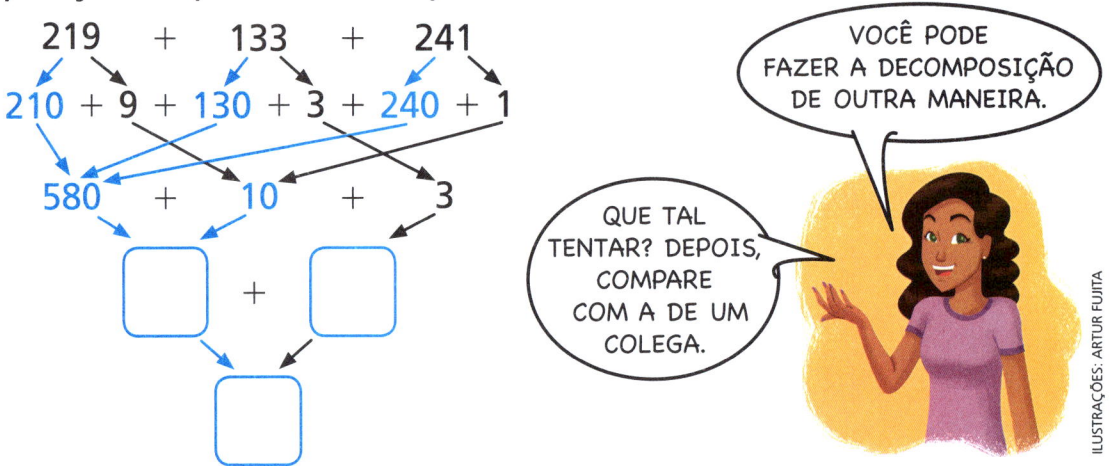

219 + 133 + 241
210 + 9 + 130 + 3 + 240 + 1
580 + 10 + 3
☐ + ☐
☐

VOCÊ PODE FAZER A DECOMPOSIÇÃO DE OUTRA MANEIRA.

QUE TAL TENTAR? DEPOIS, COMPARE COM A DE UM COLEGA.

e) Compare o total obtido com a estimativa que você fez no item **a**. E aí, você fez uma boa estimativa? Justifique.

_____

4. A biblioteca do bairro recebeu como doação 3 caixas de livros: uma com 127 livros, outra com 138 e a terceira com 232 livros. Primeiro, faça uma estimativa total de livros das 3 caixas. Depois, calcule como preferir.

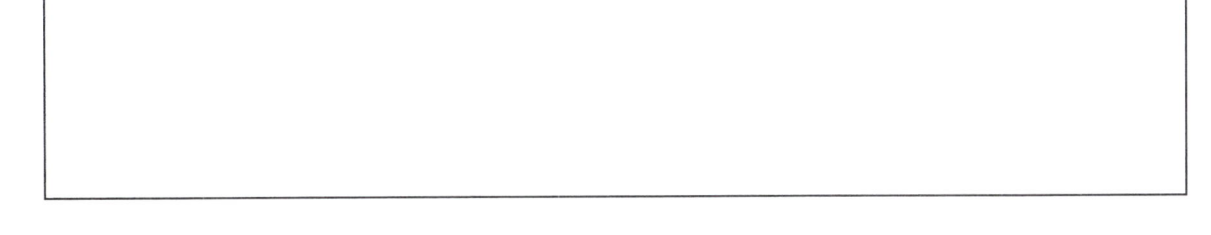

INVESTIGANDO PADRÕES E REGULARIDADES

Observe a trilha com casas numeradas de 1 a 25.

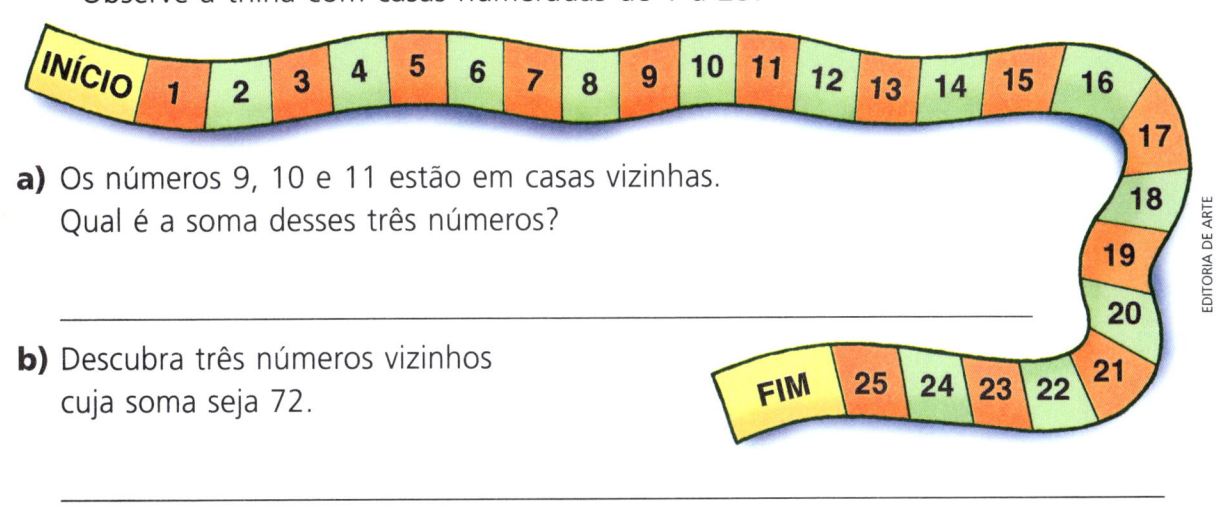

a) Os números 9, 10 e 11 estão em casas vizinhas. Qual é a soma desses três números?

b) Descubra três números vizinhos cuja soma seja 72.

c) Agora, descubra três números vizinhos cuja soma seja 70.

SUBTRAÇÃO COM REAGRUPAMENTO

1. Gilmar tem 91 anos e seu neto Lucas tem 22. Quantos anos Gilmar tem a mais que o neto?

a) Inicialmente, estime quantos anos o avô tem a mais que o neto.

b) Depois, discuta com seus colegas de grupo uma estratégia para resolver a situação-problema.

85

2. Veja como alguns alunos estimaram quantos anos Gilmar tem a mais que o neto.

A DEZENA INTEIRA MAIS PRÓXIMA DE 91 É 90, E A DEZENA INTEIRA MAIS PRÓXIMA DE 22 É 20.

DEPOIS, É SÓ CALCULAR A DIFERENÇA ENTRE 90 E 20!

- Qual é a estimativa deles? _____

3. Podemos também decompor os números 91 e 22 em dezenas e unidades para calcular a diferença de idade entre Gilmar e seu neto.

a) Acompanhe a estratégia destes alunos e complete o cálculo.

*91 = 9 DEZENAS E 1 UNIDADE.
22 = 2 DEZENAS E 2 UNIDADES.*

$$91 \rightarrow 90 + 1$$
$$-22 \rightarrow -20 + 2$$

VEJA QUE NÃO É POSSÍVEL SUBTRAIR 2 UNIDADES DE 1 UNIDADE.

ENTÃO VAMOS DECOMPOR O 91 COMO 80 + 11.

$$\begin{array}{c} 80 \\ -20 \\ \hline \ \square \end{array} + \begin{array}{c} 11 \\ -2 \\ \hline \ \square \end{array}$$
$$+ \ \square$$

AGORA É POSSÍVEL SUBTRAIR 2 UNIDADES DE 11 UNIDADES.

b) Quantos anos Gilmar tem a mais que seu neto? _____

c) O resultado estimado foi bom? _____

4. Acompanhe, agora, o cálculo da diferença de idade entre Gilmar e seu neto usando o algoritmo da subtração e complete.

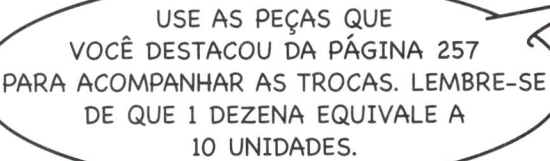

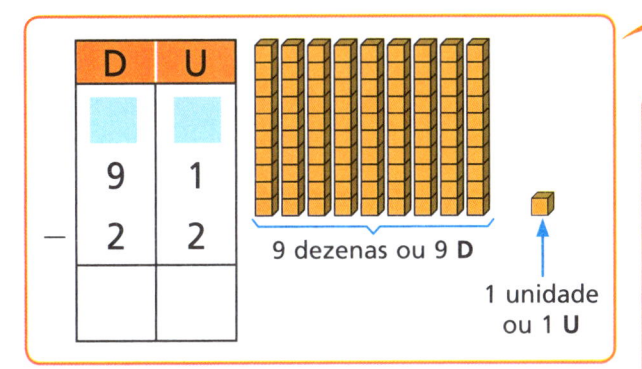

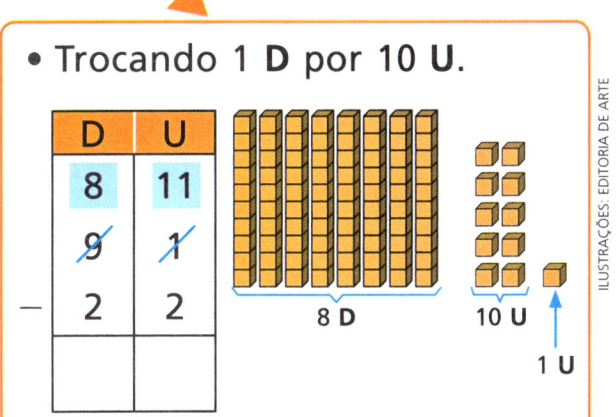

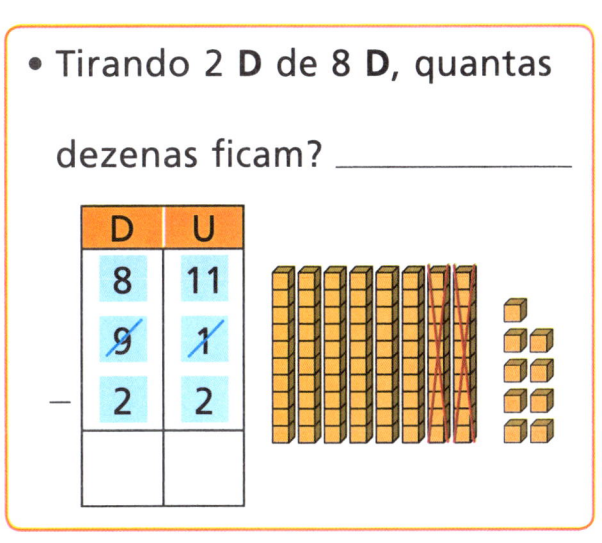

> USE AS PEÇAS QUE VOCÊ DESTACOU DA PÁGINA 257 PARA ACOMPANHAR AS TROCAS. LEMBRE-SE DE QUE 1 DEZENA EQUIVALE A 10 UNIDADES.

D	U
9	1
− 2	2

9 dezenas ou 9 D

1 unidade ou 1 U

- Trocando 1 **D** por 10 **U**.

D	U
8	11
9̸	1̸
− 2	2

8 D   10 U   1 U

- Tirando 2 **U** de 11 **U**, quantas unidades ficam? _____

D	U
8	11
9̸	1̸
− 2	2

- Tirando 2 **D** de 8 **D**, quantas dezenas ficam? _____

D	U
8	11
9̸	1̸
− 2	2

5. Efetue as subtrações da maneira que preferir. Depois, troque ideias com um colega; assim, cada um pode observar como foi feito o cálculo do outro.

a) 85 − 19 = _____

b) 162 − 35 = _____

TRABALHANDO COM O CÁLCULO MENTAL

1 Calcule mentalmente quanto é 150 − 70. Registre o resultado aqui.

_____

2 Agora, acompanhe a estratégia usada por Marina.

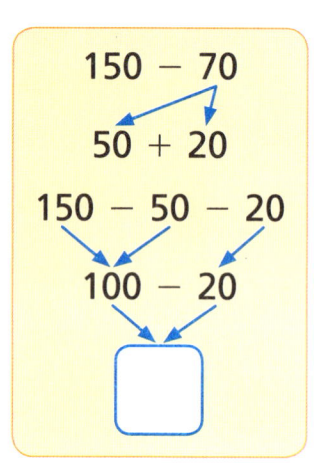

70 É 50 + 20.

PRIMEIRO, TIRO 50 DE 150 E FICA 100.

DEPOIS, TIRO 20 DE 100.

ENTÃO, QUANTO É 150 − 70?

150 − 70
50 + 20
150 − 50 − 20
100 − 20

a) Complete o cálculo de Marina.
b) Você pensou diferente?

_____

3 Veja como Carlos calculou mentalmente, mas de um jeito diferente de Marina. Complete o cálculo.

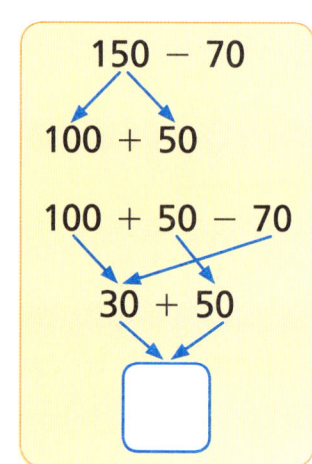

EU PENSO ASSIM: 150 É 100 + 50.

E JUNTO O 30 QUE SOBROU COM 50.

TIRO 70 DE 100, QUE É MAIS FÁCIL, E SOBRA 30.

ENTÃO, QUANTO É 150 − 70?

150 − 70
100 + 50
100 + 50 − 70
30 + 50

88

4 Continue calculando mentalmente.

a) 190 − 60 = _____   b) 140 − 90 = _____   c) 190 − 90 = _____

5 É mais fácil subtrair com dezenas inteiras. Quer ver? Observe a estratégia usada para calcular a diferença 140 − 11. Use o Material Dourado para acompanhar os cálculos.

$$11 - 1 = 10$$

$$140 - 11 = ? \qquad \underbrace{140 - 10}_{\text{dezenas inteiras}} = 130 \qquad 140 - 11 = 129$$

$$130 - 1 = 129$$

Se subtrairmos **1** do **subtraendo**, também teremos de subtrair **1** do **resto**.

• Troque ideias com seu colega sobre essa estratégia.

6 Agora é sua vez. Use essa estratégia para calcular.

a) 150 − 10 = _____   c) 140 − 20 = _____   e) 280 − 20 = _____

b) 150 − 11 = _____   d) 140 − 21 = _____   f) 280 − 21 = _____

7 Escreva uma situação-problema para ser solucionada com um dos cálculos da atividade 6.

_____

_____

_____

8 Marina tem 38 anos e sua mãe, 73. Quantos anos a mãe de Marina tinha quando a menina nasceu?

9 Luzia comprou uma calça e um vestido e pagou 240 reais. Se o vestido custou 180 reais, qual é o preço da calça?

SÓ PARA LEMBRAR

1 Complete a situação-problema com a palavra de um dos cartões e resolva.

O preço de um patinete passou de 126 reais para 135 reais.

Quanto _____?

| faltou | aumentou | diminuiu | sobrou |

2 Ana foi a uma livraria e comprou 1 livro por 30 reais e 1 revista por 15 reais. Ela pagou com 50 reais. Quantas notas e moedas ela pode ter recebido de troco?

3 Fátima foi ao açougue e gastou 87 reais. Depois, gastou 57 reais na padaria. Ainda sobraram 58 reais. Quanto dinheiro Fátima tinha antes da compra?

4 A secretária da escola foi a uma loja de materiais de escritório para comprar uma caixa de 100 clipes, mas só encontrou caixas com quantidades menores. Investigue diferentes maneiras de a secretária levar a quantidade de clipes desejada comprando as caixas que ela encontrou.

5 Nos Jogos Olímpicos realizados em 2016, na cidade do Rio de Janeiro, o Brasil ganhou as seguintes medalhas:

Ouro	Prata	Bronze	Total
7	6	6	

Fonte: UOL OLIMPÍADAS. Disponível em: <https://olimpiadas.uol.com.br/quadro-de-medalhas>. Acesso em: 10 jun. 2017.

• Calcule o total de medalhas e complete o quadro.

6 Mauro ganhou 32 figurinhas e agora ficou com 167. Quantas figurinhas Mauro tinha antes de ganhar as 32?

7 Uma quitanda vendeu 31 dúzias de banana na terça-feira, 27 dúzias na quarta, 33 dúzias na quinta e 24 dúzias na sexta. Quantas dúzias de banana a quitanda vendeu nesses 4 dias?

8 Daniela tem 93 miniaturas de dinossauros e Romeu tem 74. De quantas miniaturas Romeu precisa para ter a mesma quantidade de Daniela?

QUAL É A CHANCE?

Elias escreveu os nomes de todos os participantes do seu grupo em tiras de papel.

Ana   Bia   Caio
Elias   Ivan   Oto

Ele vai sortear quem apresentará o cartaz sobre Educação Ambiental.

a) Quantos são os nomes que podem ser sorteados?

_____

b) Assinale V (verdadeiro) ou F (falso).

☐ A chance de sortear um menino é menor que a chance de sortear uma menina.

☐ Um nome iniciado por vogal tem mais chance de ser sorteado do que um nome iniciado por consoante.

9 Coloque os números 1, 2, 3, 4, 5, 6, 7 e 8 nas casas vazias do esquema ao lado, um em cada casa, para que a soma nas linhas destacadas seja sempre 9.

10 Para cada item, criem numa folha à parte uma situação-problema envolvendo adição ou subtração a partir da imagem apresentada.

a) 58 reais / 179 reais / 209 reais

b)
— EU E MINHA NETA NASCEMOS NO MESMO DIA. HOJE ELA FAZ 12 ANOS.
— ELE TEM 59 ANOS A MAIS QUE EU.

• Agora, troquem os problemas com outra dupla. Copiem aqui os problemas que vocês receberam e façam os cálculos. Depois, destroquem e confiram as resoluções.

UNIDADE 4 ESPAÇO E FORMA

Os alunos visitaram um museu de azulejos bem interessante. Veja só!

ESTE PAINEL DE AZULEJOS É 5 POR 5.

ESTE PAINEL DE AZULEJOS É 4 POR 4.

A 5 por 5? 4 por 4? Você sabe o que eles estão querendo dizer com isso?

CADA PAINEL É FORMADO POR 16 AZULEJOS.

FORAM USADOS APENAS 2 TIPOS DE AZULEJO.

B Que diferença há entre esses dois painéis?

C Observe bem cada painel e assinale o azulejo fora do padrão.

EM CADA UM DESTES PAINÉIS HÁ UM AZULEJO QUE NÃO SEGUE O PADRÃO DOS OUTROS.

D Há duas opções para completar cada painel. Qual é? Faça a sua escolha.

ESTÁ FALTANDO UM AZULEJO EM CADA PAINEL.

NESTA UNIDADE VAMOS EXPLORAR:
- Figuras geométricas planas.
- Figuras congruentes.
- Planificações.
- Localização e deslocamentos.

FIGURAS GEOMÉTRICAS PLANAS

INVESTIGANDO PADRÕES E REGULARIDADES

Gostou dos desafios do museu de azulejos visitado pelas crianças? Agora, observe as sequências de azulejos e marque com um ✖ aquele que deve ser colocado no lugar de cada **?** para completar a sequência de acordo com o padrão apresentado.

a)

b)

1. DIVIRTA-SE!

O desenho de algumas imagens pode causar sensações estranhas. Veja:

- Troque ideias com os colegas. Que sensações vocês tiveram ao observar essas imagens?

2. Depois da visita ao museu de azulejos, a turma começou a investigar revestimentos com motivos geométricos em pisos e paredes.

a) Façam uma pesquisa sobre o revestimento **de pisos ou paredes** com motivos geométricos.

b) Fotografem ou desenhem em uma folha **quadriculada** algumas das formas que vocês encontraram e **mostrem aos colegas** dos outros grupos.

3. Júlia fotografou o revestimento que encontrou **no piso da biblioteca da escola.**

NO PISO DA BIBLIOTECA DA ESCOLA, EU ENCONTREI FIGURAS DE 3 LADOS.

As figuras que Júlia encontrou têm forma **parecida com** _____
_____.

4. Vamos conhecer um pouco mais sobre os triângulos.

a) Quantos lados tem esta figura? _____

b) Quantos vértices? _____

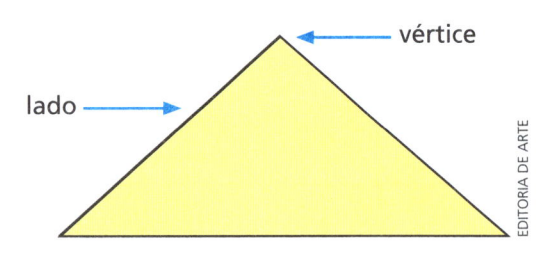

c) Compare o número de lados e o número de vértices de um triângulo. O que você observa?

_____

_____

5. Agora, observe os painéis de Gil e Luca.

NO PISO DO PÁTIO, EU OBSERVEI FIGURAS DE 4 LADOS.

AS FIGURAS QUE EU OBSERVEI NO PISO DA SALA TAMBÉM TÊM 4 LADOS.

a) No painel de Gil, vemos figuras como esta  ◆, cuja forma lembra a dos _____.

b) No painel de Luca, há figuras como esta ▬, cuja forma lembra a dos _____.

6. O que as figuras abaixo têm de parecido? O que elas têm de diferente?

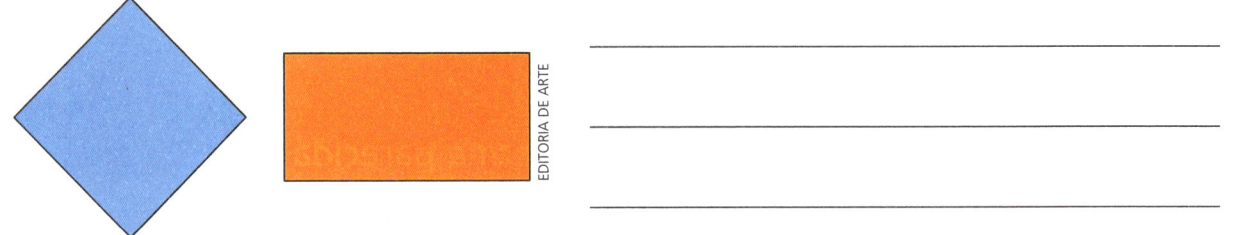

_____

_____

_____

7. Vamos conhecer um pouco mais sobre figuras de quatro lados.

lado
vértice

FIGURAS COMO AS DESTE QUADRO SÃO CHAMADAS **QUADRILÁTEROS**.

a) Quantos lados essa figura tem? Quantos vértices?

_____

b) Compare o número de lados com o número de vértices de um quadrilátero. O que você observa?

_____

_____

_____

FIQUE SABENDO

Vamos lembrar os nomes dos quadriláteros representados abaixo.

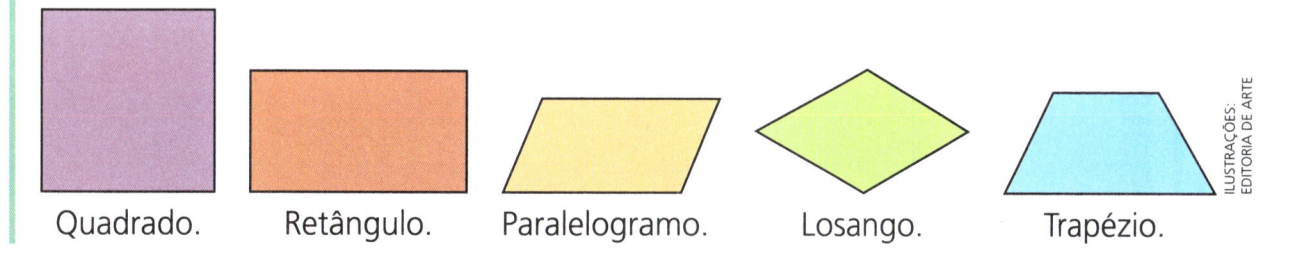

Quadrado. Retângulo. Paralelogramo. Losango. Trapézio.

8. Na pesquisa que o grupo fez na atividade **2** da página **97**, vocês encontraram algum revestimento com forma que lembra a desses quadriláteros? Quais deles?

#FICA A DICA

Veja no *link* a seguir jogos *on-line* com ladrilhamentos e mosaicos:
JOGOS *on-line* grátis. Disponível em: <http://ftd.li/fegq48>. Acesso em: 16 jun. 2017.

9. Você conhece o **geoplano**? Ele é um objeto composto de uma base de madeira e pregos distribuídos em intervalos regulares.
Prendendo elásticos nos pregos, podemos representar o contorno de figuras. Indique quantos lados e quantos vértices tem a figura representada no geoplano com:

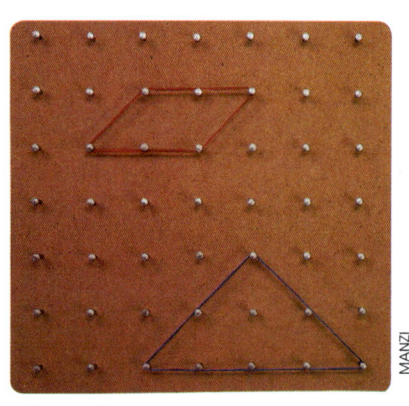

Geoplano.

• elástico vermelho: _____.

• elástico azul: _____.

10. A malha de pontos funciona como um geoplano. Desenhe na malha de pontos abaixo contornos de triângulos e quadriláteros em diferentes disposições. Depois, pinte as figuras.

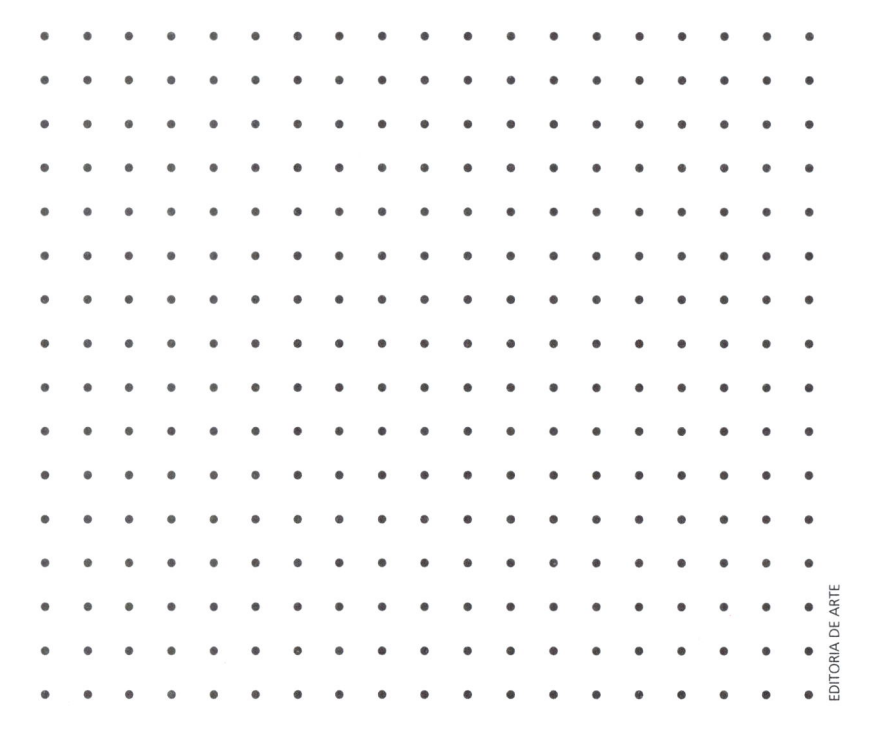

#FICA A DICA

Para conhecer um **geoplano virtual**, peça ajuda a um adulto para acessar o *site* <http://ftd.li/ibweru>. Acesso em: 27 jul. 2017. Você vai poder trabalhar a construção de figuras e fazer investigações geométricas de forma interativa.

11. Observe as formas que aparecem neste mosaico! Nele, é possível observar várias figuras de 4 lados.

a) Veja esta figura que aparece no mosaico em diferentes cores e posições: 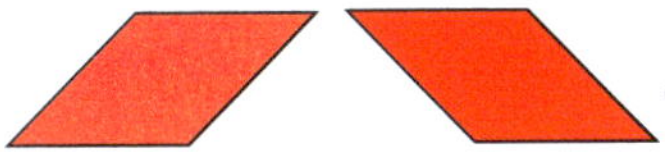 .

Essa figura lembra um quadrilátero que recebe o nome de **losango**.

• Quantas figuras como essas aparecem nesse mosaico? _____

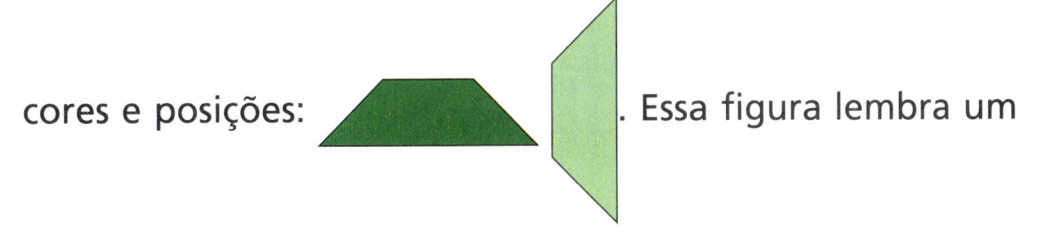

b) No mosaico observamos ainda esta outra figura em diferentes cores e posições: . Essa figura lembra um quadrilátero e recebe o nome de **trapézio**.

• Quantas figuras com forma de trapézio aparecem nele? _____

12. Neste outro mosaico aparece uma outra figura com 4 lados: .

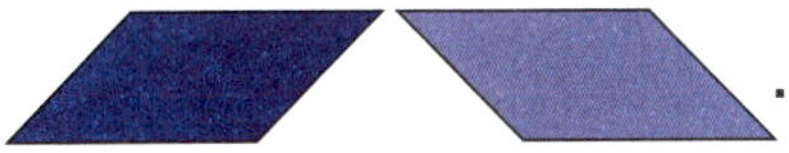

Essa figura que aparece no mosaico em diferentes cores e posições lembra um quadrilátero que pode ser chamado de **paralelogramo**.

Neste mosaico aparecem _____ figuras como essas, _____ figuras com a forma de quadrado e _____ figuras com a forma de triângulo.

13. Você vai usar o tangram em algumas atividades. Destaque as peças da página 267.

   a) De que cor estão pintados os triângulos nesse tangram? _____

   b) Quantos quadriláteros você encontra nas peças desse tangram? _____

   c) Como se chama o quadrilátero representado pela peça verde-escura? _____

   d) E pela peça verde-clara? _____

14. Com as peças do tangram, é possível formar figuras que lembram objetos, pessoas, animais etc.

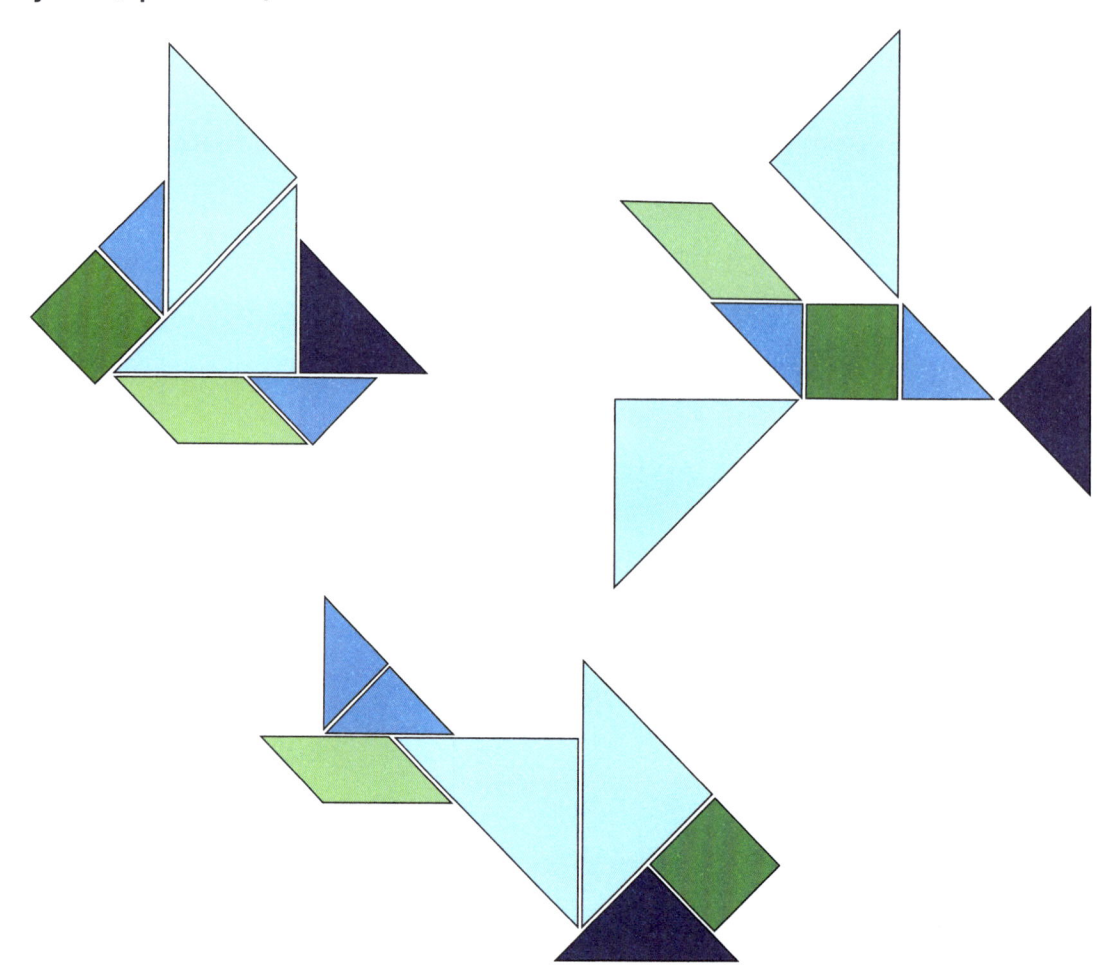

• Represente outras figuras com as 7 peças do tangram.

102

15. DIVIRTA-SE!

Leia a história de Teresinha.

Teresinha de Jesus
de uma queda foi ao chão.

Acudiram três cavalheiros,
todos de chapéu na mão.

O primeiro foi seu pai.
O segundo, seu irmão.

O terceiro foi aquele
a quem Teresa deu a mão. [...]

Cantiga popular.

- Que tal criar novas figuras com o seu tangram e contar outras histórias?

#FICA A DICA

Que tal ler **As aventuras de um cisne, de Margaret Presser e outros, Editora FTD, 2010**?

Nesse livro você vai participar de divertidas oficinas, como a de tangram, e conhecer as aventuras do patinho que deixou de ser feio quando virou cisne.

16. Esta é uma atividade de adivinha para fazer em grupo.

a) Usando uma régua geométrica, desenhe em papel-cartão figuras como as representadas abaixo. Depois, recorte-as.

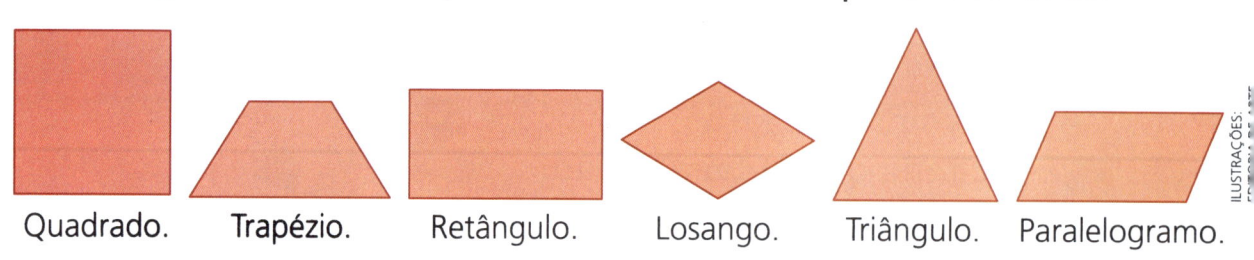

Quadrado. Trapézio. Retângulo. Losango. Triângulo. Paralelogramo.

b) Um aluno do grupo esconde uma das figuras dentro do livro, deixando visível só uma pequena parte dela. Os outros alunos devem adivinhar que figura é essa.

QUAL DAS FIGURAS ESTÁ COMEÇANDO A APARECER?

QUE NADA! TEM FORMA DE UM QUADRADO.

QUE NADA! TEM FORMA DE UM RETÂNGULO.

ESSA É FÁCIL! TEM FORMA DE UM TRIÂNGULO.

17. Veja como podemos desenhar um boi usando figuras que lembram as figuras geométricas planas.

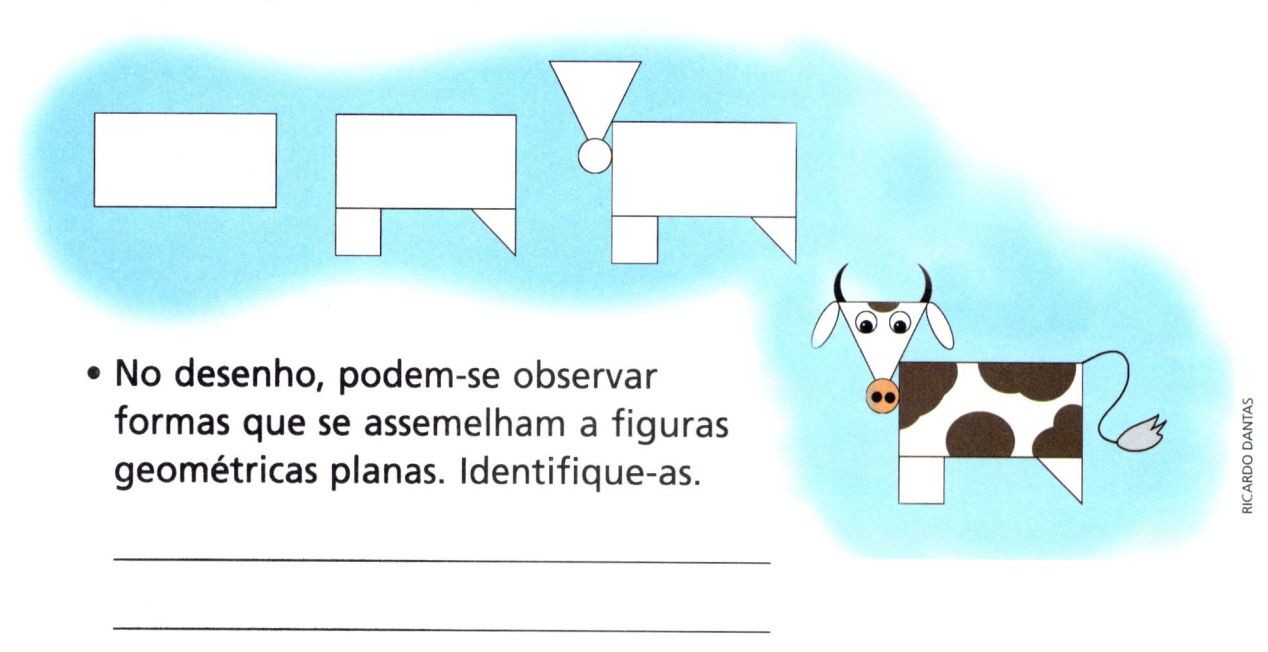

- No desenho, podem-se observar formas que se assemelham a figuras geométricas planas. Identifique-as.

_____

_____

104

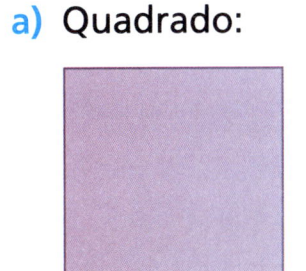

18. Use a régua para medir o comprimento dos lados das figuras a seguir.

a) Quadrado:

b) Losango:

• O que você observa nos comprimentos dos lados dessas duas figuras?

19. Meça o comprimento dos lados destacados em azul e verde nas figuras abaixo.

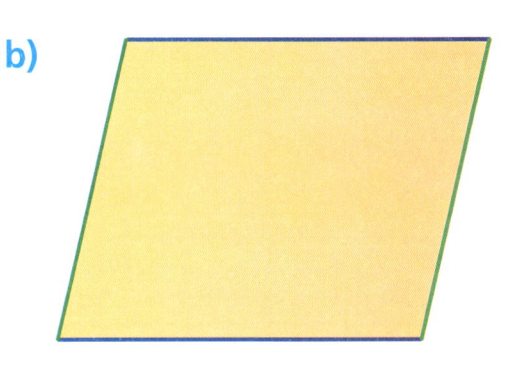

a)

b)

• O que você observa nos comprimentos dos lados dessas duas figuras?

20. Agora, meça o comprimento dos lados destas três figuras de triângulos.

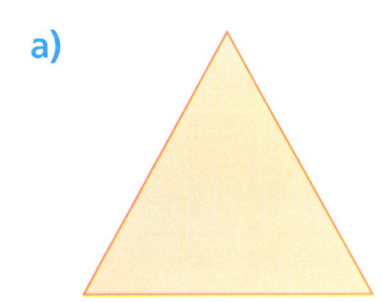

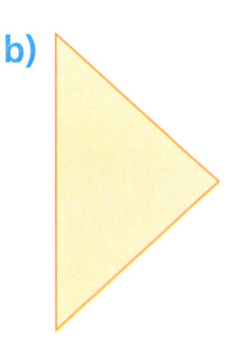

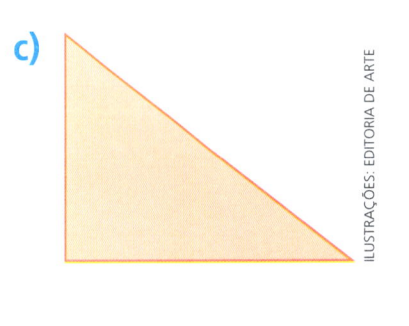

a)

b)

c)

• O que você observa nos comprimentos dos lados de cada uma dessas três figuras?

21. VAMOS BRINCAR COM PERCURSOS?

Tina desenhou uma figura em um jogo no computador.

Plínio quer desenhar uma figura com a mesma forma e mesmo tamanho que a de Tina. Termine de escrever as instruções que ele deve usar para construir uma figura como a de Tina.

1º Avance duas ↑ para cima.

2º Avance quatro → para a direita.

3º _____

4º _____

QUAL É A CHANCE?

a) Quais são os pontos possíveis de se obter ao lançar um dado?

_____

b) Para cada item, responda: O que tem mais chance de acontecer?
- Sair um número par ou sair um número ímpar?

_____

- Sair um número menor que 4 ou um número maior que 4?

_____

INVESTIGANDO PADRÕES E REGULARIDADES

a) Mara usa palitos para construir o contorno de triângulos.
Na regra de Mara, o contorno de um triângulo não pode "encostar" no contorno de outro.
Para cada triângulo, Mara usa 3 palitos. Sabendo disso, preencha o quadro.

Número de triângulos	1	2		4	5			8	9	10
Número de palitos	3		9			18	21			30

b) Hugo usa palitos para construir o contorno de triângulos. Mas, na regra seguida por ele, um mesmo palito pode estar no contorno de dois triângulos.

Assim, para construir o contorno de um triângulo, Hugo usa 3 palitos. Observe os padrões nas construções feitas pelo menino e preencha o quadro de acordo com o padrão.

Número de triângulos	1	2	3			6
Número de palitos	3	5		9		13

c) Observe agora estes contornos feitos com palitos e preencha o quadro, seguindo esse mesmo padrão.

Número de quadrados	1			4						10
Número de palitos	4							28		40

TRATANDO A INFORMAÇÃO

a) O professor vai perguntar a cada aluno da classe qual figura prefere dentre as opções abaixo. Cada aluno pode escolher apenas uma dessas figuras.

Registre abaixo os votos que o professor anotar no quadro de giz.

Figuras preferidas pelos alunos				
Figuras	■	▬	▲	●
Votos				

Fonte: Dados coletados entre os alunos da classe em _____.

b) Com os dados da tabela, faça um gráfico de barras, pintando um ☐ para cada voto obtido. Escolha um título para o gráfico!

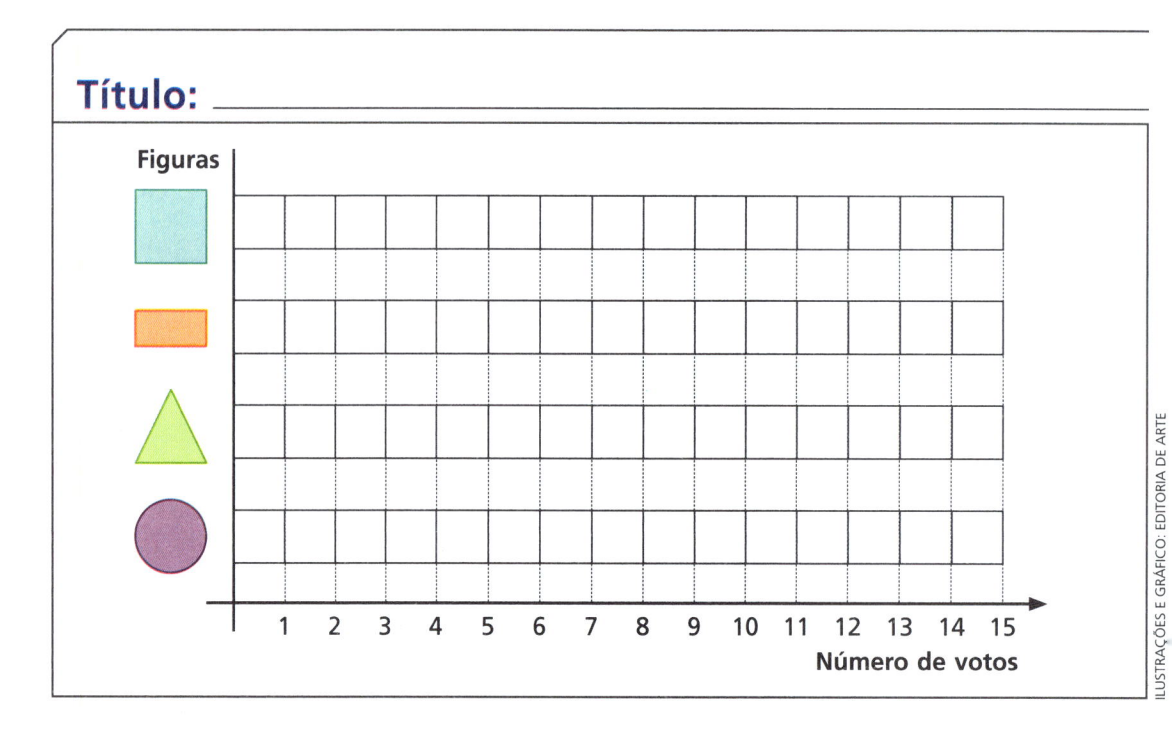

Título: _____

Figuras

Número de votos

Fonte: Dados coletados entre os alunos da classe em _____.

c) Observando o gráfico, responda:

• Qual figura foi a mais escolhida? _____

• Qual figura foi a menos escolhida? _____

FIGURAS GEOMÉTRICAS CONGRUENTES

1. Para esta atividade você vai usar as peças do tangram que você recortou.

a) Faça a sobreposição das peças 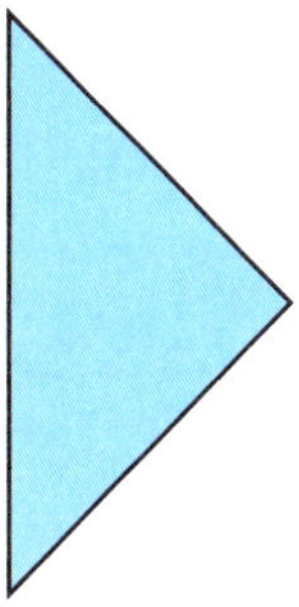 e responda: Elas têm a mesma forma e o mesmo tamanho? _____

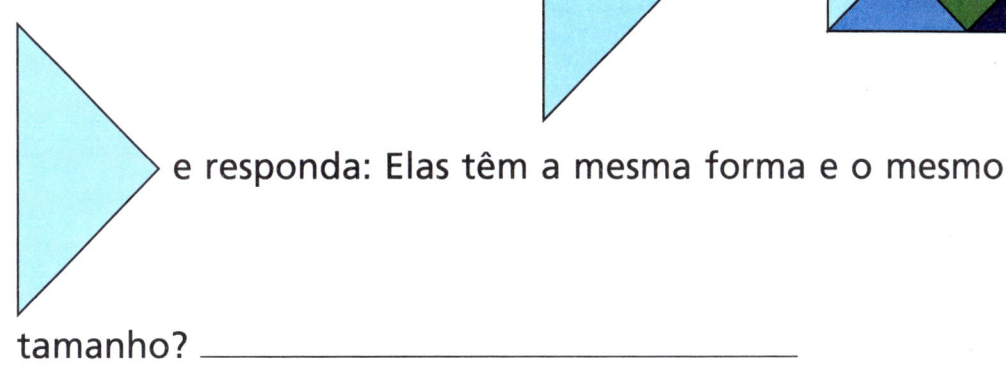

b) Sobreponha estes outros pares de peças e preencha o quadro.

Sobreponha as peças	Têm a mesma forma?	Têm o mesmo tamanho?
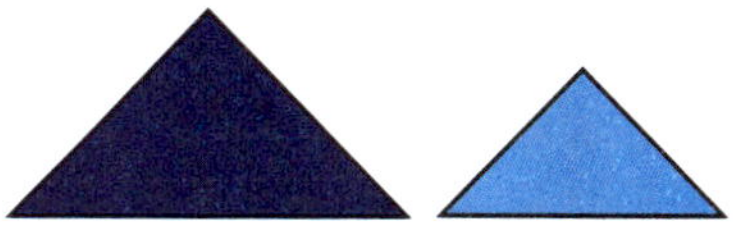		
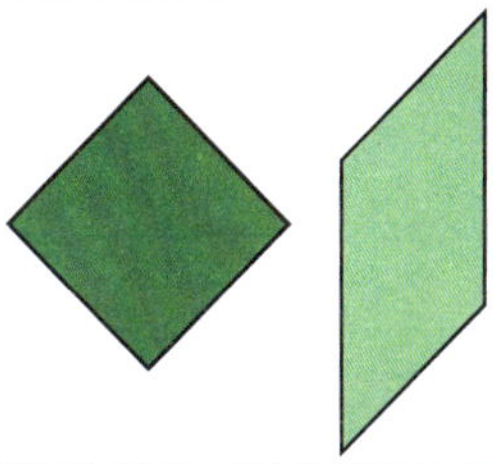		
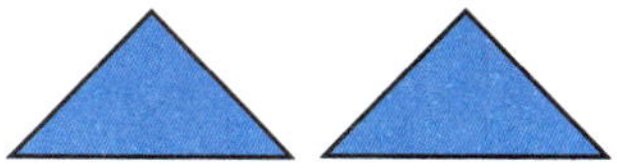		

2. Forme um ◆ com ▲ ▲.

Sobreponha a figura formada ao ◆.

O ◆ e a figura formada têm o mesmo tamanho? _____

> FIGURAS CONGRUENTES APRESENTAM A MESMA FORMA E O MESMO TAMANHO.

109

3. Aninha adora as capas de almofada que a avó faz com retalhos de tecido.

- Ela representou na malha uma dessas capas de almofada.

a) Pinte os retalhos de formato:
- quadrado de 🖍️ (vermelho).
- triangular de 🖍️ (verde).
- retangular de 🖍️ (amarelo).

As figuras pintadas de vermelho na malha têm a mesma forma e o mesmo tamanho.

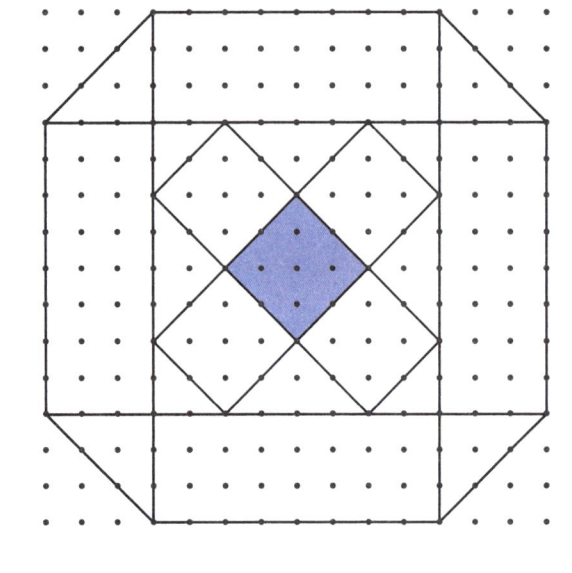

As figuras pintadas de verde na malha têm a mesma forma, mas tamanhos diferentes.

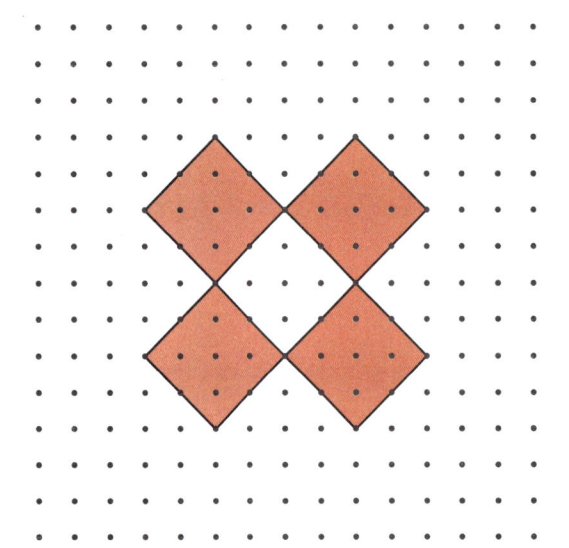

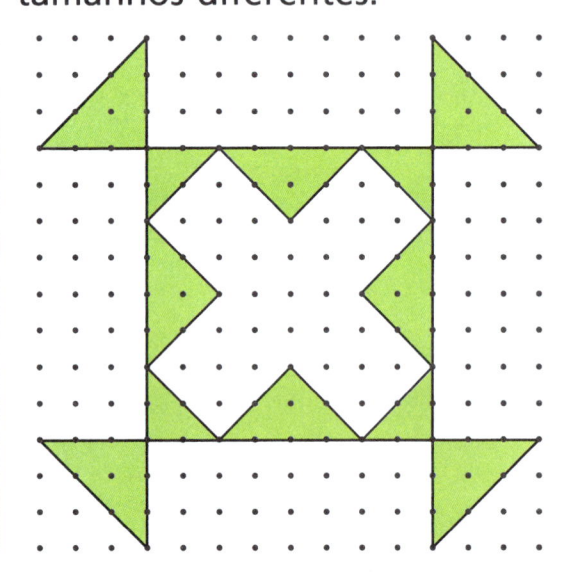

b) As figuras que você pintou de amarelo na malha pontilhada:
- têm a mesma forma?

  _____

- têm o mesmo tamanho?

  _____

- são figuras congruentes?

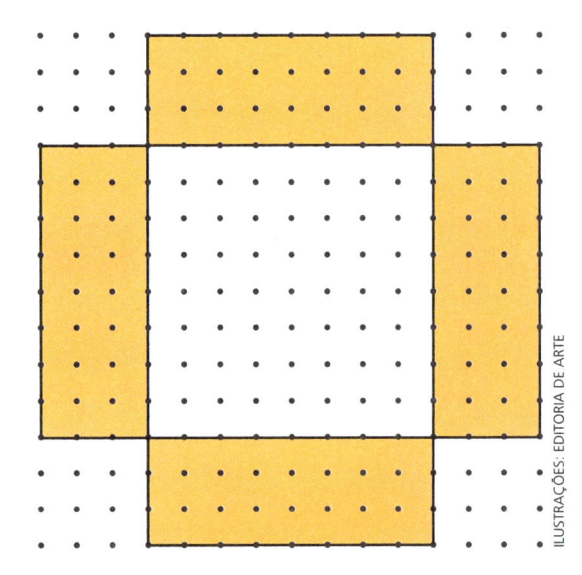

  _____

110

4. VAMOS BRINCAR NA MALHA!

a) Represente esta capa de almofada na malha pontilhada.

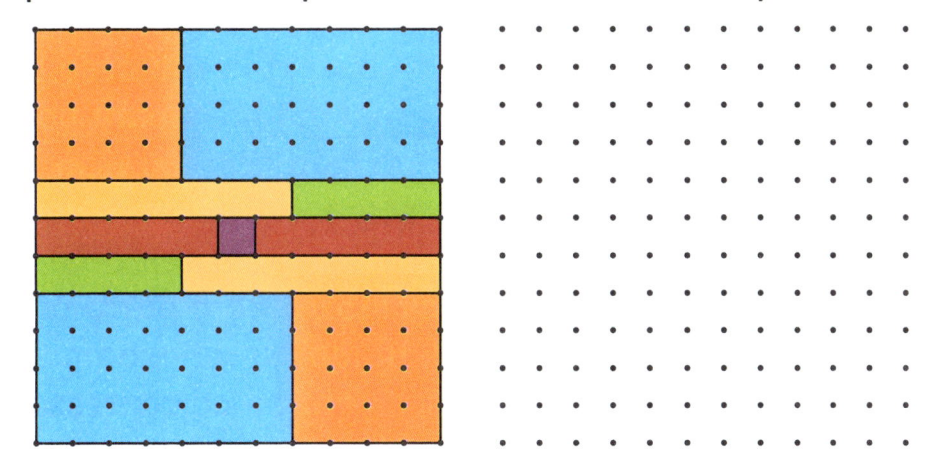

b) Para quais dessas figuras não é possível encontrar uma figura congruente no desenho?

_____

5. Vamos encontrar figuras congruentes? Ligue cada figura a outra que tenha a **mesma forma** e o **mesmo tamanho**, mesmo que estejam em posições diferentes.

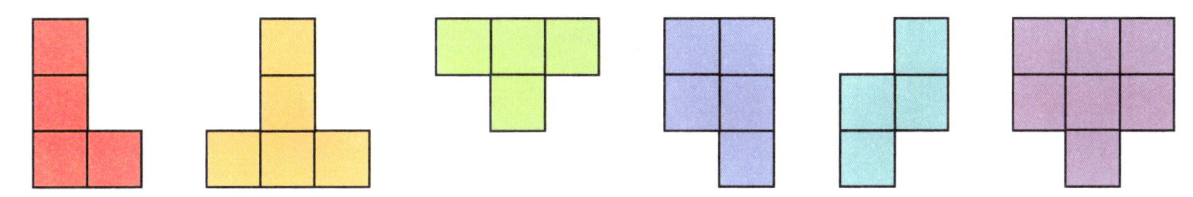

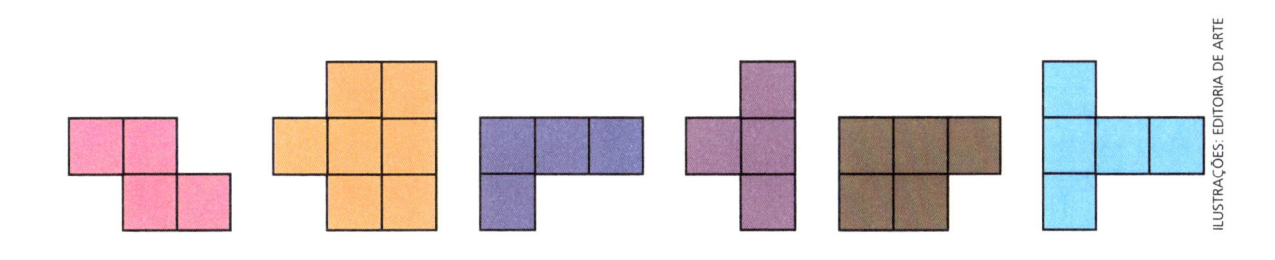

#FICA A DICA

Que tal desenhar figuras congruentes de uma forma divertida e superfácil? Acesse <http://ftd.li/jmqf3e>. Acesso em: 19 jun. 2017.

6. DIVIRTA-SE!

Você conhece a fábula **O cão e o osso**, de Esopo?

> Aconteceu que um cachorro conseguiu um osso bem grande e estava levando-o para casa na boca para poder comê-lo em paz. Foi então que no caminho para casa ele precisou atravessar uma ponte sobre um riacho. Enquanto cruzava a ponte, ele olhou para baixo e viu seu reflexo na água. Pensando que era outro cachorro, com outro osso, ele decidiu pegá-lo. Ele deu uma dentada no reflexo na água, mas, quando abriu a boca, o osso caiu na correnteza e nunca mais foi visto.

- Esta imagem foi feita para ilustrar a fábula acima, mas tem alguma coisa **errada** com o reflexo na água. Encontre as cinco diferenças.

7. VAMOS BRINCAR COM PERCURSOS?

Neste esquema de ruas aparecem destacadas **algumas construções**.

a) A casa de Artur localiza-se na Rua _____.

b) A casa que fica na esquina das ruas **Minas Gerais e Amazonas** é de _____.

c) A prefeitura localiza-se na Rua _____, esquina com a Rua _____.

d) O pai de Artur é professor, e a mãe é **bibliotecária**. Quem mora mais perto do emprego? _____.

e) O pai de Isa trabalha na prefeitura. Trace **o caminho que** você acha que ele faz para ir de casa ao trabalho.

f) Artur e Isa combinaram de se encontrar **nos correios. Trace o** caminho que cada um fez de casa até **o ponto de encontro**.

8. Desenhem, em uma folha à parte, o quarteirão **onde fica a escola** e também os quarteirões ao redor dela, localizando **neles a escola** e outros lugares que vocês conheçam, por **exemplo, praça,** farmácia, padaria, academia, posto de **gasolina** etc.

9. Veja a sala de aula desta escola.

- Marque com um ✖ a representação abaixo que corresponde à sala de aula vista de cima.

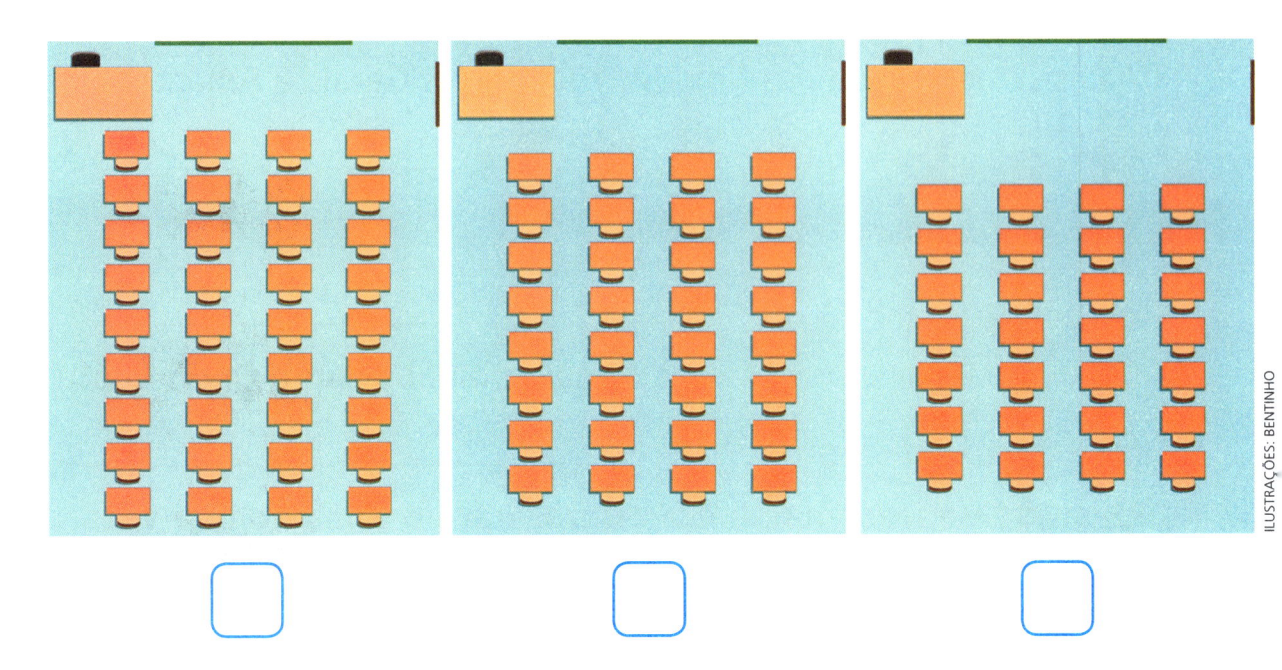

10. Quantas fileiras de carteiras tem a sala de aula em que você estuda? Quantas são as carteiras em cada fileira? Quantas carteiras são no total? Em uma folha à parte, faça um desenho mostrando como é a sua sala de aula vista de cima. Marque a carteira em que você estuda.

11. DIVIRTA-SE!

• Que tal convidar um ou mais colegas para brincar com um jogo da memória com figuras congruentes? Destaque as cartas da página 263. Agora é só se divertir!

a) Coloquem as cartas viradas para baixo sobre a mesa. Embaralhem tudo.

b) Decidam a ordem em que cada participante vai jogar.

c) Cada participante, na sua vez, desvira duas cartas. Se as cartas apresentarem duas figuras de mesma forma e de mesmo tamanho (figuras congruentes), mesmo que estejam em posições diferentes, forma-se um par. O participante fica com as cartas e continua a jogar. Caso contrário, deixa as cartas viradas no mesmo lugar e passa a vez para o próximo.
Veja os exemplos:

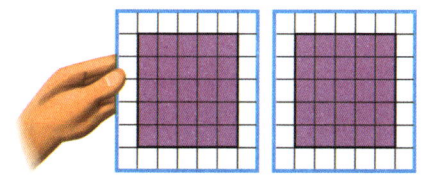

Mesma forma e **mesmo tamanho**.
São figuras congruentes; formam par.

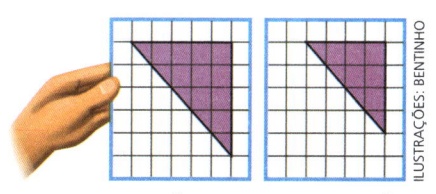

Mesma forma e **tamanhos diferentes**. Não são figuras congruentes; não formam par.

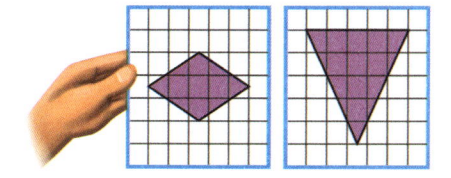

Formas diferentes e **tamanhos diferentes**.
Não são figuras congruentes; não formam par.

d) Ganha o jogo quem formar o maior número de pares.

MONTANDO E DESMONTANDO CAIXAS

1. Trabalhando em dupla, a turma do 3º ano vai explorar algumas caixas. Jéssica e Wilson escolheram uma caixa que lembra a forma de um cubo. Jéssica resolveu contornar cada face da caixa.

EU VOU CONTORNAR CADA UMA DAS FACES DA CAIXA EM UMA FOLHA.

- Veja as figuras que Jéssica obteve ao contornar e pintar as faces da caixa.

a) Quantas são as faces da caixa? _____
b) Qual é a forma das figuras que Jéssica obteve?
_____

2. Wilson achou melhor "desmontar" a caixa. Veja como ficou:

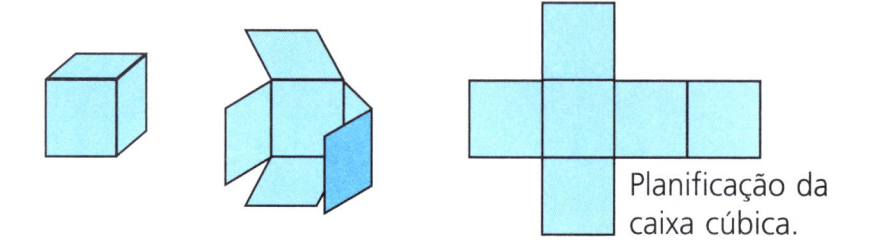

Planificação da caixa cúbica.

- Existem outras maneiras de abrir uma caixa cúbica. Quais das planificações a seguir podem ser obtidas se ela for desmontada? Marque com um ✗ as que forem possíveis.

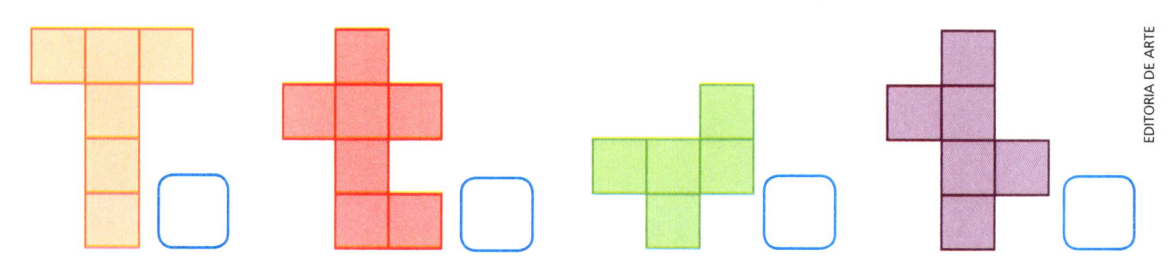

PRODUÇÃO

▼ DADOS DE PROBLEMAS

1º Antecipadamente, providenciem duas caixas cúbicas grandes.

2º Encapem uma das caixas com 3 problemas diferentes, repetindo um mesmo problema nas faces opostas da caixa.

3º Encapem a outra caixa com os cálculos que resolvem os problemas, sem as respostas, também repetindo o mesmo cálculo em duas faces.

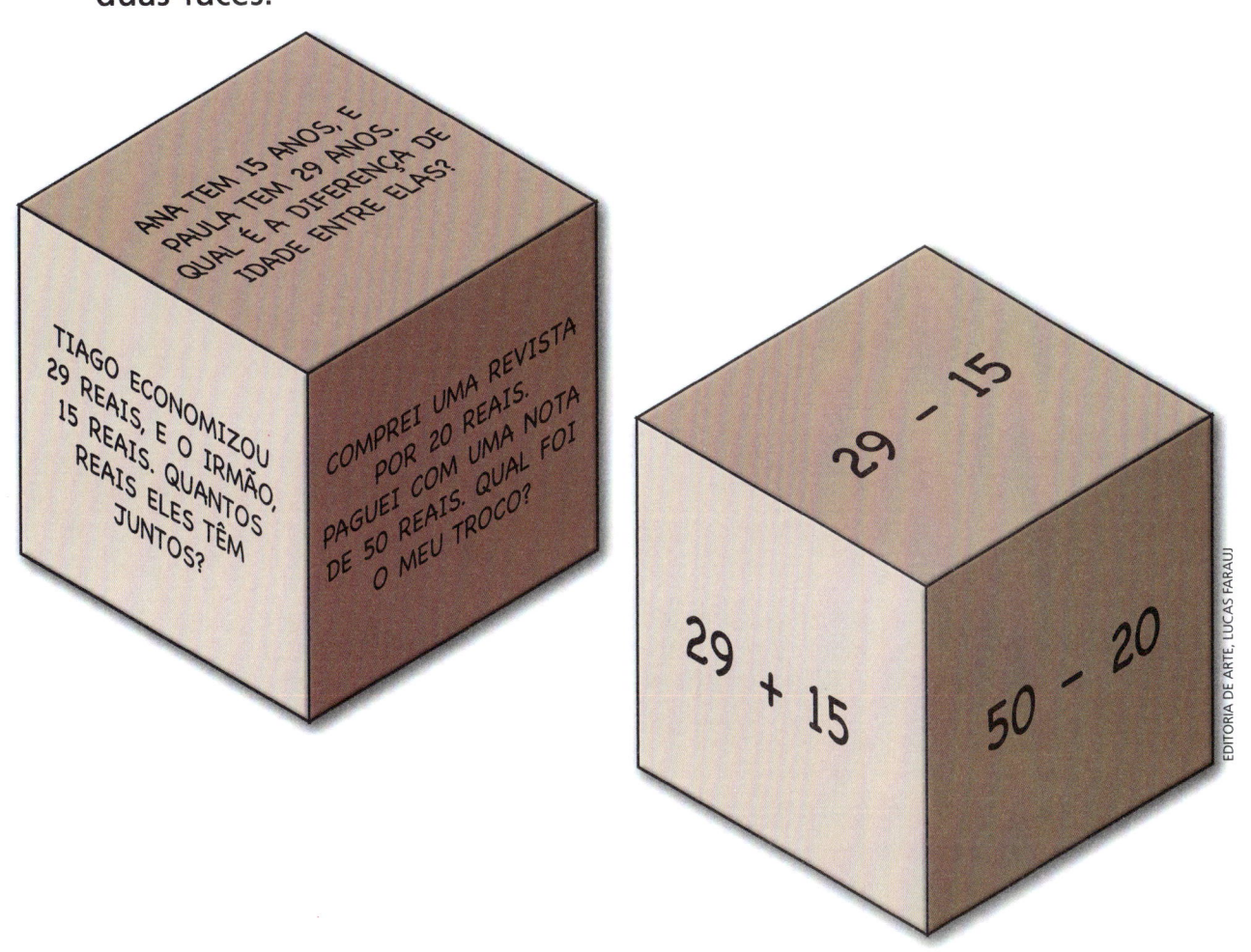

ANA TEM 15 ANOS, E PAULA TEM 29 ANOS. QUAL É A DIFERENÇA DE IDADE ENTRE ELAS?

TIAGO ECONOMIZOU 29 REAIS, E O IRMÃO, 15 REAIS. QUANTOS REAIS ELES TÊM JUNTOS?

COMPREI UMA REVISTA POR 20 REAIS. PAGUEI COM UMA NOTA DE 50 REAIS. QUAL FOI O MEU TROCO?

29 − 15

29 + 15

50 − 20

4º Para brincar, cada um, na sua vez, joga os dois dados para tentar obter o problema e o cálculo correspondente. Quem formar o par deve fazer o cálculo mentalmente e dar a resposta. Se acertar, ganha um ponto.
Ganha quem conseguir o maior número de pontos.

3. O que as representações do cubo e do quadrado têm de parecido? E de diferente?

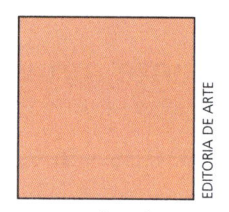

Cubo.   Quadrado.

4. Heitor e Lília decidiram explorar uma caixa que lembra a forma de um bloco retangular. Heitor contornou e pintou cada uma das faces dessa caixa em uma folha de papel. Vamos fazer como Heitor? Para isso, providencie uma embalagem pequena que lembre a forma de um bloco retangular. Contorne e pinte as faces dessa caixa no espaço abaixo.

- Você sabe o nome das figuras planas que lembram as que você contornou? _____

5. VAMOS BRINCAR NA MALHA!

Lília preferiu "abrir" a caixa. Veja como ficou a caixa planificada.

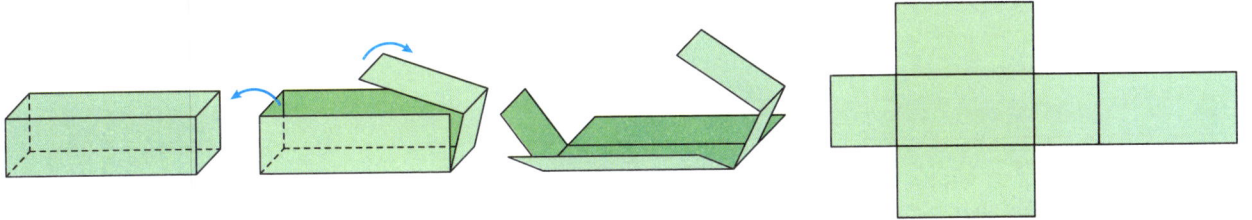

Planificação da caixa com formato de bloco retangular.

Depois, Lília desenhou e pintou a planificação obtida em uma malha quadriculada.

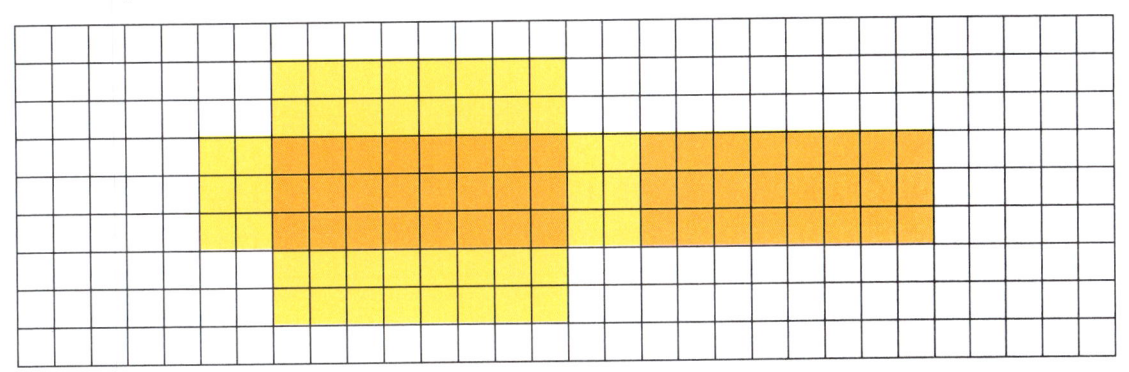

a) Em dupla, providenciem caixas pequenas com formato de bloco retangular, como, por exemplo, caixas de creme dental.

b) Desmontem as caixas e tentem obter outras planificações dessa caixa. Na malha quadriculada a seguir, desenhem uma planificação diferente da apresentada acima.

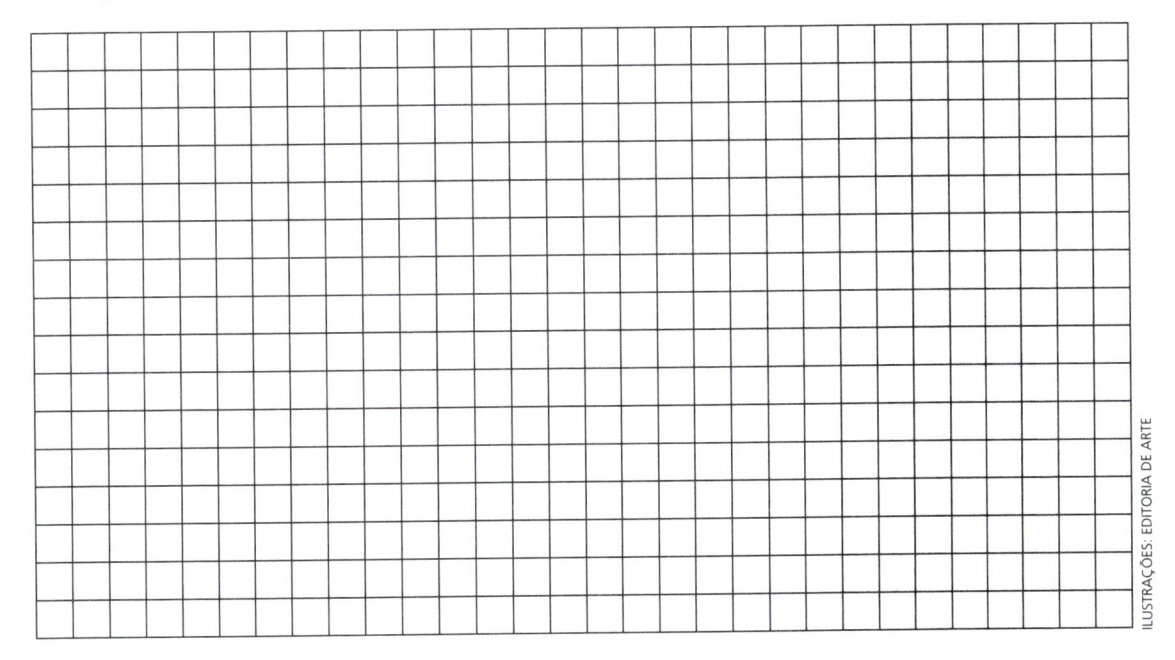

6. Esses dois blocos de madeira têm forma de prisma.

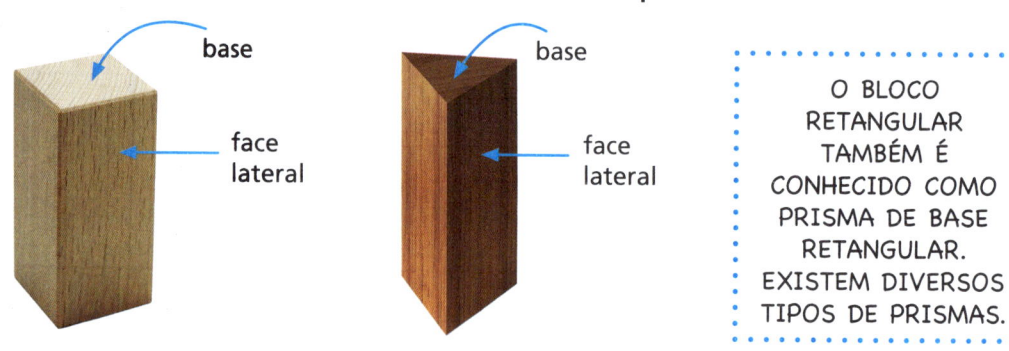

base → face lateral

base → face lateral

O BLOCO RETANGULAR TAMBÉM É CONHECIDO COMO PRISMA DE BASE RETANGULAR. EXISTEM DIVERSOS TIPOS DE PRISMAS.

a) O que você observa ao comparar as bases dos dois blocos?

___

b) E quanto às faces laterais, o que você observa?

___

7. Valter e Rita resolveram abrir caixas de chocolate. Veja como ficou a planificação da caixa com formato de prisma de base triangular.

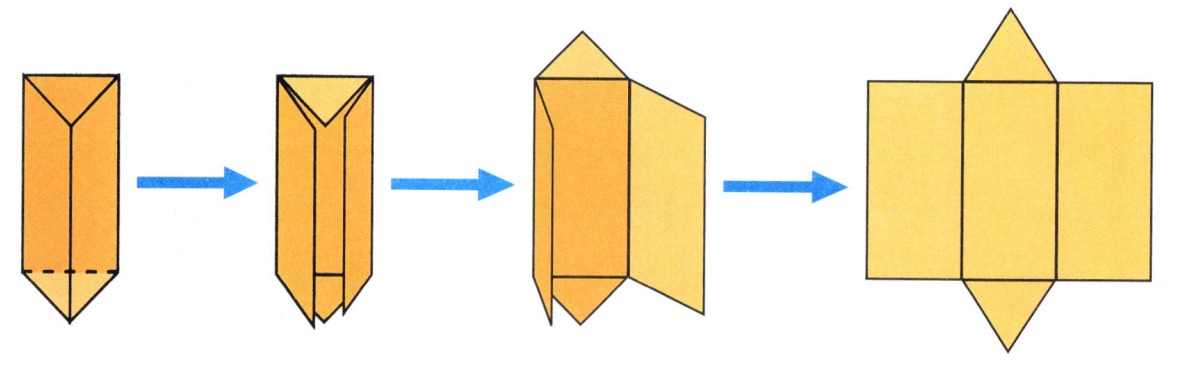

Há muitas formas diferentes de abrir uma caixa com formato de prisma de base triangular.

- Imagine que você vai montar novamente as caixas. Descubra qual destas planificações não está correta.

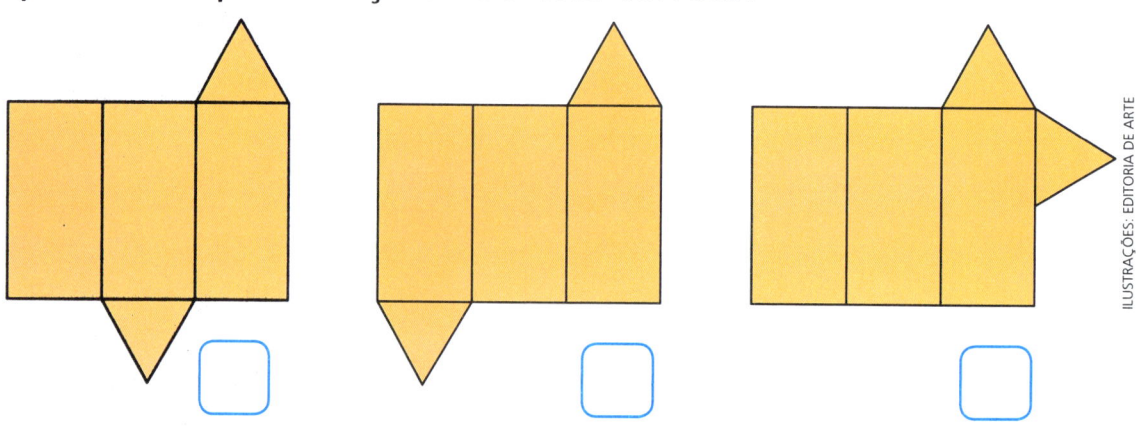

120

8. O que as representações do bloco **retangular** e do retângulo têm de parecido? O que eles têm de diferente?

Bloco retangular.

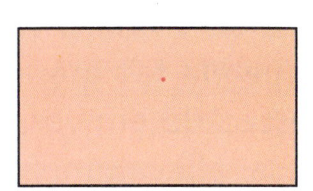

Retângulo.

9. Rafaela escolheu a pirâmide de base quadrada para contornar e pintar as faces.

a) Quantos ▢ ela obteve? _____

b) E △, quantos foram? _____

10. Pinte a planificação da pirâmide de base quadrada assim:

• Os quadrados de 🖍.

• Os triângulos de 🖍.

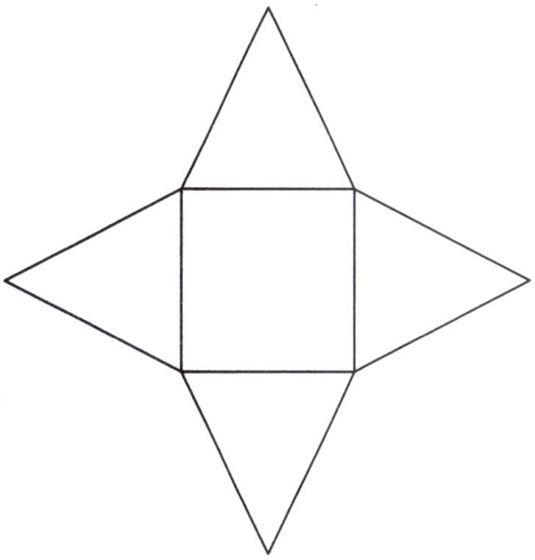

11. O que a pirâmide e o triângulo têm de parecido? O que eles têm de diferente?

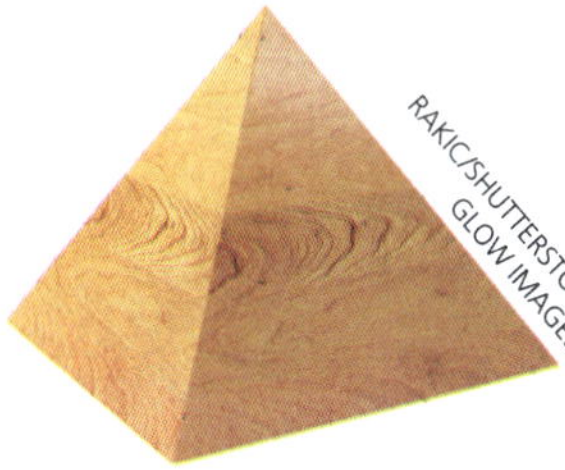

Pirâmide.

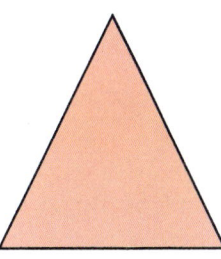

Triângulo.

12. VAMOS BRINCAR COM PERCURSOS?

Chapeuzinho Vermelho mudou-se com toda a família para a cidade, mas não deixa de visitar a vovó. O percurso que ela faz até a casa da vovó está destacado em vermelho. Ao sair de casa, ela caminha três quadras na direção oeste e, em seguida, caminha duas quadras para o sul. Pronto, Chapeuzinho chegou à casa da vovó.

CHAPEUZINHO, ATRAVESSE SEMPRE NA FAIXA DE PEDESTRES!

- Agora, descreva o percurso destacado em azul que Chapeuzinho faz de volta para casa.

FIQUE SABENDO

A rosa dos ventos representa os quatro pontos cardeais principais: norte, sul, leste e oeste.

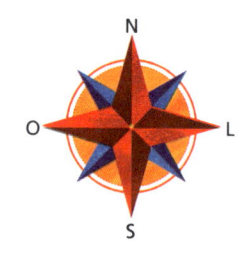

FIQUE SABENDO

Os povos indígenas brasileiros demonstram conhecer muita Geometria em suas produções.

Observem a geometria presente, por exemplo:

- nas pinturas que alguns indígenas fazem no corpo;
- nos artesanatos.

Festa na Aldeia Aiha, MT, 2001.

Maracás confeccionados pela tribo indígena Karajá, MS, 2011.

13. Inspirado nos padrões geométricos que você observou nas pinturas corporais e nos artesanatos da arte indígena, faça um desenho que tenha algum padrão geométrico.

SÓ PARA LEMBRAR

1 Observe as figuras abaixo.

a) Pinte:
- de ▬ as figuras com forma de triângulos;
- de ▬ as figuras com forma de quadriláteros.

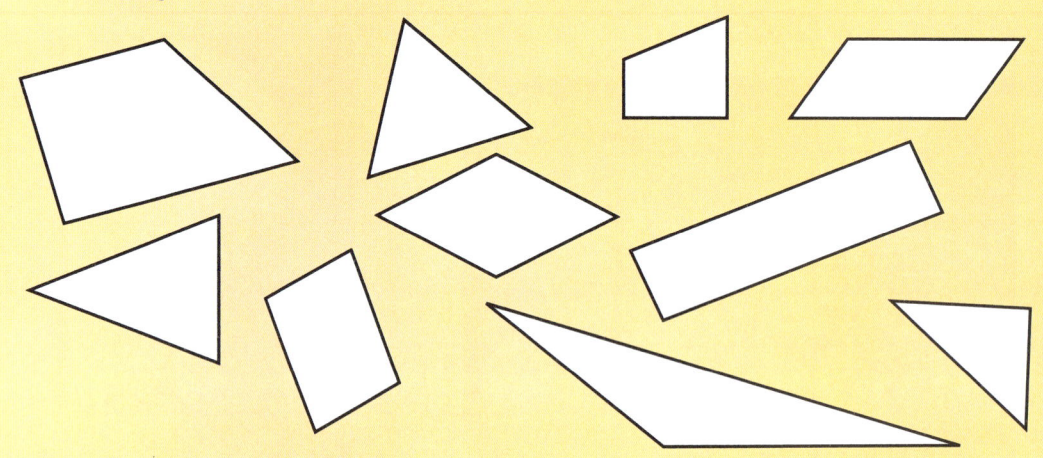

2 Esta é a bandeira do Brasil.

a) Pinte as partes da bandeira com as cores correspondentes.

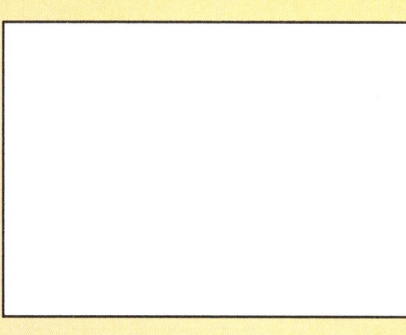

b) Quantos lados e quantos vértices tem a figura que você pintou de:

- verde? _____

  Essa figura tem a forma de _____.

- amarelo? _____

  Essa figura tem a forma de _____.

- azul? _____

  Essa figura tem a forma de _____.

3 VAMOS BRINCAR COM PERCURSOS?

Observe o esquema de quarteirões.
Cada lado do quarteirão representa uma quadra.
A rosa dos ventos ao lado ajuda na localização.

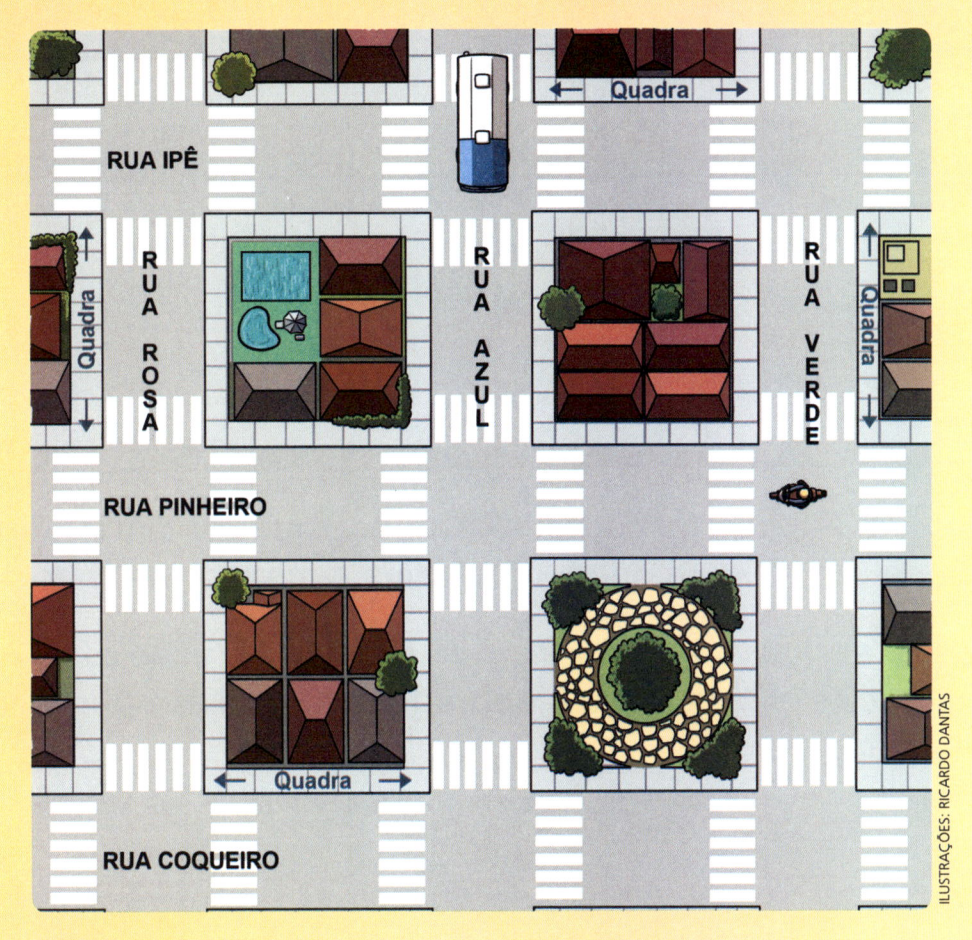

a) O 🏍 percorrerá 2 quadras para o oeste e 1 quadra para o norte.
- Trace o percurso que ele fará.
- Na esquina de quais ruas ele vai parar?

b) O 🚐 vai percorrer: 1 quadra para o sul; 1 quadra para o oeste; 1 quadra para o sul; 2 quadras para o leste.
- Trace o caminho que ele fará.
- Na esquina de quais ruas ele vai parar?

125

4 **VAMOS BRINCAR NA MALHA!**

a) Veja uma maneira de desenhar figuras de mesma forma e mesmo tamanho na malha quadriculada.

- Represente uma figura congruente à figura azul usando os pontos à direita para se orientar. Não se esqueça de pintá-la!

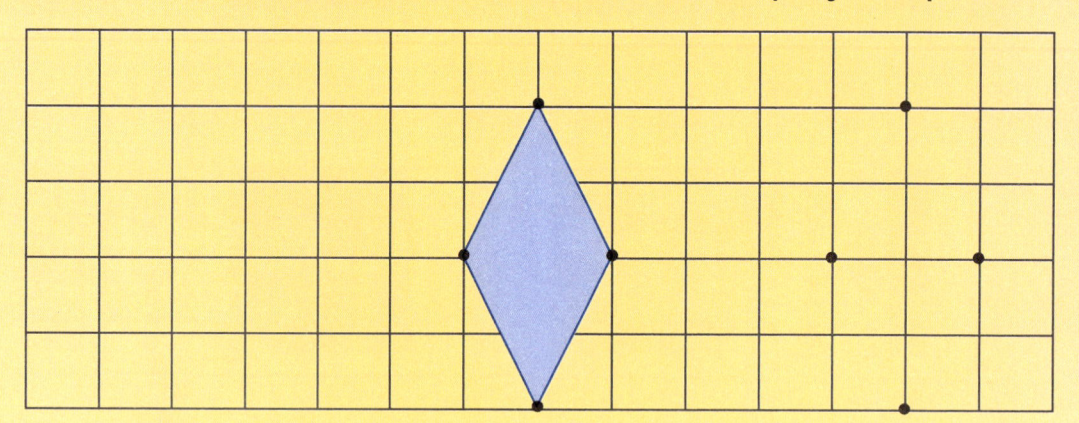

b) Agora, à esquerda da figura azul, marque os pontos, desenhe e pinte outra figura de mesma forma e mesmo tamanho.

5 Observe as figuras abaixo. Marque com um ✗ aquelas em que a linha tracejada indica que a dobra feita dividiu as figuras em duas partes congruentes.

QUAL É A CHANCE?

Desenhe e pinte um quadrado na face em branco para que ao lançar o dado, depois de montado, a chance de sair vermelho, azul ou verde seja a mesma.

INVESTIGANDO PADRÕES E REGULARIDADES

a) Descubra o padrão e continue a pintar figuras congruentes para completar as sequências seguindo o mesmo padrão observado.

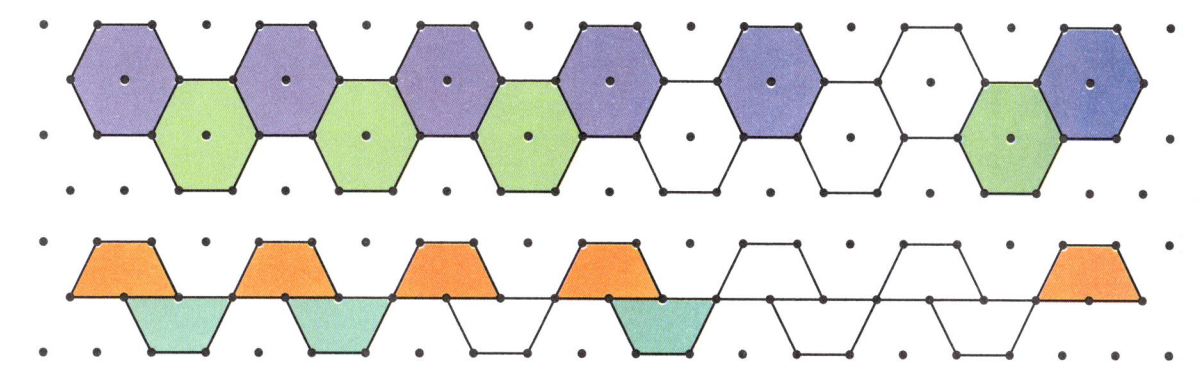

b) Invente um padrão com figuras coloridas e desenhe na malha pontilhada.

c) Descubra o padrão e complete as sequências com as figuras que faltam, seguindo o mesmo padrão observado.

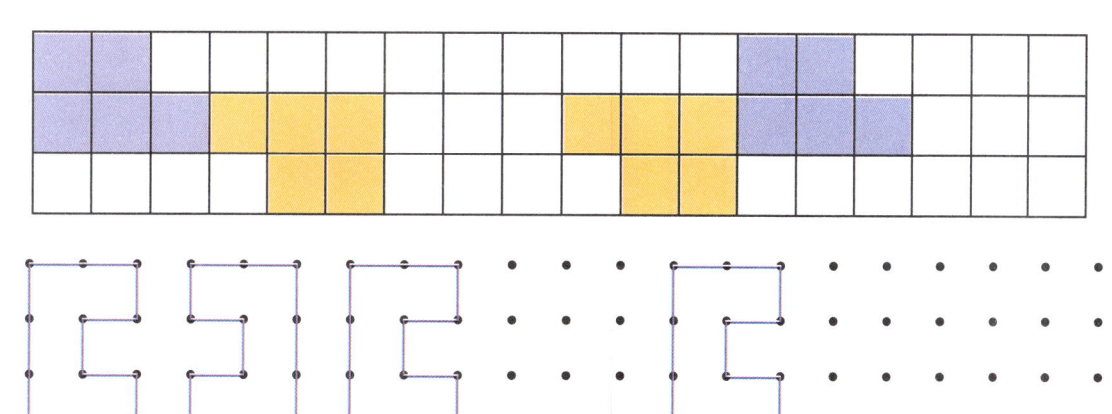

UNIDADE 5

AMPLIANDO A SEQUÊNCIA NUMÉRICA

Ilha do Tesouro

Oriente-se pela rosa dos ventos e siga as instruções no pergaminho para traçar, no mapa, o percurso que o navio pirata deve fazer para chegar ao tesouro.

Ilha das Tartarugas

Ilha dos Crocodilos

1. Vá para o leste e cruze o Mar dos Tubarões até a Ilha dos Piratas, para buscar mais marujos.
2. Siga para o norte até a Ilha dos Crocodilos, para pegar provisões.
3. Continue para o norte para chegar à Ilha das Tartarugas.
4. Siga para o oeste, navegando em águas revoltas, até a Ilha do Tesouro.

Ilha dos Piratas

NESTA UNIDADE VAMOS EXPLORAR:
- Números maiores que 999.
- Comparando quantidades.

129

DEPOIS DO 999, QUE NÚMEROS VÊM?

1. Outro navio pirata saiu da Praia dos Coqueiros.

Com um **colega**, orientem-se pela rosa dos ventos e descrevam no caderno o percurso dos piratas da praia até a Ilha do Tesouro.

2. Simbad encontrou um baú cheio de moedas de ouro. Veja quantas moedas ele já contou.

... 998, 999, 1000.

a) Simbad fez pilhas com 10 moedas cada uma. Quantas pilhas ele já fez até agora? _____

b) No total, quantas moedas há nessas pilhas que Simbad fez até agora? _____

3. As crianças resolveram representar um milhar de diferentes maneiras. Observe como elas fizeram.

a) Janice formou um milhar usando as placas do Material Dourado. Cada placa representa uma centena. Complete a sequência:

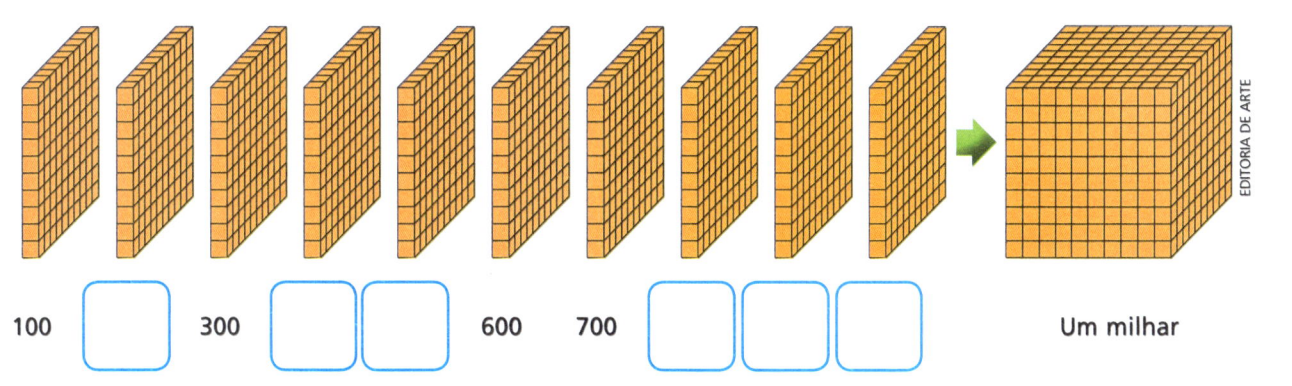

100 ▢ 300 ▢ ▢ 600 700 ▢ ▢ ▢ Um milhar

b) Carlos resolveu representar esse número no Quadro de Ordens. Complete o quadro.

Unidade de milhar	Centena	Dezena	Unidade
UM	C	D	U

c) Leila escolheu o ábaco.

ESTA É A REPRESENTAÇÃO DO NÚMERO 999.

PARA CHEGAR AO 1000, VOU ACRESCENTAR UMA UNIDADE E FAZER AS TROCAS.

- Represente um milhar no ábaco.

#FICA A DICA

- Represente o 999 usando **Material Dourado Virtual**. Disponível em: <http://ftd.li/g39orf>. Acesso em: 20 jun. 2017.
- Conheça também o jogo **Nunca Dez Virtual**. Disponível em: <http://ftd.li/bgmxdc>. Acesso em: 19 jul. 2017.

4. Simbad resolveu usar parte do dinheiro para consertar o casco do navio. O serviço ficou em mil, cento e onze moedas de ouro.

a) Use o Material Dourado para representar essa quantia.

b) Agora, represente a quantia com algarismos: _____

FIQUE SABENDO

Podemos representar o número mil cento e onze de diferentes maneiras. Observe algumas delas.

USANDO O MATERIAL DOURADO.

DECOMPONDO O NÚMERO EM MILHARES, CENTENAS, DEZENAS E UNIDADES.

REPRESENTANDO NO QUADRO DE ORDENS.

1 000 + 100 + 10 + 1

UM	C	D	U
1	1	1	1

- Veja como podemos relacionar essas três representações.

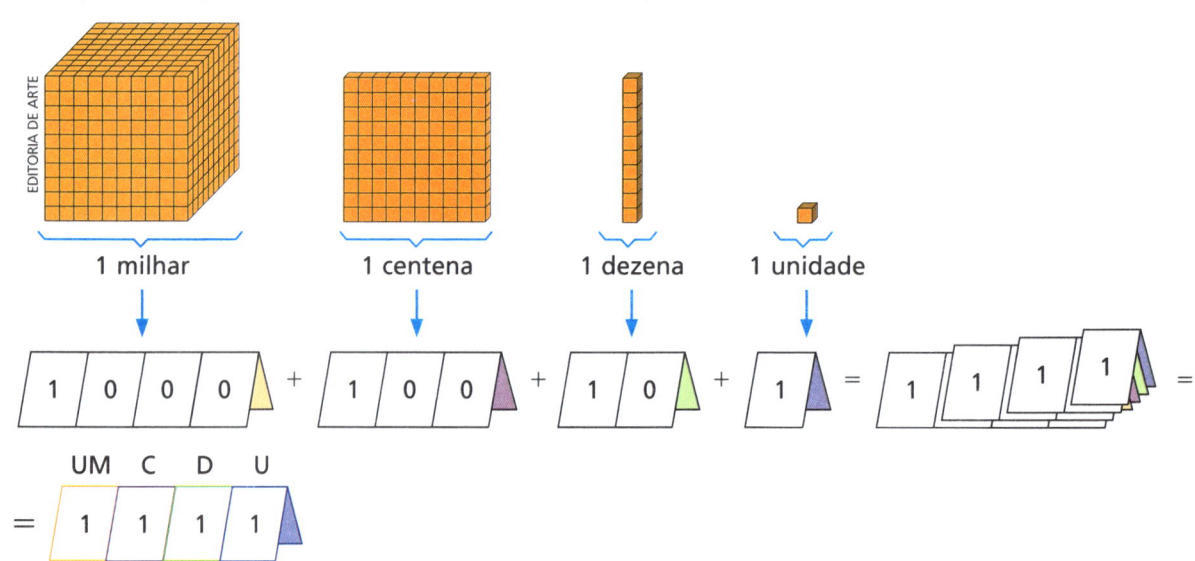

1 milhar   1 centena   1 dezena   1 unidade

1 0 0 0 + 1 0 0 + 1 0 + 1 = 1 1 1 1 =

UM	C	D	U
= | 1 | 1 | 1 | 1 |

5. Que tal se divertir com o **Jogo do Ábaco**? Com seu grupo, construa um ábaco. Veja algumas sugestões:

| Caixa de ovos, varetas e tampinhas de embalagens PET furadas. | Bandeja de ovos, varetas e contas. | Tampa de caixa de sapatos, tubinhos de papel higiênico e varetas. |

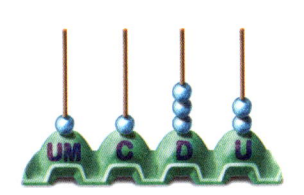

Usem quatro dados. Cada um, na sua vez, joga os quatro dados. Depois, investiga qual o maior número possível de se formar com a quantidade de pontos sorteada nos dados e registra no ábaco, colocando tampinhas nas hastes.

OS ELEMENTOS NÃO FORAM REPRESENTADOS EM PROPORÇÃO DE TAMANHO ENTRE SI.

Em seguida, cada um investiga qual é o menor número que é possível formar com a quantidade de pontos sorteada e representa no ábaco.

Registre abaixo os números que formar.

UM	C	D	U	Escrita por extenso
6	4	3	1	Seis mil quatrocentos e trinta e um.
1	3	4	6	Mil trezentos e quarenta e seis.

INVESTIGANDO PADRÕES E REGULARIDADES

a) De **1** em **1**, depois do **1000**. Complete a sequência com os números que faltam.

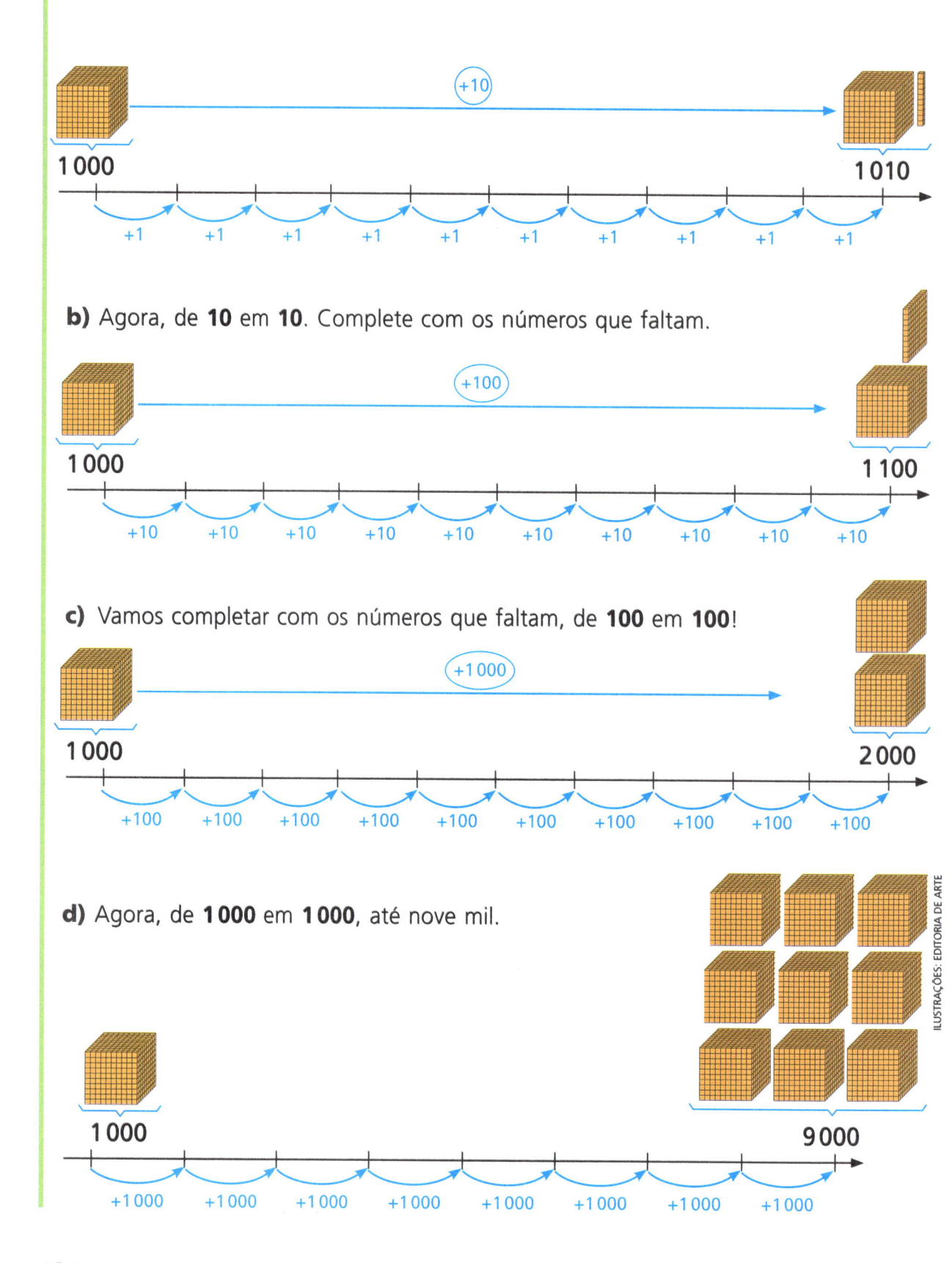

1 000 —(+10)→ 1 010

+1 +1 +1 +1 +1 +1 +1 +1 +1 +1

b) Agora, de **10** em **10**. Complete com os números que faltam.

1 000 —(+100)→ 1 100

+10 +10 +10 +10 +10 +10 +10 +10 +10 +10

c) Vamos completar com os números que faltam, de **100** em **100**!

1 000 —(+1 000)→ 2 000

+100 +100 +100 +100 +100 +100 +100 +100 +100 +100

d) Agora, de **1000** em **1000**, até nove mil.

1 000   9 000

+1 000 +1 000 +1 000 +1 000 +1 000 +1 000 +1 000 +1 000

6. Qual é a forma decomposta do número formado pelas peças do Material Dourado em cada caso?

Representação com Material Dourado	Forma decomposta
(1 cubo, 1 placa, 1 barra, 1 cubinho)	1000 + 100 + 10 + 1
(1 cubo, 1 placa, 1 barra)	
(1 cubo, 1 barra, 1 cubinho)	

7. Observe a forma decomposta dos números e complete o quadro com os algarismos que faltam.

Forma decomposta	Número			
	UM	C	D	U
3000 + 200 + 10 + 8	3	2		8
8000 + 700 + 30		7	3	
4000 + 600 + 90 + 5	4			5

8. Complete o quadro com a escrita por extenso dos números indicados.

Número	Escrita por extenso	Forma decomposta
9009		9000 + 9
9090		9000 + 90
9900		9000 + 900
2088		2000 + 80 + 8

9. DIVIRTA-SE!

Pinte de acordo com o código abaixo.

...1000 2000 3000 4000 5000 6000 7000 8000 9000 10000...

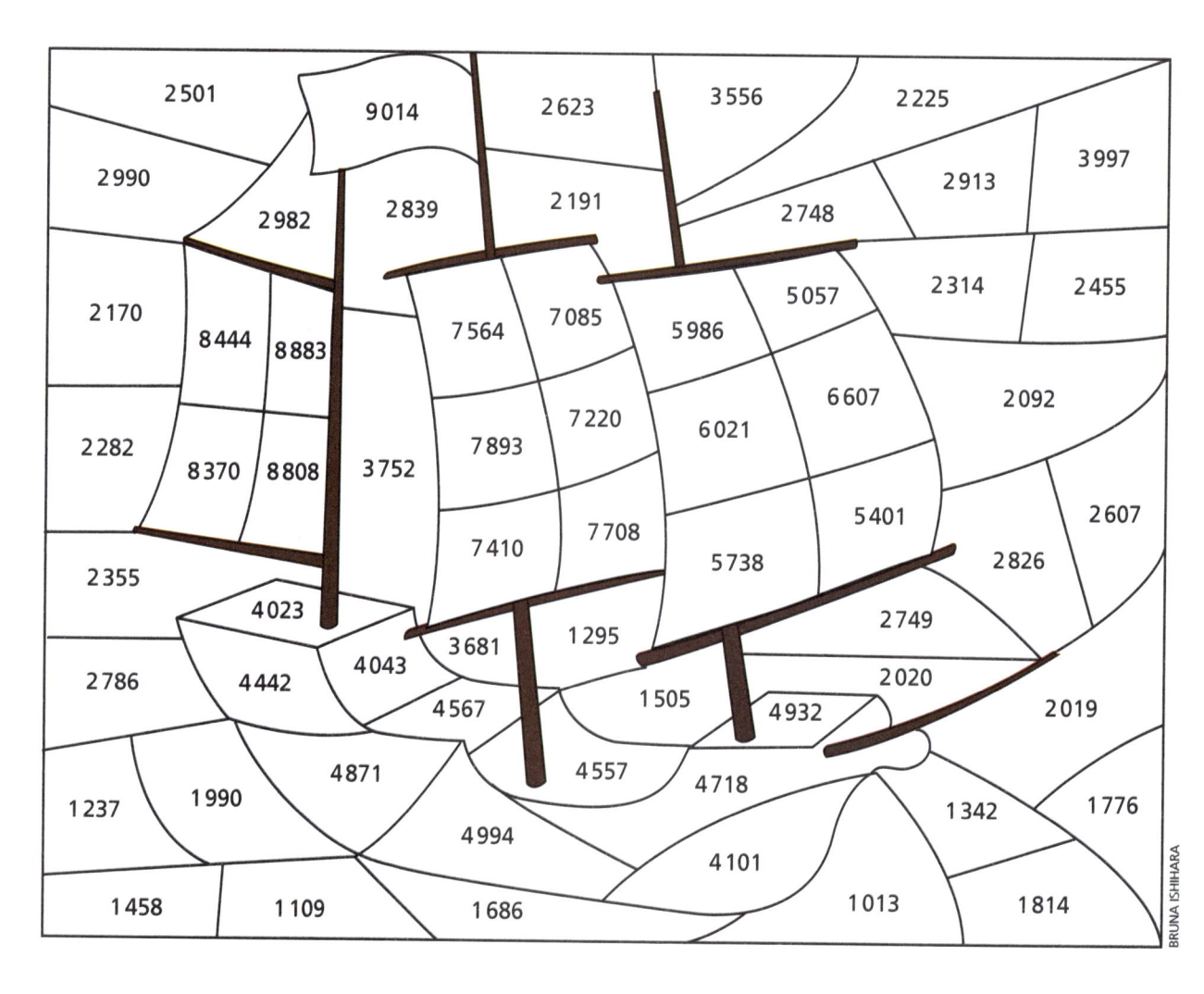

> OBSERVE AS CORES E PINTE, POR EXEMPLO, DE **VERDE** OS **NÚMEROS MAIORES QUE 1000** E **MENORES QUE 2000**. E ASSIM POR DIANTE.

2501, 9014, 2623, 3556, 2225, 2990, 2913, 3997, 2982, 2839, 2191, 2748, 2170, 8444, 8883, 7564, 7085, 5986, 5057, 2314, 2455, 6607, 2092, 7893, 7220, 6021, 2282, 8370, 8808, 3752, 5401, 2607, 7410, 7708, 5738, 2826, 2355, 4023, 2749, 2786, 4442, 4043, 3681, 1295, 2020, 2019, 4567, 1505, 4932, 4871, 4557, 4718, 1237, 1990, 1342, 1776, 4994, 4101, 1458, 1109, 1686, 1013, 1814

10. INVESTIGANDO COM A CALCULADORA.

Vamos usar a calculadora para adicionar 10.
Aperte ON/C para começar.

> OBSERVE OS RESULTADOS CADA VEZ QUE APERTAR O SINAL DE IGUAL.

a) Digite o número 900 e aperte as teclas:

[+] [1] [0] [=] _____ [=] _____ [=] _____

b) Digite o número 930 e aperte as teclas:

[+] [1] [0] [=] _____ [=] _____ [=] _____

- Quais são os 4 próximos números dessa sequência?

_____

11. Agora, vamos usar a calculadora para adicionar 100.

a) Digite o número 100 e aperte as teclas:

[+] [1] [0] [0] [=] _____ [=] _____ [=] _____

b) Digite o número 400 e aperte as teclas:

[+] [1] [0] [0] [=] _____ [=] _____ [=] _____

- Quais são os 3 próximos números dessa sequência?

_____

12. Vamos usar a calculadora para realizar **subtrações** sucessivas.

a) Digite o número 100 e aperte as teclas:

[−] [2] [5] [=] _____ [=] _____ [=] _____

- Qual é o próximo número dessa sequência? _____

b) Digite o número 1 000 e aperte as teclas:

[−] [2] [5] [0] [=] _____ [=] _____ [=] _____

- Qual é o próximo número dessa sequência? _____

TRATANDO A INFORMAÇÃO

Troque ideias com seus colegas para ler e interpretar as informações da tabela. Veja o número de livros vendidos por uma rede de livrarias, pela internet, em cada bimestre do último ano.

Venda de livros por bimestre do ano

Bimestre	Número de livros vendidos
6º	5 livros vermelhos + 1 livro azul
5º	8 livros vermelhos + 2 livros abertos
4º	4 livros vermelhos + 1 livro azul + 1 livro aberto
3º	7 livros vermelhos + 1 livro azul + 3 livros abertos
2º	8 livros vermelhos
1º	6 livros vermelhos + 1 livro azul + 3 livros abertos

Legenda:
Cada 📕 representa 1 000 livros.
Cada 📘 representa 500 livros.
Cada 📖 representa 100 livros.

Dados fictícios. Tabela elaborada em 2017.

a) Complete o quadro com os totais por bimestre.

Bimestre	1º	2º	3º	4º	5º	6º
Livros vendidos	6 800	8 000	7 800	4 600	8 200	5 500

b) Em que bimestre foi registrada a maior frequência, ou seja, a maior venda? _____

c) Em que bimestre foi registrada a menor frequência, ou seja, a menor venda? _____

d) Quantos livros foram vendidos a mais em janeiro/fevereiro do que em julho/agosto? _____

e) Quantos livros foram vendidos a menos em novembro/dezembro do que em maio/junho? _____

FIQUE SABENDO

ARREDONDANDO NÚMEROS PARA CENTENAS OU DEZENAS MAIS PRÓXIMAS FICA MAIS FÁCIL COMPARAR NÚMEROS.

Veja, por exemplo, como arredondamos o número **73** para a dezena inteira mais próxima.

70 71 72 **73** 74 75 76 77 78 79 80

73 ESTÁ ENTRE 70 E 80.

MAS ESTÁ MAIS PERTO DE 70 DO QUE DE 80.

ENTÃO, ARREDONDAMOS 73 PARA 70.

1. Arredonde o número 65 para a dezena inteira mais próxima.

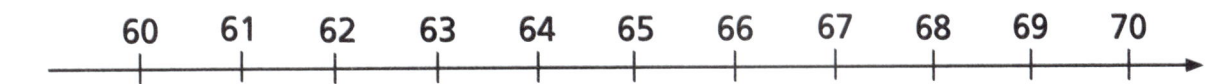

60 61 62 63 64 65 66 67 68 69 70

Troque ideias com os colegas. Vocês chegaram ao mesmo número?

2. Arredonde os números para a dezena inteira mais próxima.

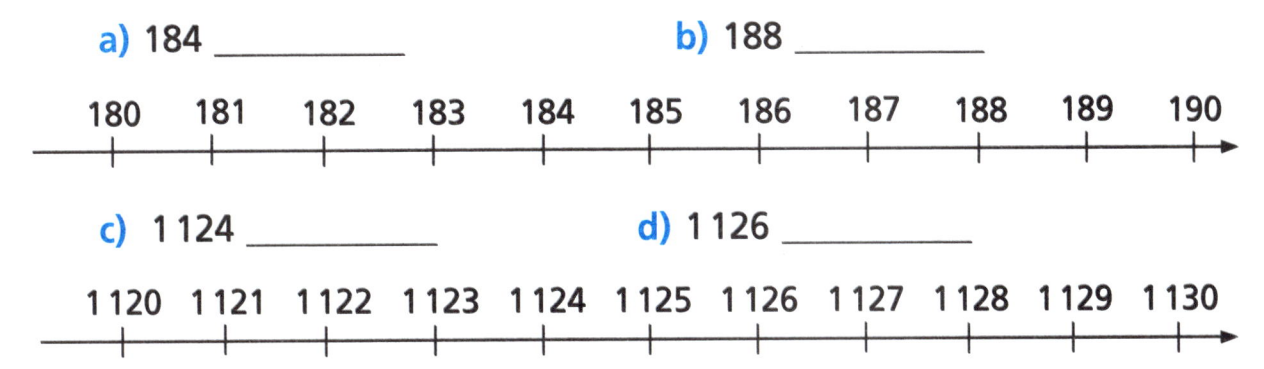

a) 184 _____

b) 188 _____

180 181 182 183 184 185 186 187 188 189 190

c) 1 124 _____

d) 1 126 _____

1 120 1 121 1 122 1 123 1 124 1 125 1 126 1 127 1 128 1 129 1 130

COMPARANDO QUANTIDADES

1. A jangada balançou tanto que o celular de Amâncio caiu no mar. Ele precisa comprar outro. Resolveu pesquisar os preços de dois modelos, com tamanhos diferentes, em uma loja e em um *site* de compras. Compare os preços para decidir onde é mais vantajoso fazer a compra.

LOJA POPULAR
- 299 reais, à vista
- 1 892 reais, à vista

LOJA VIRTUAL — COMPRE JÁ!
- 305 reais, à vista
- 1 885 reais, à vista

a) Onde o celular menor está mais barato?

☐ na loja   ☐ no *site*

b) Onde o celular maior está mais barato?

☐ na loja   ☐ no *site*

Troque ideias com um colega. Como você fez para comparar? Vocês chegaram aos mesmos resultados?

c) Qual dos celulares você acha que Amâncio deve comprar? Por quê?

#FICA A DICA

Que tal ler **O consumo – Dicas para se tornar um consumidor consciente!**, de Cristina Von, Editora Callis?

Em **O consumo**, Lucas e Léo receberão muitas dicas de como se tornar consumidores conscientes. Aprenderão a lidar com suas mesadas e seus gastos. Saberão mais sobre educação financeira, cidadania e ecologia!

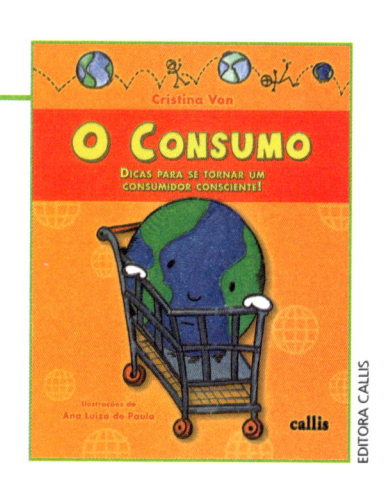

FIQUE SABENDO

Podemos comparar números usando símbolos.

Observe como comparamos o preço dos celulares menores, da atividade 1, com a ajuda do Material Dourado.

> (MAIOR QUE)
< (MENOR QUE)

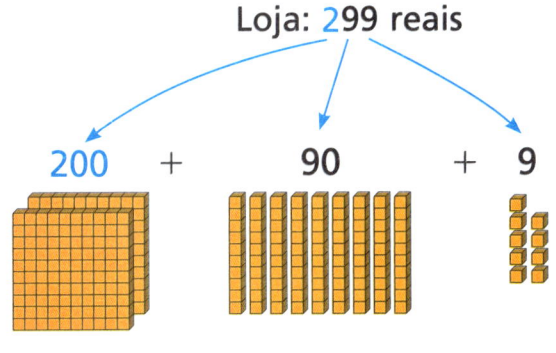

Loja: 299 reais

200 + 90 + 9

Site de compras: 305 reais

300 + 5

Como 200 **é menor** que 300, então 299 **é menor** que 305.

Usando símbolos: 299 < 305.

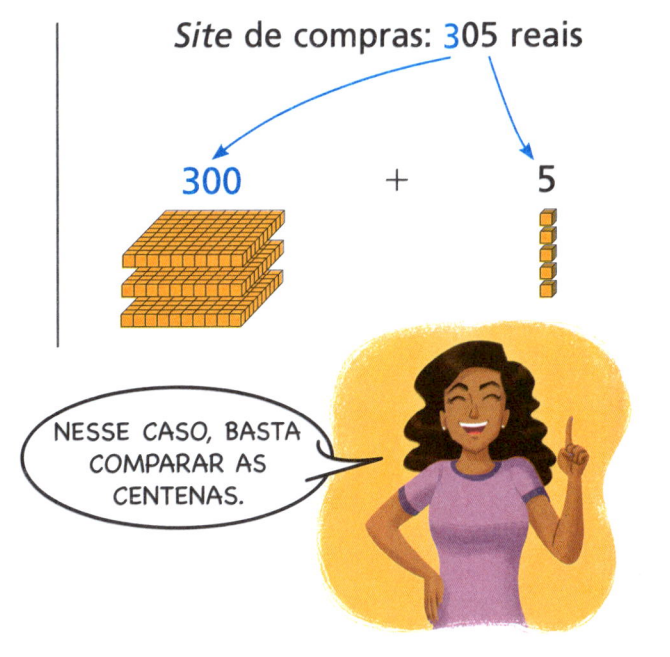

NESSE CASO, BASTA COMPARAR AS CENTENAS.

2. Agora, compare os preços dos celulares maiores.

   a) Use o Material Dourado da **página 257** e faça a representação desses números.

OBSERVE QUE, COMO O NÚMERO DE CENTENAS INTEIRAS É O MESMO, DEVEMOS COMPARAR AS DEZENAS.

   b) Complete com > (maior que) ou < (menor que).

   Como 90 _____ 80, então 1892 _____ 1885.

3. Complete as frases com as palavras **maior que** ou **menor que**. Depois, use o símbolo > ou <.

   a) 1298 é _____ 1300 → 1298 ☐ 1300.

   b) 1651 é _____ 1643 → 1651 ☐ 1643.

141

4. Compare usando o símbolo >, = ou <.

   a) 100 + 100 + 80 _____ 100 + 100 + 8

   b) 500 + 80 + 6 _____ 586

   c) 456 _____ 400 + 56

   d) 1 000 + 100 + 5 _____ 1 150

   e) 985 _____ 900 + 80 + 4

   f) 2 000 + 80 + 8 _____ 2 088

   g) 3 000 _____ 2 000 + 900 + 90 + 9

PRODUÇÃO

▼ PESQUISA DE PREÇOS

Com seu grupo, pesquisem em lojas, jornais, revistas ou internet os preços de um mesmo modelo de geladeira e de televisor. Comparem e anotem nas fichas abaixo o maior e o menor preço encontrado para cada um desses produtos.

Pesquisa e comparação de preços – geladeira

	Menor preço	Maior preço
	Local	Local

Pesquisa e comparação de preços – televisor

	Menor preço	Maior preço
	Local	Local

5. Você já ouviu falar em LIBRAS, a língua de sinais do Brasil?
Os surdos se comunicam fazendo sinais com as mãos.
LIBRAS é a sigla para Língua Brasileira de Sinais. Cada país possui a sua própria língua de sinais. Veja os sinais usados para representar os algarismos.

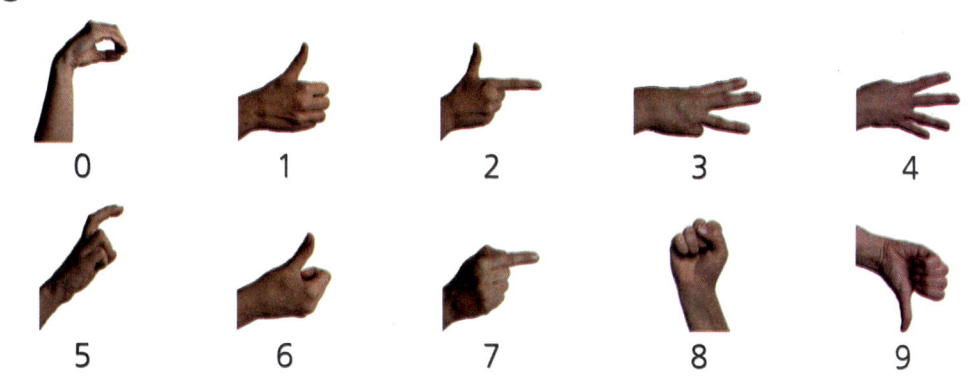

Fonte: Antônio José Lopes Bigode e Joaquim Gimenez. **Metodologia para o ensino da Aritmética**. São Paulo: FTD, 2009. p. 94.

a) Usando algarismos, complete a tabela com os números representados em LIBRAS e registre também os números na forma decomposta.

Representando números		
Em LIBRAS	Com algarismos	Na forma decomposta
6 e 0		
2, 8 e 0		
1, 7 e 3		
8, 2, 6 e 4		

b) Junte-se a um colega. Usando LIBRAS, você representa um número, e ele deve dizer qual é. Depois, é a sua vez de adivinhar o número que ele vai representar em LIBRAS.

SÓ PARA LEMBRAR

1 Complete o quadro.

C	D	U	Como se lê o número	Número decomposto
3	5	1		300 + 50 + 1
			Seiscentos e vinte	
				700 + 40 + 8
				300 + 9

2 Complete a sequência na reta numérica de 100 em 100.

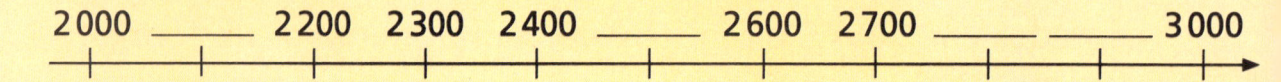

2 000 _____ 2 200 2 300 2 400 _____ 2 600 2 700 _____ _____ 3 000

a) Contorne com 🖍 um número representado na reta numérica que seja maior que 2 100 e menor que 2 900.

b) Agora, contorne com 🖍 um número **maior** que o escolhido no item **a**.

c) Circule com 🖍 um número **menor** que o escolhido no item **a**.

3 Arredonde os números para a dezena inteira mais próxima.

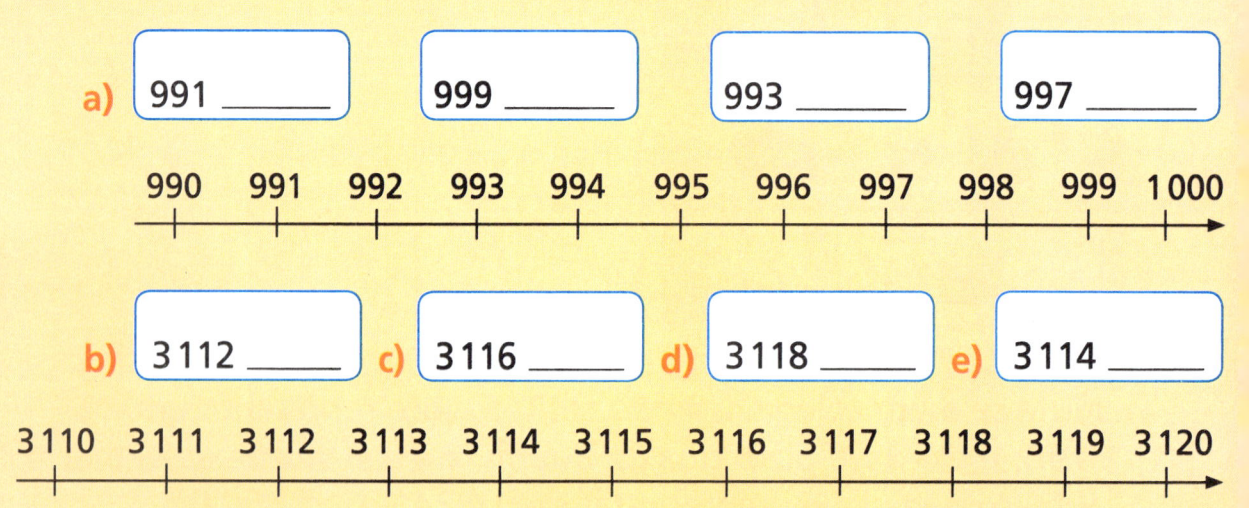

a) 991 _____   999 _____   993 _____   997 _____

990 991 992 993 994 995 996 997 998 999 1 000

b) 3 112 _____   c) 3 116 _____   d) 3 118 _____   e) 3 114 _____

3 110 3 111 3 112 3 113 3 114 3 115 3 116 3 117 3 118 3 119 3 120

4 Neste jogo, quem acerta um dardo na parte **UM** faz **1000 pontos**, na parte **C** faz **100 pontos**, na parte D, **10 pontos** e na parte U, **1 ponto**. Samuel lançou os dardos verdes e Sara, os pretos.

Registre no quadro a quantidade de dardos que eles acertaram em cada uma das partes do alvo e complete a forma decomposta.

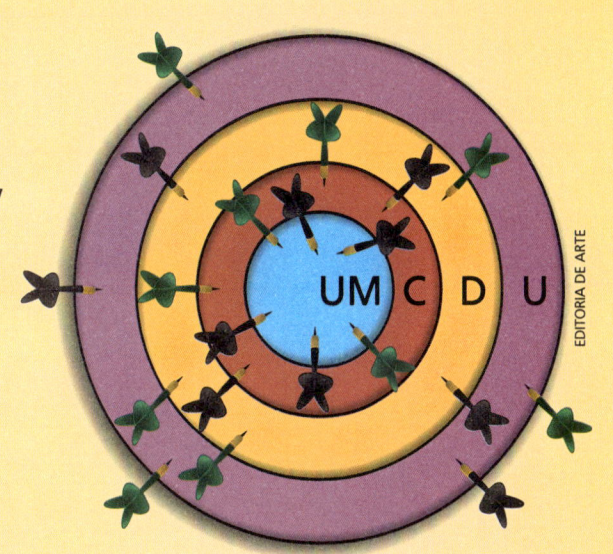

Pontuação no lançamento de dardos

Alunos	UM	C	D	U	Forma decomposta
Samuel					___ × 1000 + ___ × 100 + ___ × 10 + ___ × 1
Sara					___ × 1000 + ___ × 100 + ___ × 10 + ___ × 1

QUAL É A CHANCE?

Jogando-se uma moeda de 1 real para o alto e, depois, **segurando-a** na palma da mão, o que pode aparecer? Desenhe para mostrar.

1. **É certo**, **é provável** ou **é impossível**? Complete as frases com uma das opções:

   a) _____ que saia cara ou coroa.

   b) _____ que a coroa dessa moeda seja 2 reais.

   c) _____ que saia cara.

2. O que tem mais chance de ocorrer: sair cara ou sair coroa?

   _____

UNIDADE

6
AS IDEIAS DA MULTIPLICAÇÃO E DA DIVISÃO

Com o seu grupo, tente resolver os desafios propostos no mural.

ESTE É O DESAFIO DAS TRIGÊMEAS.

CADA UMA DAS MENINAS TEM 1 GATA.

CADA GATA TEM 3 GATINHOS. QUANTOS SÃO OS GATINHOS?

QUAL É O TOTAL DE GATAS E GATINHOS?

E AGORA, QUANTOS GATINHOS, GATAS E MENINAS SÃO AO TODO?

MURAL DE PROBLEMAS E DESAFIOS

MUDE APENAS UM PALITO DE LUGAR PARA QUE O PRODUTO FIQUE CORRETO.

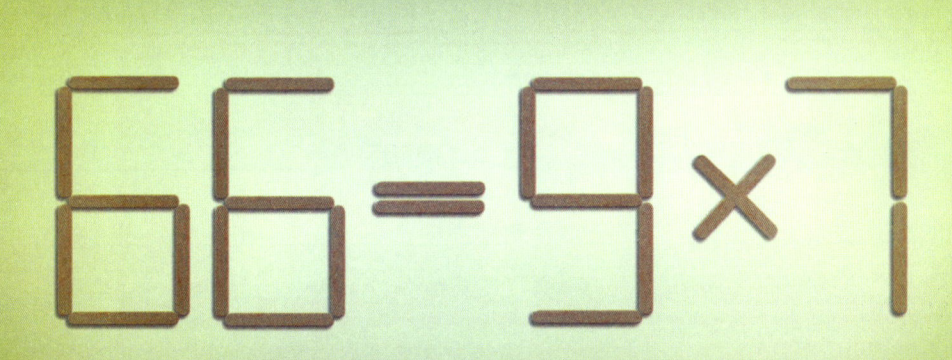

$$66 = 9 \times 7$$

NESTA UNIDADE VAMOS EXPLORAR:
- Multiplicação: ideias, tabelas e situações-problema.
- O dobro, o triplo, o quádruplo e o quíntuplo de um número.
- Padrões geométricos e multiplicações.
- Divisão: ideias e situações-problema.

A IDEIA DE ADICIONAR PARCELAS IGUAIS

A TABELA DE MULTIPLICAÇÃO POR 2

1. Vai começar a virada esportiva! Lucas organiza os pares de chuteiras contando de 2 em 2. Conte com ele.

ESTA É A TABELA DE MULTIPLICAÇÃO POR 2.

1 par → $1 \times 2 = 2$ → 2 chuteiras

2 pares → $2 + 2$ ou $2 \times 2 = 4$ → 4 chuteiras

3 pares → $2 + 2 + 2$ ou $3 \times 2 = 6$ → 6 chuteiras

4 pares → _____

ou _____ → _____

5 pares → _____

ou _____ → _____

10 pares → _____

ou _____ → _____

> O que Lucas fez foi adicionar parcelas iguais.

2. Complete a frase com "**pares**" ou "**ímpares**".
Os resultados da tabela de multiplicação por 2 são sempre números _____.

3. Conte de 2 em 2, a partir de:

a) 68 _____, _____, _____, _____, _____, _____, _____...

b) 44 _____, _____, _____, _____, _____, _____, _____...

4. No solado da chuteira são usados cravos para melhorar a aderência, a mobilidade e o arranque. Quantos cravos tem o solado:

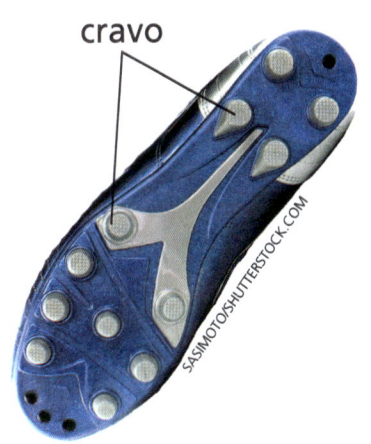

a) desta chuteira?

_____

b) de um par dessas chuteiras?

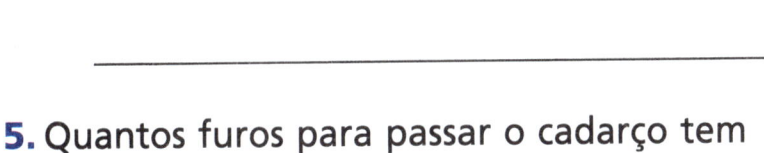

_____

5. Quantos furos para passar o cadarço tem esta chuteira:

a) em cada lado? _____

b) ao todo?

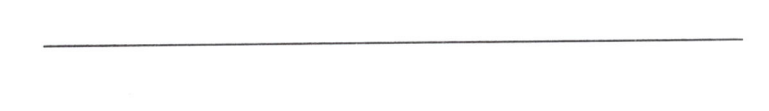

_____

_____

FIQUE SABENDO

Há muitas formas diferentes de passar os cadarços para amarrar chuteiras ou tênis. Veja:

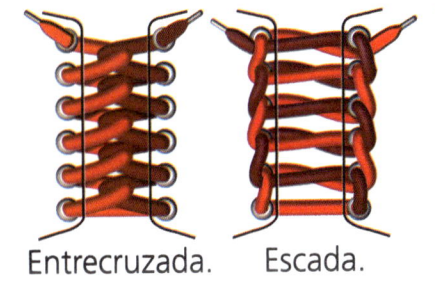

Entrecruzada. Escada. 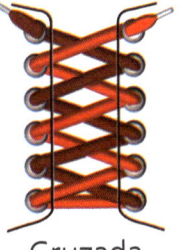 Cruzada. 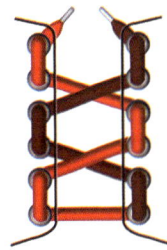 Militar.

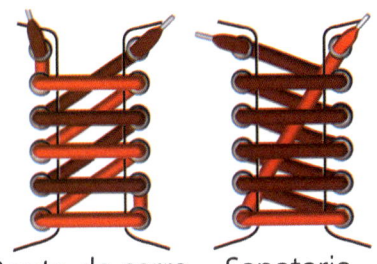

Dente de serra. Sapataria.  Trilho de trem. 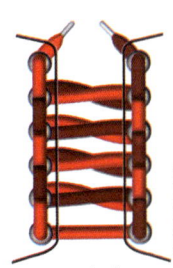 Paralela.

ESCOLHA A MANEIRA QUE VOCÊ MAIS GOSTOU E EXPERIMENTE PARA DAR UMA CARA NOVA E DESCOLADA PARA OS SEUS TÊNIS!

A TABELA DE MULTIPLICAÇÃO POR 3

Para as premiações, Mariana contou as medalhas organizando-as de 3 em 3.

> ADICIONANDO PARCELAS IGUAIS A 3, CONSTRUÍMOS A TABELA DE MULTIPLICAÇÃO POR 3.

→ 3 ou 1 × 3 = 3 → 3 medalhas	
→ 3 + 3 ou 2 × 3 = 6 → ____ medalhas	
→ _____ ou _____ → ____ medalhas	
→ _____ ou _____ → ____ medalhas	
→ _____ ou _____ → ____ medalhas	
→ _____ ou _____ → ____ medalhas	
→ _____ ou _____ → ____ medalhas	
→ _____ ou _____ → ____ medalhas	
→ _____ ou _____ → ____ medalhas	
→ _____ ou _____ → ____ medalhas	

ILUSTRAÇÕES: PETERSON MAZZOCO

O DOBRO E O TRIPLO DE UM NÚMERO

1. Joana ficou responsável pelas camisas dos jogadores de futebol de 5. Essa é uma modalidade de futebol para jogadores com deficiência visual. Ela separou 5 camisas, mas esqueceu do time reserva. Então, Joana precisa **dobrar** ou **calcular o dobro** da quantidade de camisas.

Desenhe o dobro da quantidade de camisas.

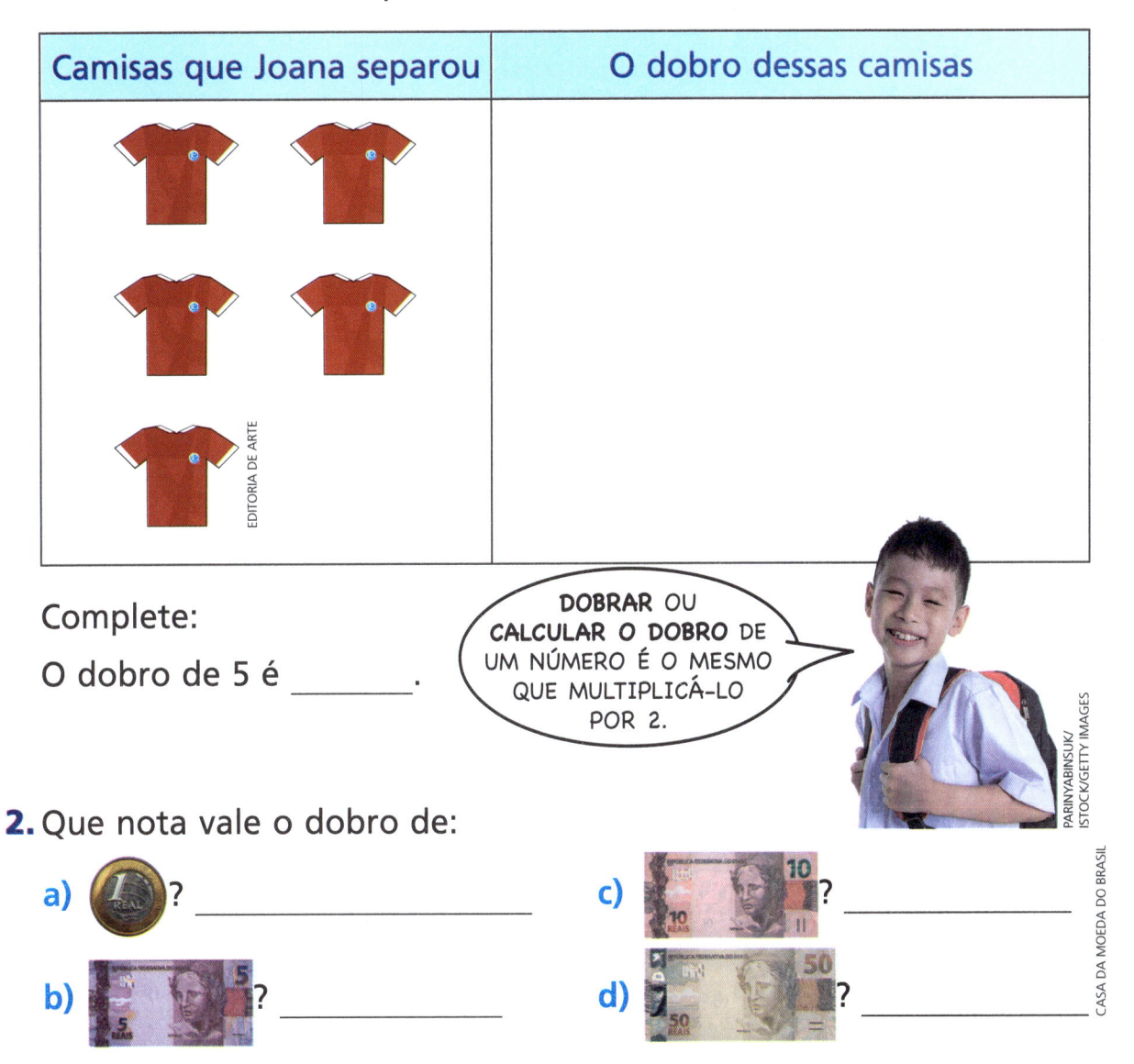

Camisas que Joana separou	O dobro dessas camisas
(5 camisas)	

Complete:

O dobro de 5 é _____ .

> DOBRAR OU CALCULAR O DOBRO DE UM NÚMERO É O MESMO QUE MULTIPLICÁ-LO POR 2.

2. Que nota vale o dobro de:

a) 1 real? _____

b) 5 reais? _____

c) 10 reais? _____

d) 50 reais? _____

3. Rafael está preparando lanches para os atletas. Já fez 50 lanches, mas viu que é pouco e vai precisar preparar o dobro dessa quantidade. Quantos lanches ele vai preparar no total?

_____

151

FIQUE SABENDO

Neste trecho de história em quadrinhos a Mônica explica o futebol de 5 e o futebol de 7.

"O FUTEBOL DE 5 É JOGADO EM QUADRA, COM JOGADORES COM DEFICIÊNCIA VISUAL! É UMA ADAPTAÇÃO DO FUTSAL! CADA PARTIDA TEM DUAS PARTES DE 25 MINUTOS, COM UM INTERVALO DE 10 MINUTOS! A BOLA POSSUI GUIZOS DENTRO DELA PARA QUE OS JOGADORES A LOCALIZEM!"

"O FUTEBOL DE 7 É DISPUTADO NO CAMPO, PRATICADO POR JOGADORES COM DEFICIÊNCIA MENTAL! O CAMPO É MENOR QUE O DO FUTEBOL OFICIAL! AS PARTIDAS SÃO DIVIDIDAS EM DUAS PARTES DE 30 MINUTOS CADA E 15 MINUTOS DE INTERVALO!"

Esportes para pessoas com deficiência – Parte 2. **Saiba Mais!** Com a Turma da Mônica – Esportes Paralímpicos, Editora Mauricio de Sousa/Panini Comics, São Paulo, n. 108, 18 set. 2016, p. 22.

4. No futebol de 5 o número de jogadores em quadra é o dobro de 5.

   a) Quantos são os jogadores em quadra nesse esporte? _____

   b) Qual é o tempo total de jogo no futebol de 5? _____

5. No futebol de 7 o número de jogadores em quadra é o dobro de 7.

   a) Quantos são os jogadores em quadra nesse esporte? _____

   b) Qual é o tempo total de jogo no futebol de 7?

6. Marisol separou 4 bolas para o jogo de futebol da tarde, mas o juiz pediu o **triplo**.
Desenhe o total de bolas que ela deve providenciar.

Bolas que Marisol separou	O triplo das bolas
 ⚽ ⚽ ⚽ ⚽	

Complete:

O triplo de 4 é _____.

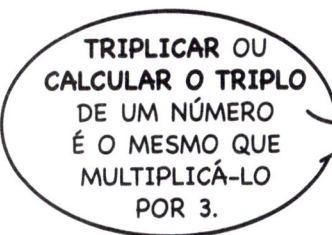

> TRIPLICAR OU CALCULAR O TRIPLO DE UM NÚMERO É O MESMO QUE MULTIPLICÁ-LO POR 3.

7. DIVIRTA-SE!

Jogo do dobro ou do triplo
Façam, juntos, 40 bolinhas de papel, 20 para cada um.

- Um pega uma quantidade de bolinhas e coloca à sua frente.
- O outro fala o dobro dessa quantidade e confere a resposta, pegando a mesma quantidade de bolinhas e juntando-as à primeira. O total deve representar o dobro da quantidade inicial.
- Não vale repetir um mesmo número. Revezem-se nas posições até encontrarem o dobro de todos os números de 1 a 10.
- Depois, joguem o mesmo jogo para o triplo.

A TABELA DE MULTIPLICAÇÃO POR 4

1. A Virada Esportiva está sendo um sucesso! Depois da competição, nada como um bom banho. Adriana ficou encarregada de separar as toalhas de banho em grupos de 4 toalhas. Em cada caso, quantas são as pilhas de 4 toalhas? Quantas são as toalhas? Acompanhe como José e Lia pensaram e complete os cálculos.

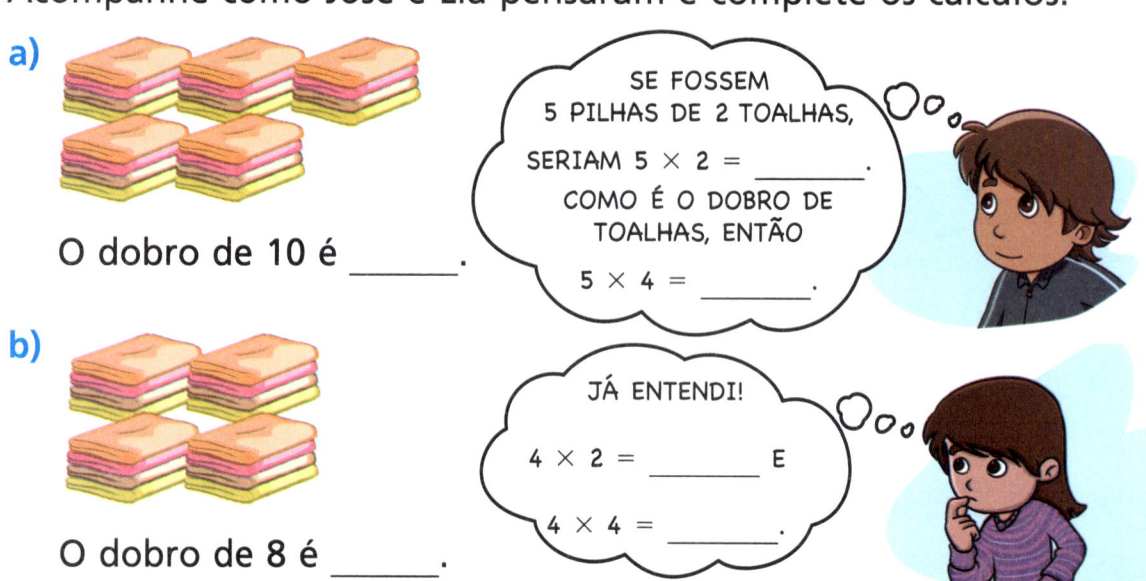

a) O dobro de 10 é _____.

SE FOSSEM 5 PILHAS DE 2 TOALHAS, SERIAM 5 × 2 = _____. COMO É O DOBRO DE TOALHAS, ENTÃO 5 × 4 = _____.

b) O dobro de 8 é _____.

JÁ ENTENDI!
4 × 2 = _____ E
4 × 4 = _____.

2. Complete a tabela de multiplicações por 4.

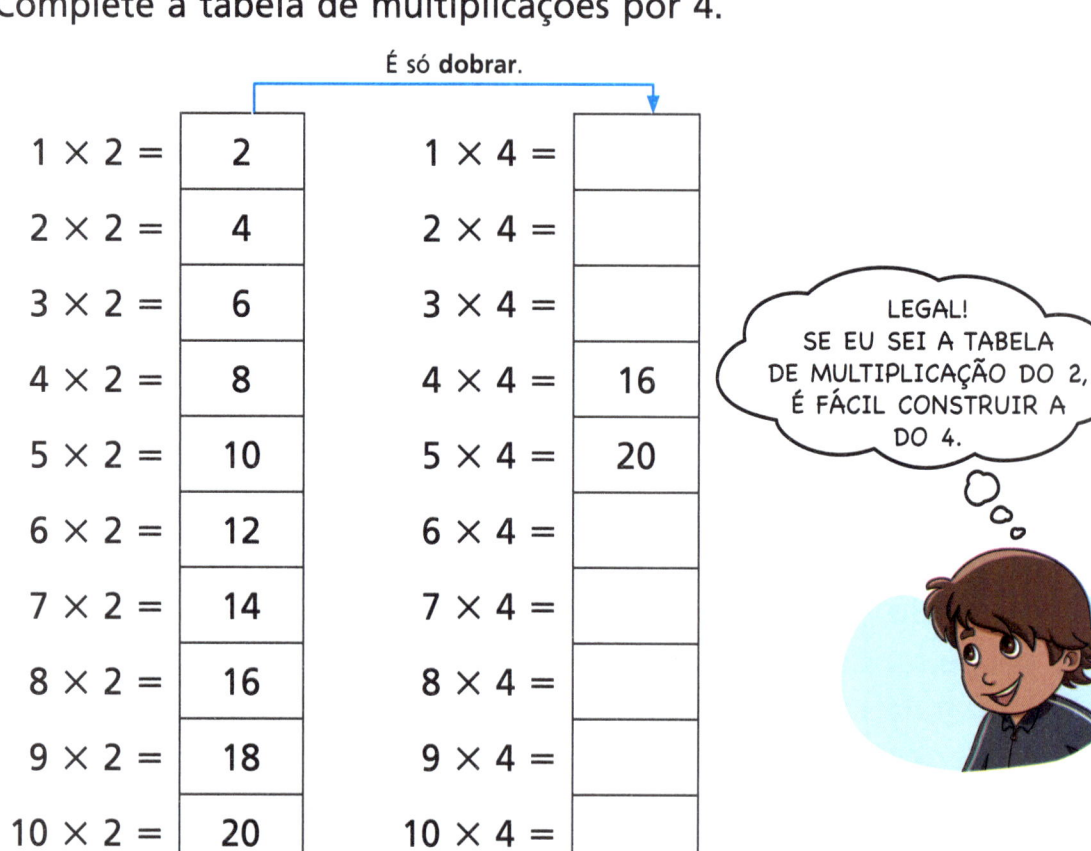

É só **dobrar**.

1 × 2 =	2	1 × 4 =	
2 × 2 =	4	2 × 4 =	
3 × 2 =	6	3 × 4 =	
4 × 2 =	8	4 × 4 =	16
5 × 2 =	10	5 × 4 =	20
6 × 2 =	12	6 × 4 =	
7 × 2 =	14	7 × 4 =	
8 × 2 =	16	8 × 4 =	
9 × 2 =	18	9 × 4 =	
10 × 2 =	20	10 × 4 =	

LEGAL! SE EU SEI A TABELA DE MULTIPLICAÇÃO DO 2, É FÁCIL CONSTRUIR A DO 4.

A IDEIA DA ORGANIZAÇÃO RETANGULAR

1. Félix está montando os painéis de fotos das competições. Observe o número de linhas e colunas de cada figura. Calcule mentalmente as multiplicações e, depois, complete.

2 linhas
4 colunas

4 linhas
2 colunas

2 × ____ ▢ = 8 ▢

4 × ____ ▢ = 8 ▢

2. Nicole encontrou bolas de vários esportes guardadas nos armários. Calcule usando a multiplicação. *Os elementos não foram representados em proporção de tamanho entre si.*

a) Quantas são as bolinhas de pingue-pongue?

b) Quantas são as bolas de futebol?

c) Quantas são as latinhas com bolas de tênis?

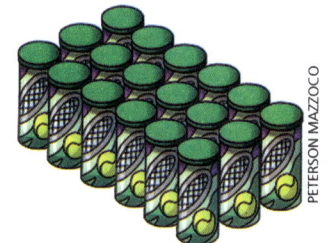

_____   _____   _____

d) Reúna-se com um colega e discutam uma estratégia para resolver a questão a seguir.

Se cada 🥫 tem 3 bolinhas de tênis, quantas bolinhas de tênis Nicole encontrou no total?

- Mostre às outras duplas como vocês resolveram e vejam a resolução deles. Todos encontraram o mesmo resultado?

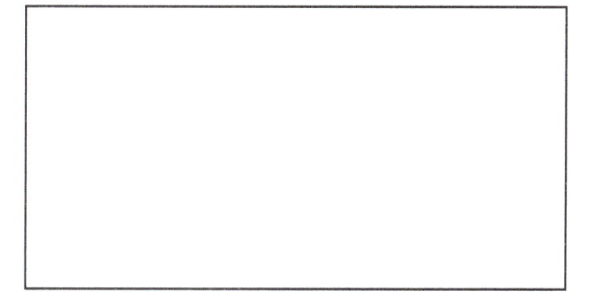

155

A TABELA DE MULTIPLICAÇÃO POR 5

1. Contando de 5 em 5, complete a tabela de multiplicação por 5.

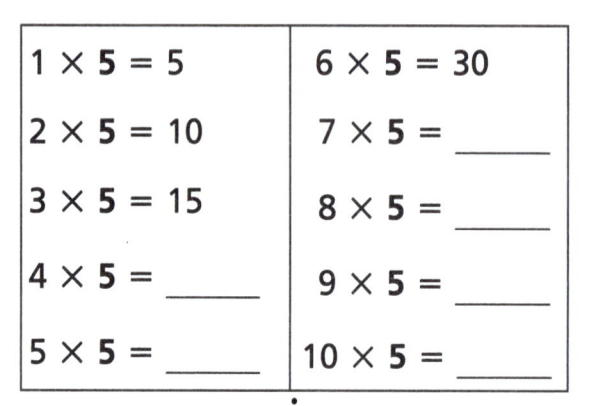

1 × **5** = 5	6 × **5** = 30
2 × **5** = 10	7 × **5** = ____
3 × **5** = 15	8 × **5** = ____
4 × **5** = ____	9 × **5** = ____
5 × **5** = ____	10 × **5** = ____

EU DESCOBRI UM PADRÃO INTERESSANTE NA TABELA DE MULTIPLICAÇÃO POR 5. VOCÊ SABE O QUE É?

- Troque ideias com seus colegas sobre a tabela de multiplicação por 5. Do que vocês acham que o menino está falando?

2. Samantha ajuda a montar o painel de fotos. Observe o número de linhas e colunas de cada figura. Calcule mentalmente as multiplicações de cada item e, depois, complete.

2 linhas
5 colunas

2 × ____ = 10

5 linhas
2 colunas

5 × ____ = 10

3. Continue a contar de 5 em 5. Quantos reais em cada caso?

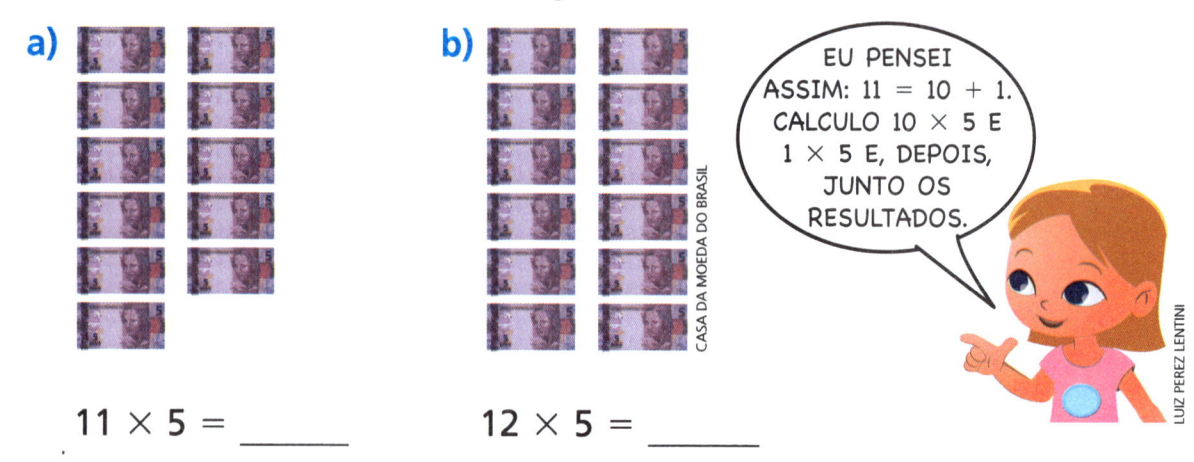

a) 11 × 5 = ____

b) 12 × 5 = ____

EU PENSEI ASSIM: 11 = 10 + 1. CALCULO 10 × 5 E 1 × 5 E, DEPOIS, JUNTO OS RESULTADOS.

O QUÁDRUPLO E O QUÍNTUPLO DE UM NÚMERO

1. Mário separou 8 bolinhas de pingue-pongue para o jogo que iria disputar pela manhã. Mas é pouco! Ele deve separar o quádruplo desse número. Quantas bolinhas Mário deve separar, então? _____

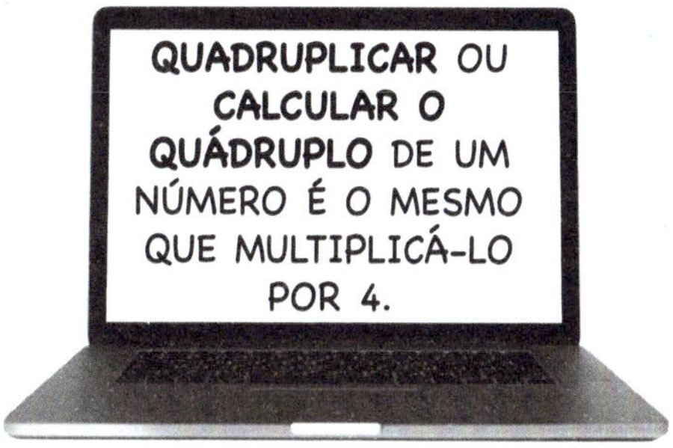

> QUADRUPLICAR OU CALCULAR O QUÁDRUPLO DE UM NÚMERO É O MESMO QUE MULTIPLICÁ-LO POR 4.

2. Que nota vale o quádruplo de [5 reais]? _____

3. Beatriz providenciou as raquetes. Ela achou que 7 eram suficientes, mas não são. É preciso quintuplicar essa quantidade, pois serão disputados muitos jogos. Quantas devem ser as raquetes, então? _____

4. Que nota vale o quíntuplo de:

a) [1 real]? _____

b) [2 reais]? _____

c) [10 reais]? _____

> Os elementos não foram representados em proporção de tamanho entre si.

> QUINTUPLICAR OU CALCULAR O QUÍNTUPLO DE UM NÚMERO É O MESMO QUE MULTIPLICÁ-LO POR 5.

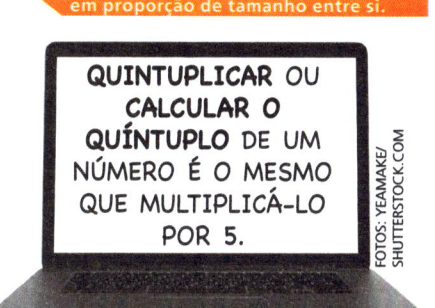

5. DIVIRTA-SE!

Recortem 4 cartões de cartolina azul e 10 cartões de cartolina vermelha.

Escrevam as palavras a seguir nos cartões azuis, uma em cada cartão: DOBRO, TRIPLO, QUÁDRUPLO e QUÍNTUPLO.

Nos cartões vermelhos, escrevam os números de 1 a 10, um em cada cartão.

Na sua vez, cada aluno sorteia, sem olhar, um cartão azul e um cartão vermelho. Em seguida, calcula o que indica a combinação dos dois cartões.

A TABELA DE MULTIPLICAÇÃO POR 10

Igor e Gina trocam ideias sobre a multiplicação por 10.

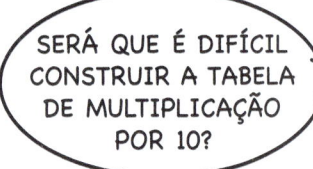

SERÁ QUE É DIFÍCIL CONSTRUIR A TABELA DE MULTIPLICAÇÃO POR 10?

QUE NADA! É SÓ LEMBRAR QUE 10 É O DOBRO DE 5 E USAR A TABELA DE MULTIPLICAÇÃO POR 5.

1. Vamos usar o que Gina falou e construir a tabela de multiplicação por 10?

1 × **5** = 5	1 × **10** = _____
2 × **5** = 10	2 × **10** = _____
3 × **5** = 15	3 × **10** = _____
4 × **5** = 20	4 × **10** = _____
5 × **5** = 25	5 × **10** = _____
6 × **5** = 30	6 × **10** = _____
7 × **5** = 35	7 × **10** = _____
8 × **5** = 40	8 × **10** = _____
9 × **5** = 45	9 × **10** = _____
10 × **5** = 50	10 × **10** = _____

É SÓ DOBRAR O VALOR!

2. Observe os resultados da tabela de multiplicação por 10.

EU DESCOBRI UM PADRÃO INTERESSANTE NOS RESULTADOS DA MULTIPLICAÇÃO POR 10. VOCÊ SABE O QUE É?

a) O que será que Igor descobriu?

_____

_____

b) Quanto é 54 × 10? _____

c) E 78 × 10? _____

3. É fácil! Calcule mentalmente.

a) 11 × 10 = _____   c) 54 × 10 = _____   e) 78 × 10 = _____

b) 15 × 10 = _____   d) 99 × 10 = _____   f) 31 × 10 = _____

4. Veja o instrumento musical que Renato construiu com uma caixa de sapatos e elásticos coloridos. Quantos elásticos serão necessários para fazer 10 desses instrumentos?

_____

5. Qual é o total de mãos carimbadas?

_____

- E o total de dedos carimbados, qual é?

_____

6. VAMOS BRINCAR NA MALHA!

a) Na malha, esta parte está em C4 (coluna C e linha 4). Indique as posições destas outras partes:

b) Quantos quadrinhos, no total, tem essa malha?

_____

MULTIPLICAÇÃO POR 6, 7 E 8

1. Para construir a **sequência de resultados da tabela de multiplicação por 6, basta lembrar** da sequência de resultados da tabela de multiplicação por 3.
Complete:

É só dobrar.

3	6	9	12	15	18	21	24	27	30

2. Leia com atenção a **conversa** de Tuca e Mabel.

> SERÁ QUE DÁ PARA ESCREVER A TABELA DE MULTIPLICAÇÃO POR 7 COM A AJUDA DE OUTRAS TABUADAS?

> ACHO QUE DÁ SIM! VEJA: 7 = 5 + 2.

> USAMOS AS TABELAS DE MULTIPLICAÇÃO POR 5 E POR 2 E, DEPOIS, ADICIONAMOS OS RESULTADOS.

> PARA CALCULAR 5 × 7, POR EXEMPLO, EU FAÇO 5 × 2 = 10 E 5 × 5 = 25. COMO 10 + 25 = 35, ENTÃO 5 × 7 = 35.

> ENTENDI. MAS EU PREFIRO USAR A TABELA DE MULTIPLICAÇÃO POR 3 E POR 4, PORQUE 7 = 3 + 4 TAMBÉM.

- Construa a **tabela de multiplicação por 7**. Se quiser, use as dicas dadas por Tuca e Mabel.

1 × 7 = ___	3 × 7 = ___	5 × 7 = ___	7 × 7 = ___	9 × 7 = ___
2 × 7 = ___	4 × 7 = ___	6 × 7 = ___	8 × 7 = ___	10 × 7 = ___

3. Sérgio está organizando as toucas das equipes de natação, cada uma composta por 7 atletas. Quantas toucas Sérgio separou?

_____ × _____ = _____

Sérgio separou _____ toucas.

4. A família Silva está reunida na pizzaria do bairro para comemorar a medalha que Davi ganhou na virada esportiva.

a) Quantas *pizzas* eles pediram? _____

b) Calcule o total de pedaços de *pizza*.

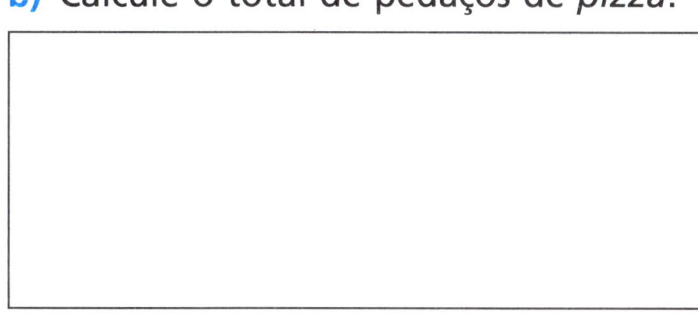

> 8 É O DOBRO DE 4. COMO EU SEI QUE 5 × 4 = 20, ENTÃO 5 × 8 É O DOBRO DE 20.

São _____ pedaços de *pizza*.

5. Agora, quantos são os pedaços de *pizza*?

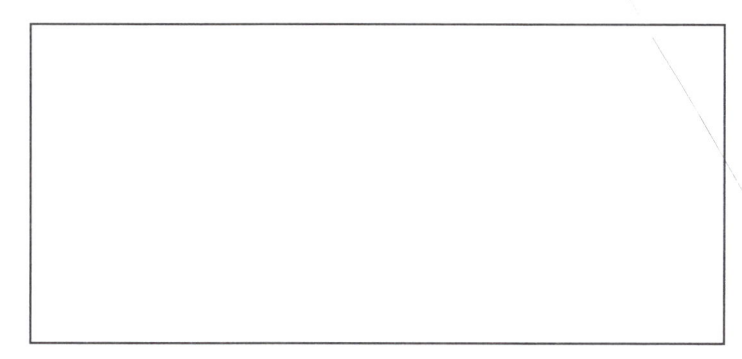

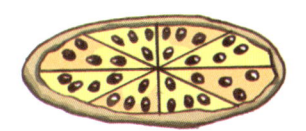

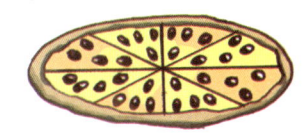

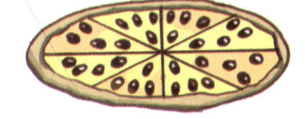

161

6. Complete a tabela de multiplicação por 8.

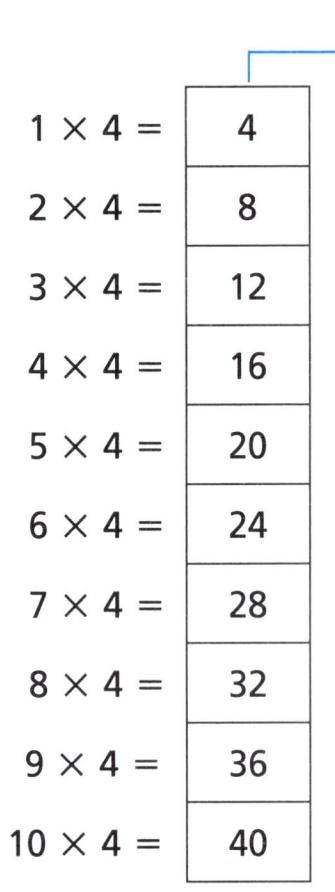

É só **dobrar**.

1 × 4 =	4	1 × 8 =	8
2 × 4 =	8	2 × 8 =	
3 × 4 =	12	3 × 8 =	
4 × 4 =	16	4 × 8 =	
5 × 4 =	20	5 × 8 =	
6 × 4 =	24	6 × 8 =	
7 × 4 =	28	7 × 8 =	
8 × 4 =	32	8 × 8 =	
9 × 4 =	36	9 × 8 =	
10 × 4 =	40	10 × 8 =	

MUITO LEGAL! PARA CONSTRUIR A TABELA DE MULTIPLICAÇÃO POR 8, BASTA LEMBRAR DA TABELA DO 4.

7. Você já ouviu falar em camisetas ecológicas? São produzidas com garrafas PET. Para cada camiseta são usadas 2 garrafas PET de 2 litros. Incrível, você não acha?
Para fabricar 8 camisetas dessas, quantas garrafas PET de 2 litros são usadas?

_____

8. Na receita da massa de *pizza*, Mário coloca 8 colheres de sopa de óleo. De quantas colheres de sopa de óleo ele precisa para preparar 9 receitas dessas?

_____

• E se forem 11 receitas? _____

• E 12 receitas? _____

A TABELA DE MULTIPLICAÇÃO POR 9

1. Para construir a tabuada do 9, Igor se lembrou do que aprendeu nas outras tabuadas.

• Pensando assim, complete a tabela de multiplicação por 9.

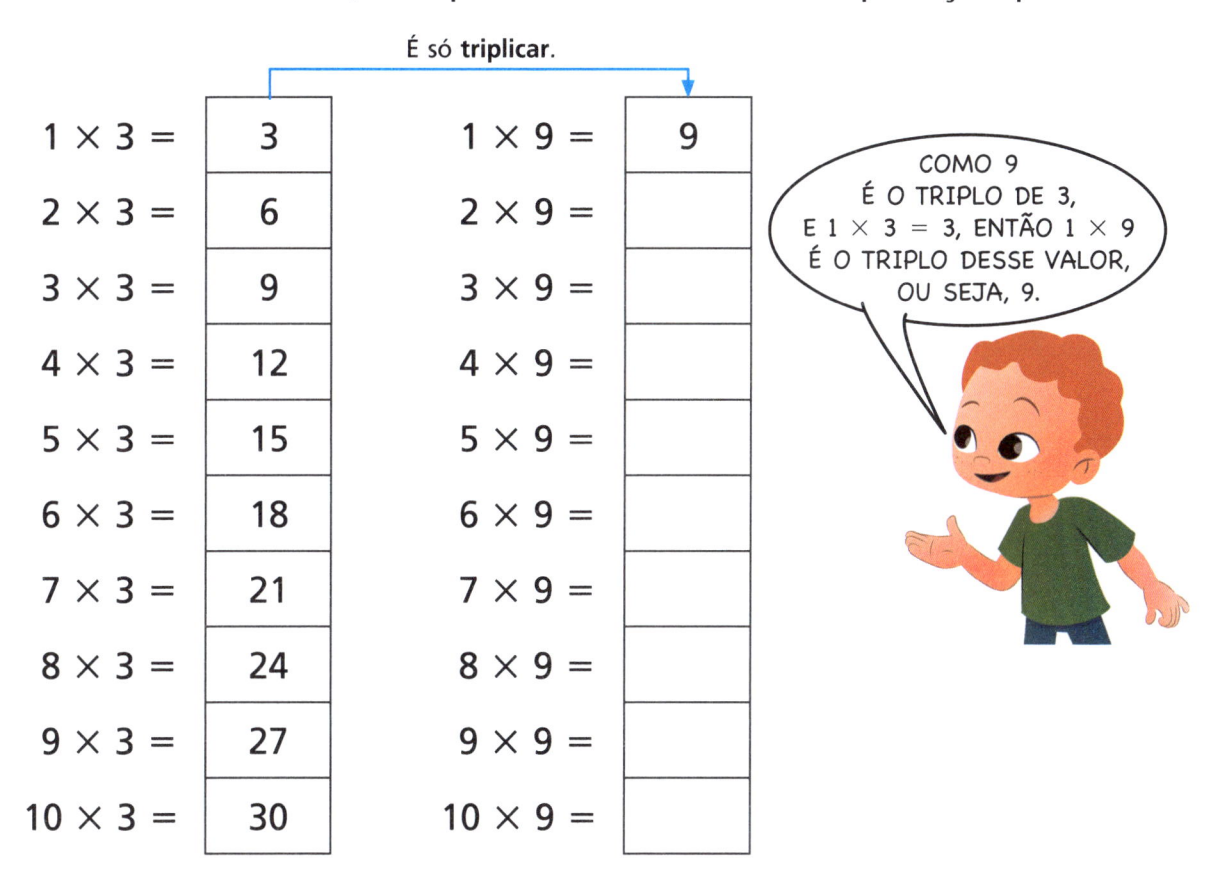

É só **triplicar**.

1 × 3 =	3	1 × 9 =	9
2 × 3 =	6	2 × 9 =	
3 × 3 =	9	3 × 9 =	
4 × 3 =	12	4 × 9 =	
5 × 3 =	15	5 × 9 =	
6 × 3 =	18	6 × 9 =	
7 × 3 =	21	7 × 9 =	
8 × 3 =	24	8 × 9 =	
9 × 3 =	27	9 × 9 =	
10 × 3 =	30	10 × 9 =	

COMO 9 É O TRIPLO DE 3, E 1 × 3 = 3, ENTÃO 1 × 9 É O TRIPLO DESSE VALOR, OU SEJA, 9.

2. Roberta pensou diferente. Veja:

1 × 9 = ____

1 × 10 = 10
1 × 9 = 9 TIRA 1.

3 × 10 = ____

3 × 9 = ____ Tira ____.

• O que você achou da tabela de multiplicação por 9? Troque ideias com os colegas.

PADRÕES GEOMÉTRICOS E MULTIPLICAÇÕES

1. Observe os motivos que se repetem nesta faixa decorativa.

Os ⬛ aparecem 6 vezes na faixa decorativa.

Assim, 6 × 4 ⬛ = 24 ⬛.

Usando a multiplicação, calcule o total de:

a) 🟥 _____

b) 🟨 _____

c) 🟦 _____

d) 🟦 _____

FIQUE SABENDO

O artesanato indígena brasileiro é rico em padrões geométricos.

Procure conhecer mais sobre essa belíssima arte, pesquisando em bibliotecas, na internet ou visitando exposições de artesanatos indígenas.

Artesanato indígena com motivos geométricos feito de palha. Manaus, AM.

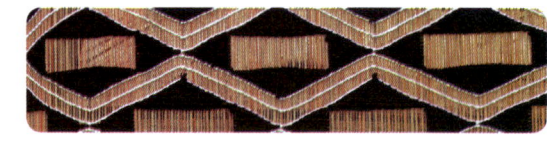

Artesanato indígena com motivos geométricos feito de fibra de buriti. Parque indígena do Alto Xingu, MT.

#FICA A DICA

Que tal acessar um *site* para conhecer um pouco mais sobre a arte indígena brasileira? Entre no *link*: **Ameríndia**. Disponível em: <http://ftd.li/r3xrsa>. Acesso em: 27 jul. 2017.

2. VAMOS BRINCAR COM PERCURSOS?

Veja a representação de alguns quarteirões do bairro onde Lia e Edu moram.

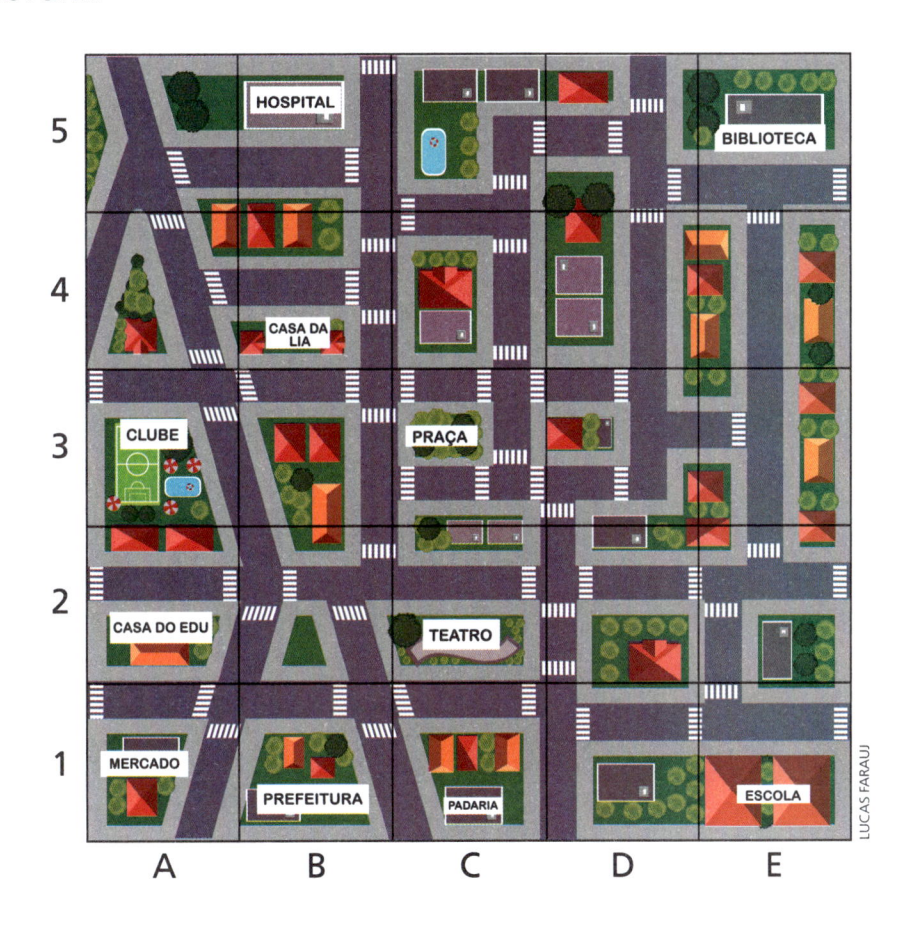

A localização da casa de Lia é indicada por **B4** (coluna **B** e linha **4**).

a) Registre no quadro abaixo a localização de cada um dos seguintes lugares:

Casa de Edu	Hospital	Escola	Praça	Mercado	Teatro	Biblioteca

b) Lia e Edu combinaram de se encontrar na praça para irem juntos à biblioteca e, depois, à escola. Usando cores diferentes, trace o percurso que:

- cada um pode fazer de casa até a praça.
- farão juntos da praça até a biblioteca.
- eles farão da biblioteca à escola.

SITUAÇÕES DE MULTIPLICAÇÃO

1. Três amigos vão ao cinema. O ingresso custa 12 reais. Quanto eles vão gastar com os ingressos no total?

a) Troque ideias com o seu grupo sobre como resolver a questão.

Registre aqui. _____

- Mostrem aos outros grupos como vocês fizeram e observem a resolução deles.

b) Veja como Rita, Rafael e Renata pensaram e completem os cálculos.

EU USEI DESENHOS.

EU PREFERI USAR A ADIÇÃO.

COMO 12 É IGUAL A 10 MAIS 2, EU CALCULEI 3 × 10 E, DEPOIS, 3 × 2. EM SEGUIDA, ADICIONEI OS RESULTADOS.

Rafael → 10 REAIS 2 REAIS
Rita → 10 REAIS 2 REAIS
Renata → 10 REAIS 2 REAIS
Total → 30 reais 6 reais

_____ reais

D	U
1	2
1	2
+ 1	2

$12 = 10 + 2$

$3 \times 10 = 30$

$3 \times 2 = 6$

e $30 + 6 =$ _____

_____ reais

- Você chegou ao mesmo resultado? _____

- E você, como prefere calcular?

2. Calcule os produtos como preferir.

   a) 3 × 53 = _____   b) 5 × 51 = _____   c) 4 × 82 = _____

3. Oba! O circo chegou! Crie um problema envolvendo a multiplicação com base nesta cena.

   HOJE TEM ESPETÁCULO? TEM SIM, SENHOR!

   CIRCO
   INGRESSO
   15 REAIS

   _____
   _____
   _____

Peça a um colega para resolver o problema que você criou e você resolve o problema que ele criou. Depois, troquem ideias sobre a resolução dos problemas.

FORMANDO GRUPOS

1. Diego estava brincando de empilhar os ▢ do Material Dourado.

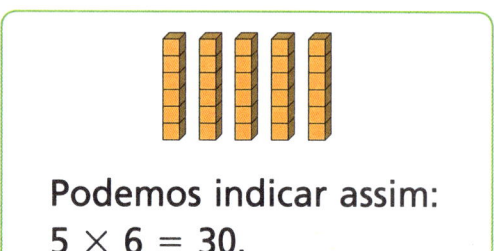

Podemos indicar assim:
5 × 6 = 30.

> COM 30 ▢ FORMEI 5 PILHAS DE 6 ▢ CADA UMA.

a) Investigue outra maneira de formar pilhas com 30 ▢ de Material Dourado. Mas lembre-se: cada pilha deve ter a mesma quantidade de ▢. Desenhe para mostrar.

b) Use uma multiplicação para indicar como você formou os grupos:

_____ × _____ = _____.

2. Lenita também empilhou ▢ de Material Dourado.

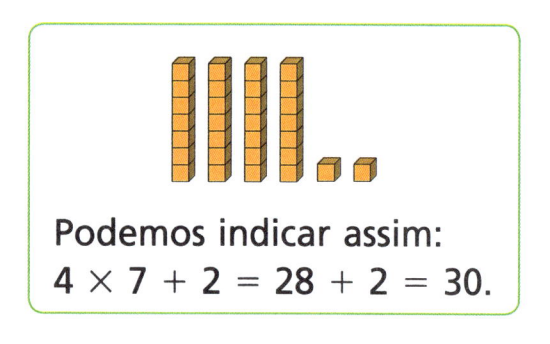

Podemos indicar assim:
4 × 7 + 2 = 28 + 2 = 30.

> COM OS 30 ▢ FORMEI 4 PILHAS COM 7 ▢ CADA UMA E SOBRARAM 2 ▢.

Investigue dois empilhamentos usando 36 ▢ e com a mesma quantidade de ▢ em cada pilha. Em um deles não deve sobrar ▢, e no outro sim.

3. Na papelaria do bairro, João vai **formar pacotes** com 4 lápis cada um para a promoção de final de ano. **Vamos ajudar** João a formar os pacotes, construindo um tabuleiro **em grupo**.

1º Peguem duas folhas grandes de **papel e dobrem** cada uma, como mostra a sequência.

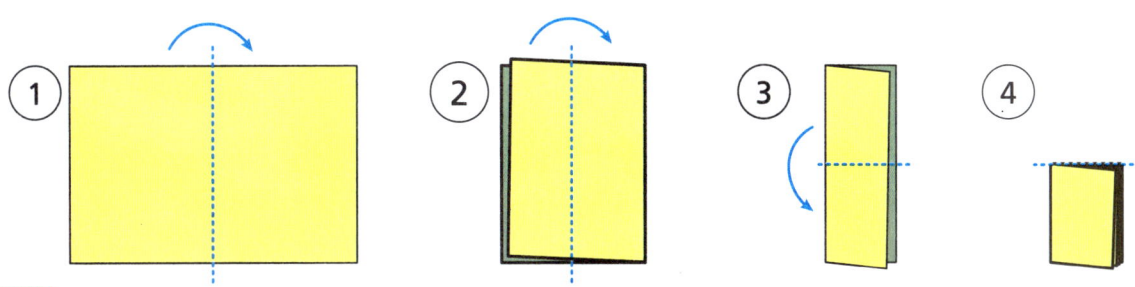

2º Depois, abram as duas folhas e, usando uma régua e um lápis, reforcem **as dobras**.

3º Usem as folhas que vocês dobraram e tampinhas para auxiliar nos cálculos.
Por exemplo, ao distribuir 12 tampinhas em grupos de 4 tampinhas, obtemos 3 grupos.

4º Usando o tabuleiro, complete o **quadro**.

Quantidade de lápis	Quantidade de pacotes com 4 lápis	Lápis soltos que sobraram	Representando
28			____ × 4 = 28
40			____ × 4 = ____
48			____ × 4 = ____
50			____ × 4 + 2 = ____ + ____ = 50
51			____ × 4 + ____ = ____ + ____ = 51
60			____ × ____ = ____
	16	1	____ × 4 + ____ = ____ + ____ = ____
	18		

REPARTINDO EM PARTES IGUAIS

1. Você já ouviu ou leu a fábula da cigarra e da formiga? Veja esta versão.

Em um bosque, viviam uma cigarra e uma formiga. Enquanto a formiga trabalhava o dia inteiro recolhendo grãos de trigo, a cigarra só pensava em cantar.

Chegou o inverno, e a cigarra não conseguia encontrar alimento. De tanta fome, quase perdeu a voz.

Sorte que a formiga era bondosa. Com o trigo que recolheu, fez 18 deliciosos bolinhos e, com dó da cigarra, dividiu-os com ela meio a meio.

a) Mostre com quantos bolinhos cada uma ficou, fazendo desenhos. É só pensar que 2 × 9 = 18.

INDICAMOS A DIVISÃO DE 18 POR 2 ASSIM: 18 : 2.

b) Complete a frase.

18 dividido por 2 é igual a _____.

QUANTOS CABEM?

1. Quantas vezes 5 centímetros cabem em 15 centímetros? _____.

uma vez   duas vezes   três vezes

3 × 5 centímetros = 15 centímetros
e 15 centímetros : 3 = 5 centímetros

cm É O SÍMBOLO DE CENTÍMETRO.

Usando a sua régua, calcule. Quantas vezes:

a) 6 cm cabem em 18 cm? _____

b) 4 cm cabem em 20 cm? _____

2. Quantas dessas garrafas são necessárias para encher um galão como esse?
_____

3. De quantas notas de:

a)  5 eu preciso para ter 50 ? _____

b)  5 eu preciso para ter 100 ? _____

c)  10 eu preciso para ter 50 ? _____

d)  10 eu preciso para ter 100 ? _____

A METADE E A QUARTA PARTE

1. Divida **meio a meio** a quantidade de bolinhos.

> PARA **DIVIDIR MEIO A MEIO**, OU SEJA, ENCONTRAR A **METADE**, BASTA DIVIDIR POR 2.

2. Qual é a **metade** de 10? Qual é o **dobro** de 5? Observe.

10 dividido por 2 é igual a 5 → 10 : 2 = 5
5 é a **metade** de 10.

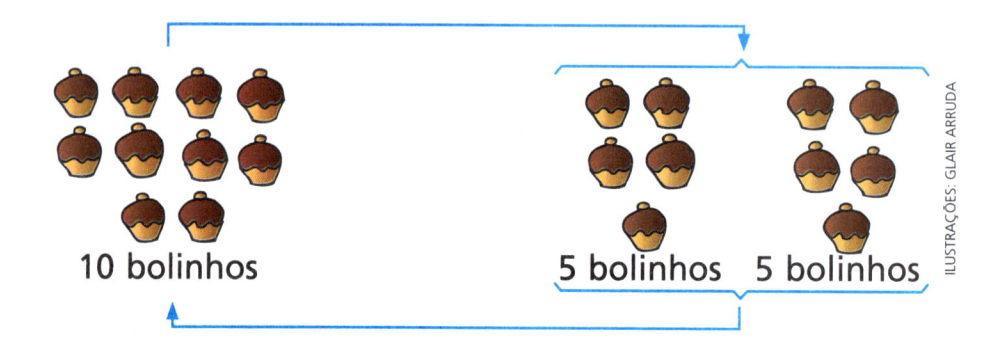

10 bolinhos   5 bolinhos   5 bolinhos

2 vezes 5 é igual a 10 → 2 × 5 = 10
10 é o **dobro** de 5.

Agora, calcule mentalmente e, depois, complete.

a) 10 : 2 = _____, pois 2 × _____ = 10

b) 14 : 2 = _____, pois 2 × _____ = 14

c) 12 : 2 = _____, pois 2 × _____ = 12

d) 20 : 2 = _____, pois 2 × _____ = 20

3. Que nota ou moeda vale a metade da nota de:

a) 20 ? _____

b) 2 ? _____

c) 10 ? _____

4. Observe as persianas das três janelas.
Qual é a cor da persiana que cobre:

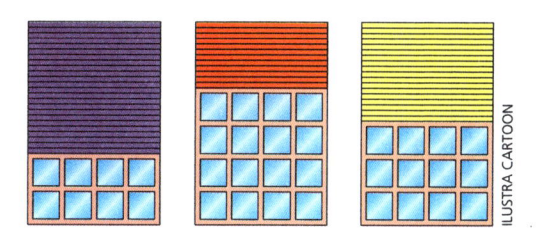

• a metade da janela? _____

• menos que a metade da janela? _____

• mais que a metade da janela? _____

5. Pinte a metade da metade desta figura.

A METADE DA METADE É A **QUARTA PARTE**.

6. Estas figurinhas de Raoni são repetidas e ele vai dar aos amigos.

EU VOU DAR A QUARTA PARTE DAS FIGURINHAS PARA CADA AMIGO.

PARA ENCONTRAR A QUARTA PARTE DIVIDIMOS POR 4.

a) Quantas figurinhas Raoni tem para dar?

_____

b) Quantas figurinhas cada amigo de Raoni vai receber?

_____

A TERÇA PARTE, A QUINTA PARTE E A DÉCIMA PARTE

1. Raoni pensou em dividir as figurinhas repetidas entre 4 amigos, assim cada um receberia a quarta parte das figurinhas. Mas veja o que aconteceu quando ele quis dar as figurinhas ao Cauê.

   — OBRIGADO, RAONI, MAS NÃO ESTOU COLECIONANDO FIGURINHAS DESSE ÁLBUM.

   — TUDO BEM. ENTÃO EU VOU DIVIDIR AS FIGURINHAS ENTRE APENAS 3 AMIGOS.

   — CAROL, TENHO UMA BOA NOTÍCIA: VOU DAR A VOCÊ A TERÇA PARTE DAS FIGURINHAS.

   — COMO ASSIM?

   Troque ideias com os colegas.

   a) O que significa **terça parte**?

   _____

   b) Quantas figurinhas Carol vai receber, então?

   _____

2. As figuras abaixo estão divididas em partes iguais. Em quais delas a parte colorida de verde corresponde à terça parte da figura?

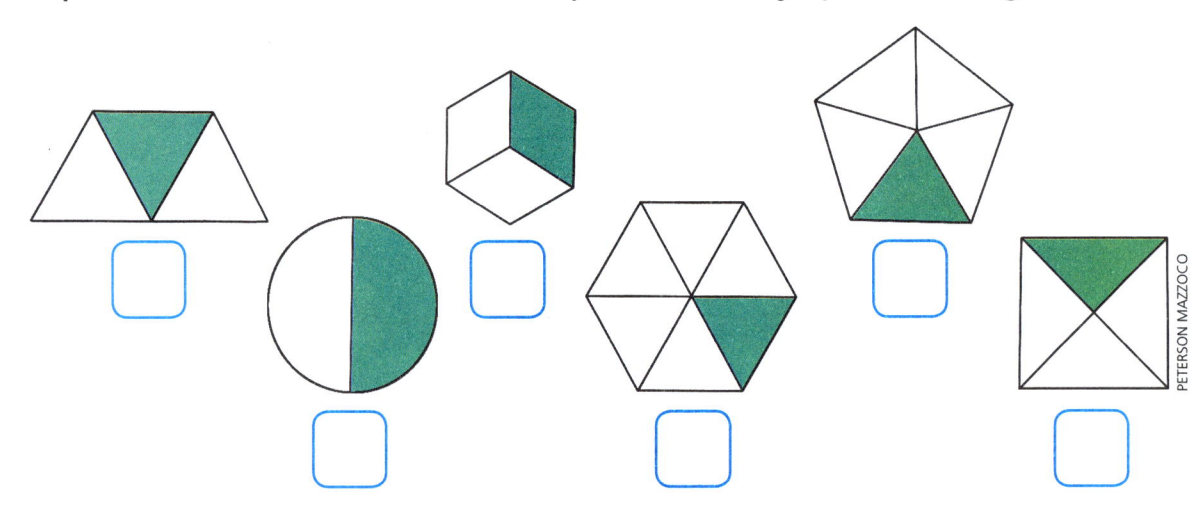

3. Virgílio distribuiu bolinhas de gude igualmente entre 10 amigos. Cada amigo recebeu 2 bolinhas. Quantas bolinhas Virgílio distribuiu no total?

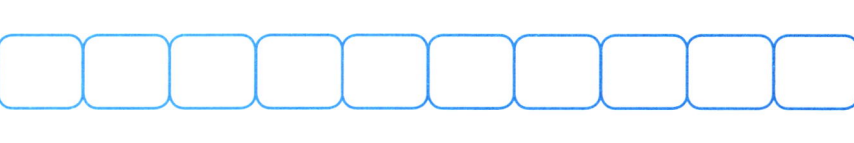

Desenhe para mostrar. _____

QUANDO DIVIDIMOS POR 10, ENCONTRAMOS A **DÉCIMA PARTE**.

- Qual é a décima parte de 20? _____

4. Jonas quer dividir [nota de 100] entre seus 5 sobrinhos. Quando dividimos por 5, encontramos a quinta parte. Marque com ✗ a nota que representa a quinta parte de 100 reais.

5. A figura está dividida em partes iguais.

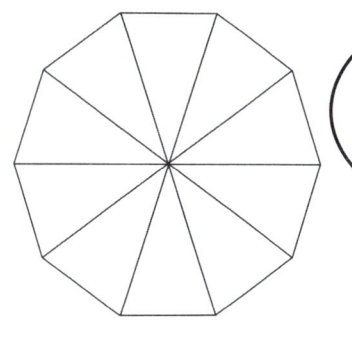

a) Em quantas partes a figura está dividida?

_____

PARA DESCOBRIR QUAL É A QUINTA PARTE, POSSO DOBRAR A DÉCIMA PARTE.

b) Pinte:
- de 🟦 a décima parte dessa figura.
- de 🟥 a quinta parte dessa figura.

c) Você concorda com o que Lino descobriu?

6. Calcule mentalmente e complete o quadro.

Quantia	Décima parte	Quinta parte
 100		
 20		
 10		

175

SITUAÇÕES DE DIVISÃO

1. Na Festa do Morango, essa fruta é vendida em embalagens com 4 caixinhas de morango cada uma. Muriel quer levar duas dúzias de caixinhas de morango.

Quantas embalagens iguais a essa ela deve comprar?

Troque ideias com seus colegas para resolver. Use os materiais que preferir como apoio.

• Agora, veja como Amanda, Rita e Edson resolveram a situação.

> COM 24 BOTÕES, CONSEGUI FORMAR 6 GRUPOS DE 4 BOTÕES. ASSIM, 24 : 4 = 6.

> USEI O MATERIAL DOURADO. TROQUEI 2 BARRINHAS POR 20 CUBINHOS. COM OS 24 CUBINHOS, REPRESENTEI 6 EMBALAGENS COM 4 CUBINHOS EM CADA UMA.

> EU USEI A DECOMPOSIÇÃO: 24 = 20 + 4. PRIMEIRO, DIVIDI AS DEZENAS POR 4. E, DEPOIS, DIVIDI AS UNIDADES.

$24 = 20 + 4$
$20 : 4 = 5$
$4 : 4 = 1$
e $5 + 1 = 6$
$24 : 4 = 6$

• Sílvio e Rute pensaram diferente.

Ele pensou na tabuada do 4.

$3 \times 4 = 12$
$4 \times 4 = 16$
$5 \times 4 = 20$
$6 \times 4 = 24$

> ACHEI! ENTÃO, O NÚMERO QUE EU PROCURO É 6.

Rute preferiu o algoritmo da divisão.

```
  24 | 4
 -24   6
   0
```

resto ← 0
quociente ← 6

2. Soraia economizou para comprar dois livros que ela queria muito ler. Juntos, custaram 84 reais.

a) Soraia pagou à vista com 6 notas e não recebeu troco. Desenhe para mostrar as notas que ela usou.

b) Se ela tivesse parcelado a compra em 4 vezes iguais e sem acréscimo, qual seria o valor de cada parcela? Mostre aos colegas como você resolveu e veja a resolução deles.

c) Acompanhe, agora, a resolução de Pedro, Manuela e Márcia.

- Pedro efetuou a divisão 84 : 4 usando notas e moedas de real.

> USANDO NOTAS DE 10 REAIS E MOEDAS DE 1 REAL, FORMEI 4 GRUPOS IGUAIS.

- Manuela preferiu usar o Material Dourado.

> DECOMPONDO 84, OBTENHO 80 + 4. ENTÃO, DIVIDO 80 POR 4 E 4 POR 4.

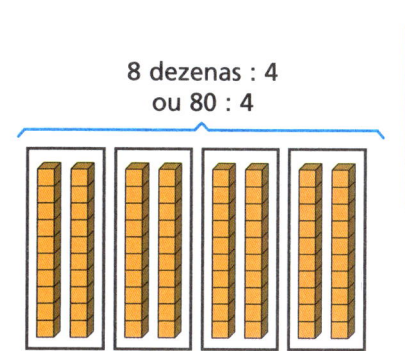

8 dezenas : 4 ou 80 : 4

20 20 20 20

4 unidades : 4

1 1 1 1

$80 : 4 = 20 \rightarrow 20$
$4 : 4 = 1 \rightarrow +1$
$\overline{21}$
$84 : 4 = 21$

• Veja como Márcia fez para calcular 84 : 4.

PRIMEIRO EU CALCULO A METADE DE 84.

DEPOIS CALCULO A METADE DA METADE.

84 : 2 = 42

42 : 2 = 21

E, depois, usou a multiplicação para conferir:

84 : 4 = 21   porque   21 × 4 = 84

d) E você, chegou ao mesmo resultado? _____

e) De que jeito você prefere calcular? _____

Troque ideias com seus colegas e use o material que preferir para resolver a situação a seguir.

3. Clóvis e Mateus resolveram dividir igualmente a conta do restaurante. Quanto cada um vai pagar? _____

4. Efetue as divisões do jeito que preferir. Depois, confira o resultado usando a multiplicação.

a) 64 : 2

b) 96 : 3

TRABALHANDO COM O CÁLCULO MENTAL

> PARA DIVIDIR UM NÚMERO POR 4, É SÓ CALCULAR A METADE DO NÚMERO E, DEPOIS, ENCONTRAR A METADE DO RESULTADO.

$$48 : 4 = ?$$
A metade de 48 é 24 → $48 : 2 = 24$
A metade de 24 é 12 → $24 : 2 = 12$
$$48 : 4 = 12$$

Calcule as divisões usando essa estratégia. Depois, confira.

a) 60 : 4 = _____   b) 88 : 4 = _____   c) 52 : 4 = _____

SUBTRAINDO PARA DIVIDIR

1. Rebeca trabalha em um supermercado organizando as mercadorias. Agora, ela precisa distribuir 48 potes de margarina igualmente em 3 prateleiras da geladeira.
Quantos potes de margarina ela deve colocar em cada prateleira? _____

a) Troquem ideias sobre como resolver a questão. Depois, mostrem aos outros grupos como vocês fizeram e observem a resolução deles. _____

b) Veja, agora, como podemos encontrar o quociente 48 : 3 de uma maneira diferente.

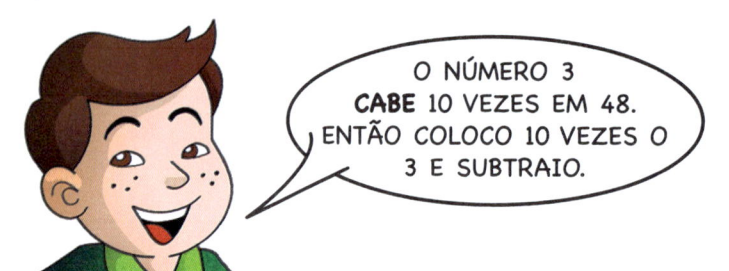

O NÚMERO 3 **CABE** 10 VEZES EM 48. ENTÃO COLOCO 10 VEZES O 3 E SUBTRAIO.

$10 \times 3 = 30$
$48 - 30 = 18$

Assim, na primeira distribuição foram colocadas 10 caixas em cada prateleira e sobraram 18 caixas. Continuamos a divisão.

O NÚMERO 3 **CABE** 6 VEZES EM 18.

CABE 10, CABE 6. NO TOTAL, CABE 16.

$6 \times 3 = 18$
$18 - 18 = 0$

Portanto, Rebeca deve colocar 16 caixas em cada prateleira.
• O que você achou desse jeito de calcular?

2. Efetue a divisão 72 : 4 usando subtrações como foi feito acima.

3. Usando a menor quantidade de subtrações que puder, descubra o quociente da divisão 90 : 5.

A DIVISÃO NÃO EXATA

1. Na quitanda de Juliano, podemos comprar laranjas em pacotes com 6 unidades. Hoje ele vai empacotar 45 laranjas.

a) Quantos pacotes Juliano vai conseguir formar?
Resolva como quiser. Faça desenhos se achar necessário.

- Mostre a um colega como você resolveu e veja a resolução dele. Vocês encontraram o mesmo resultado?

b) Agora, complete:

45 : 6 dá _____ e sobram _____

_____ × 6 = 42 e 42 + _____ = _____

> QUANDO O RESTO DE UMA DIVISÃO NÃO É ZERO, DIZEMOS QUE A DIVISÃO NÃO É EXATA.

FIQUE SABENDO

Veja como podemos calcular o quociente de 15 : 6 com o auxílio de uma reta numérica.

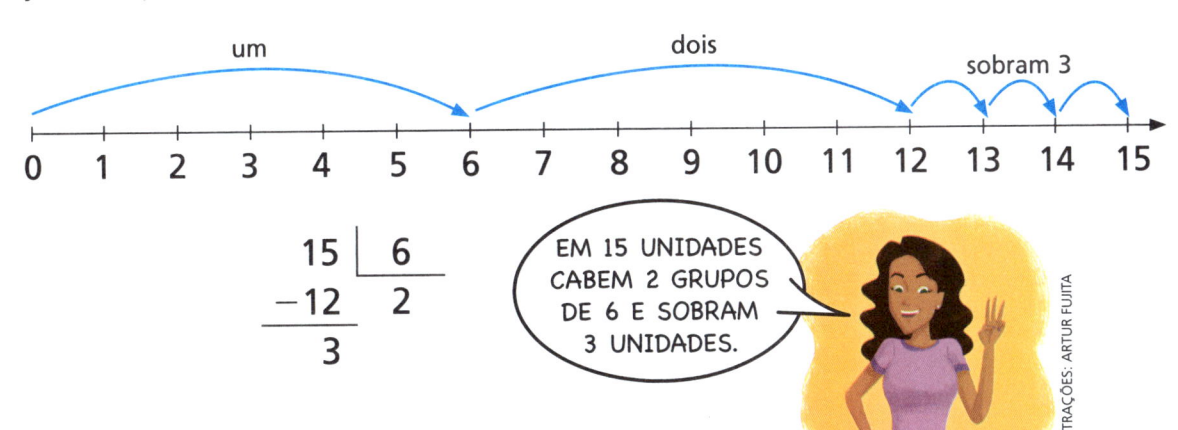

```
  15 | 6
 -12   2
   3
```

> EM 15 UNIDADES CABEM 2 GRUPOS DE 6 E SOBRAM 3 UNIDADES.

INVESTIGANDO PADRÕES E REGULARIDADES

a) Com o auxílio da reta numérica, calcule o quociente de 14 : 3.

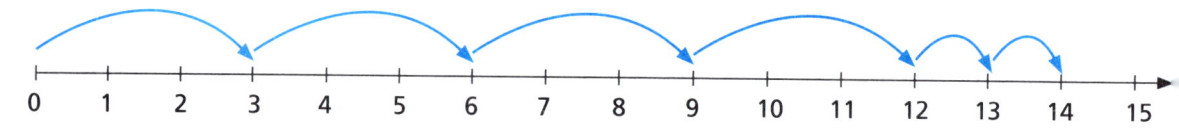

b) Calcule o quociente e o resto das seguintes divisões por 3.

- 23 : 3
- 25 : 3
- 27 : 3

c) É possível, numa divisão por 3, o resto ser 3? Por quê?

_____

- Quais são os possíveis restos numa divisão por 3? _____

d) Calcule o quociente e o resto das seguintes divisões por 5.

- 20 : 5
- 22 : 5
- 24 : 5

- 21 : 5
- 23 : 5
- 25 : 5

e) Observe o resto das divisões por 5. Qual é o maior resto possível de se obter numa divisão por 5?

_____

2. Gláucia ganhou 20 figurinhas e resolveu dar parte dessas figurinhas para um primo. Dessa quantidade de figurinhas, ela vai conseguir dar ao primo:

    a) a metade?

    b) a terça parte?

    c) a quarta parte?

    d) a quinta parte?

    e) a décima parte?

- Justifique suas respostas. Troque ideias com seus colegas.

3. Antes de dar figurinhas ao primo, Gláucia deu à irmã 2 figurinhas para que ela completasse o álbum. Nesse caso, das 18 figurinhas que restaram a Gláucia, ela vai conseguir dar ao primo:

    a) a metade?

    b) a terça parte?

    c) a quarta parte?

    d) a quinta parte?

    e) a décima parte?

- Troque ideias com seus colegas e justifique suas respostas.

QUAL É A CHANCE?

Em uma sacola foram colocadas 10 fichas, cinco com nomes de meninos e cinco com nomes de meninas. Sorteando uma dessas fichas, é maior a chance de sair um nome de menino ou de menina?

4. Oba! Hoje vai ter passeio da escola. Os filhos de seu Silveira não querem perder.

(Balão 1:) PAPAI, NO PASSEIO DA ESCOLA CADA UM TERÁ DE PAGAR 24 REAIS.

(Balão 2:) VOU DAR 74 REAIS PARA QUE DIVIDAM ENTRE OS TRÊS.

Dividindo os 74 reais entre os 3 irmãos, com quanto cada um vai ficar?

• Cada irmão receberá _____ reais, e sobrarão _____ reais.

TRATANDO A INFORMAÇÃO

1 Para a gincana da escola, as crianças escolheram a brincadeira da qual queriam participar. Cada uma só fez uma escolha. Leia no gráfico o resultado.

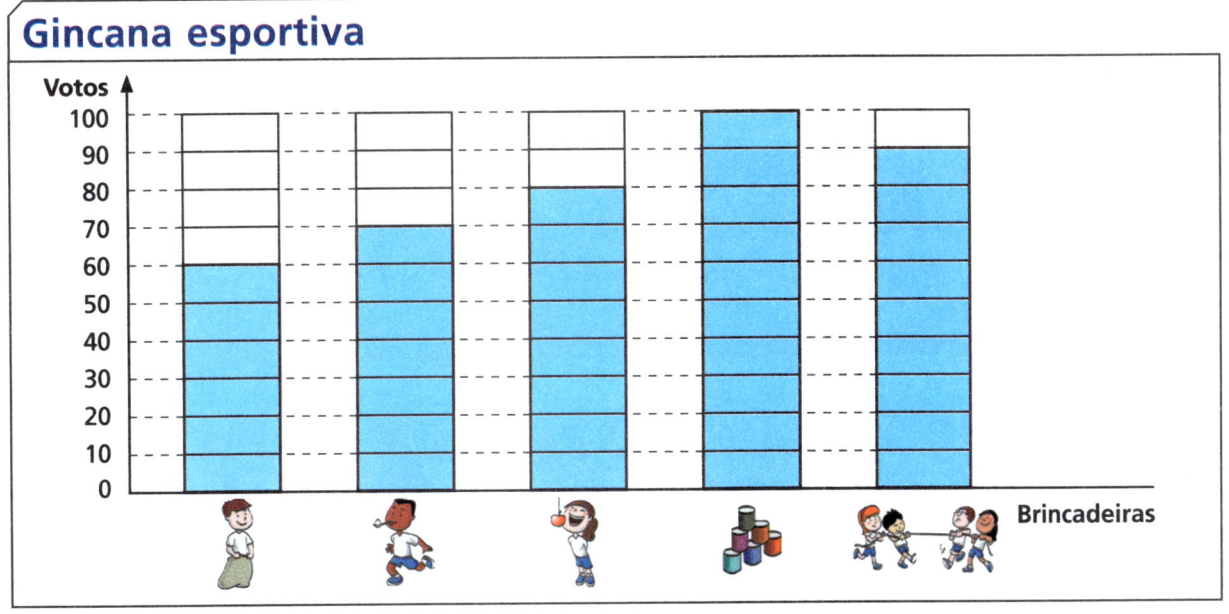

Gincana esportiva

Votos: Corrida de saco: 60; Corrida de ovo: 70; Morder a maçã: 80; Derrubar latinhas: 100; Cabo de guerra: 90.

Dados fictícios. Gráfico elaborado em 2017.

a) Qual brincadeira foi a menos votada? _____

b) Registre no quadro a quantidade de votos de cada brincadeira.

Gincana esportiva

Corrida de saco	Corrida de ovo	Morder a maçã	Derrubar latinhas	Cabo de guerra

- E você, qual dessas brincadeiras escolheria?

_____

2 O professor vai fazer um quadro com as escolhas dos alunos da sua classe. Depois, faça um gráfico de colunas em papel quadriculado para mostrar essas escolhas.

185

SÓ PARA LEMBRAR

1 Adelaide está fazendo um tapete de retalhos. Veja o que ela já confeccionou até agora.

a) Quantas são as linhas de retalhos?
_____

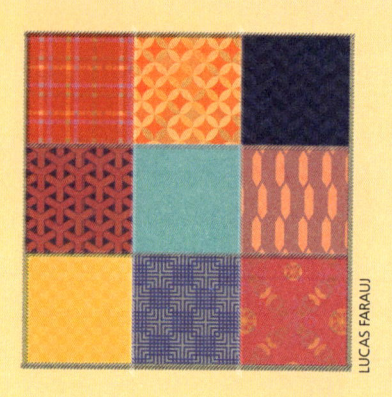

b) Quantas são as colunas de retalhos? _____

c) Quando estiver pronto, o tapete ficará com o dobro de colunas e com o dobro de linhas. Quantos retalhos terá o tapete quando estiver pronto? _____

2 Em uma folha à parte, invente um problema em que apareça a organização em linhas e colunas. Depois, peça para um colega resolver.

3 Paola tem 4 notas na carteira. Ao todo, ela tem 50 reais. Quais notas ela pode ter na carteira?

QUAL É A CHANCE?

Ana, Mário e Oto fizeram cinco cartelas, uma para cada vogal.
Escreva as vogais nas cartelas.

☐ ☐ ☐ ☐ ☐

Eles colocaram as cartelas em uma sacola.
Qual das três crianças tem mais chance de sortear uma das vogais que aparecem no próprio nome?

_____

4 Em que número Gustavo pensou?

PENSEI EM UM NÚMERO, MULTIPLIQUEI ESSE NÚMERO POR 8 E OBTIVE 56. EM QUE NÚMERO PENSEI?

☐ × 8 = 56

56 : 8 = ☐

ESSA EU JÁ APRENDI, GUSTAVO! É SÓ CALCULAR 56 : 8.

5 Calcule mentalmente. Use a divisão ou a multiplicação.

PENSEI EM UM NÚMERO, DIVIDI ESSE NÚMERO POR 9 E OBTIVE QUOCIENTE 6 E RESTO 0. EM QUE NÚMERO PENSEI?

: 9
6   ☐
× 9

EM QUE NÚMERO MILA PENSOU?

6 Maria emprestou 500 reais para a irmã. A irmã já devolveu 230 reais e combinou de devolver o restante em 3 parcelas iguais.

a) Quantos reais Maria ainda tem para receber da irmã?

b) De quanto será cada parcela?

7 Quantos pacotes posso montar com 92 lembrancinhas, se eu colocar 8 lembrancinhas em cada um? Sobrarão lembrancinhas? Quantas?

UNIDADE 7

TROCANDO IDEIAS PARA RESOLVER PROBLEMAS

Neste jogo, você deve escolher a opção que resolve o problema que aparece em cada *tablet*.

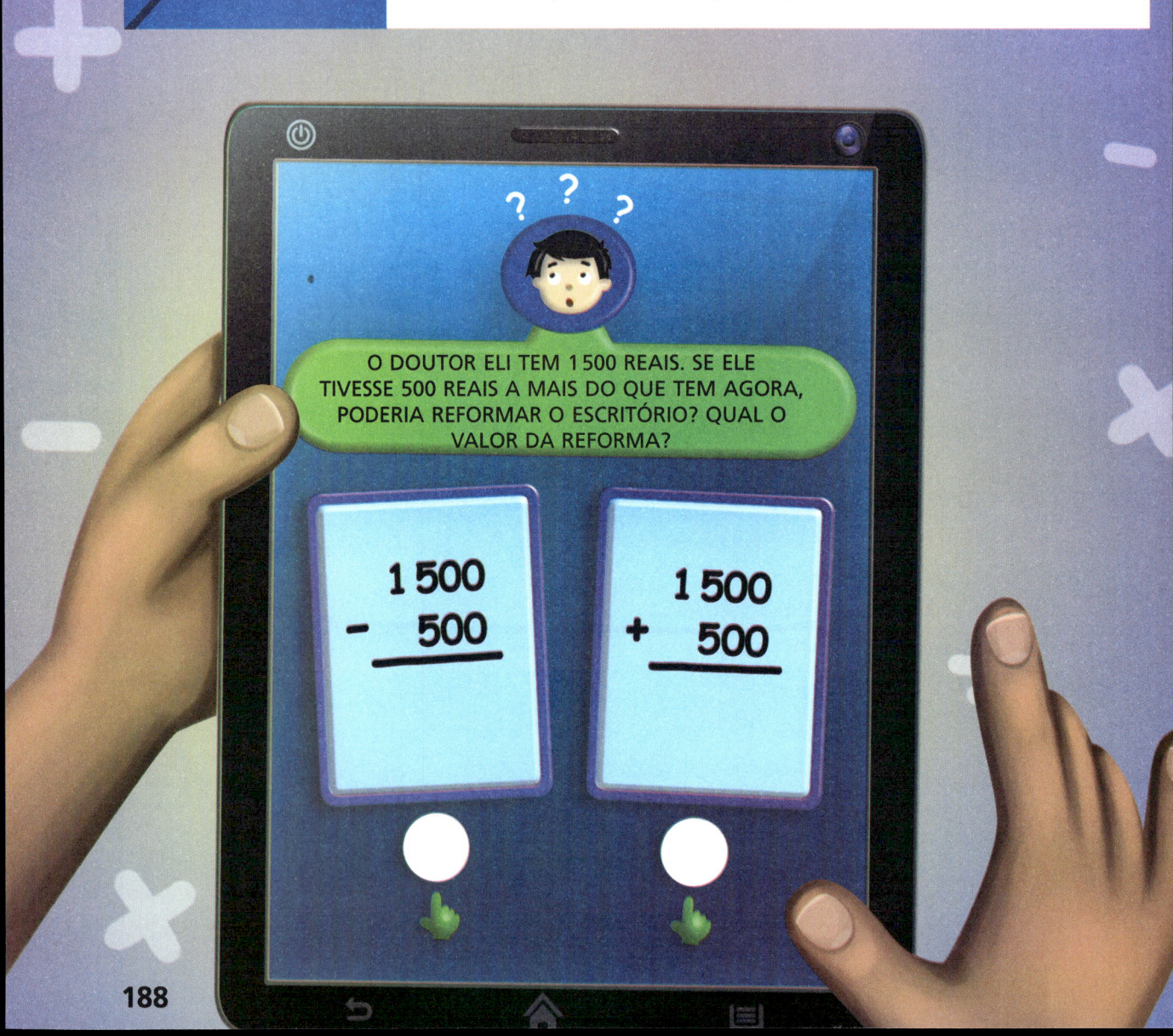

O DOUTOR ELI TEM 1 500 REAIS. SE ELE TIVESSE 500 REAIS A MAIS DO QUE TEM AGORA, PODERIA REFORMAR O ESCRITÓRIO? QUAL O VALOR DA REFORMA?

$$1\,500 - 500$$

$$1\,500 + 500$$

BENTINHO

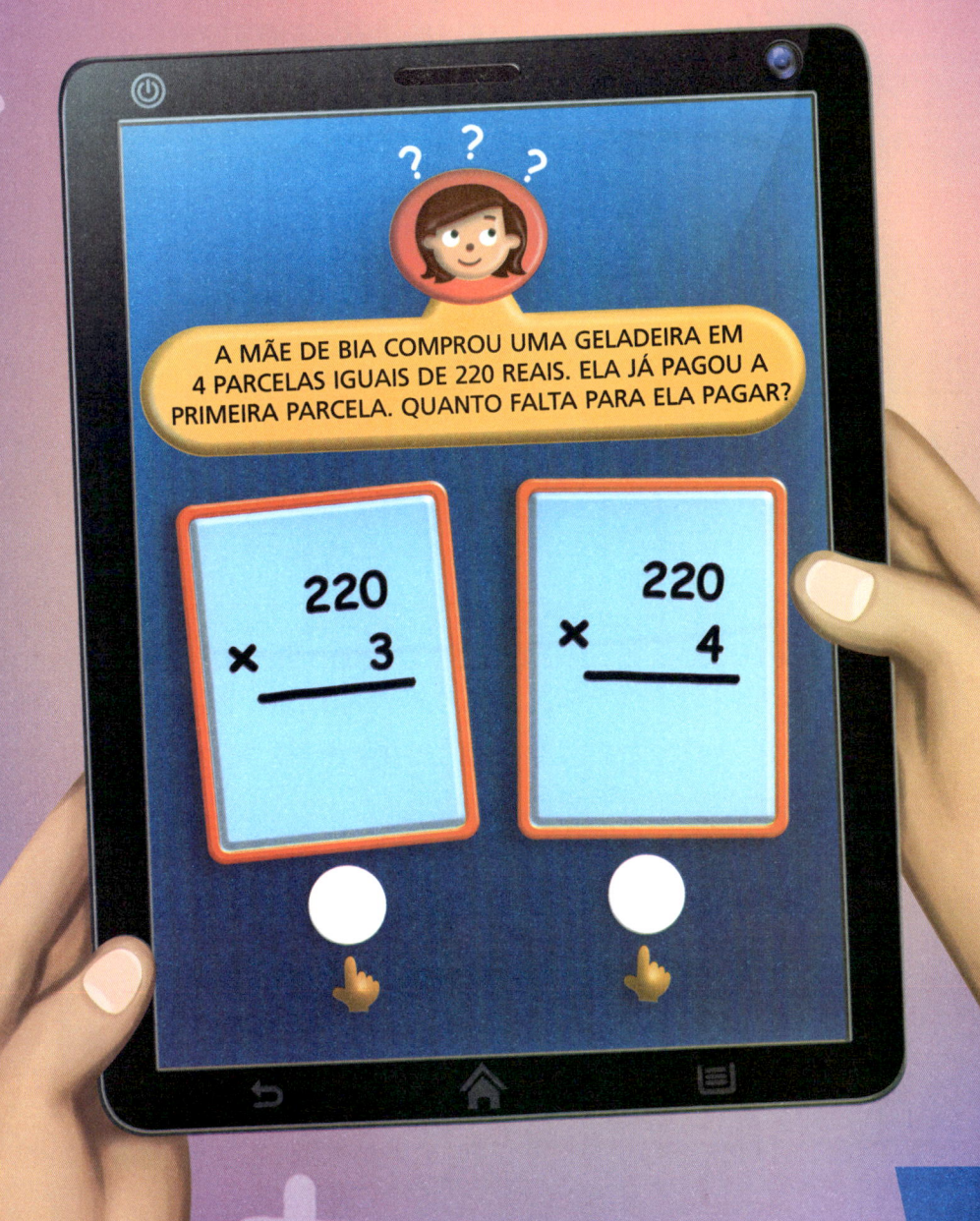

A MÃE DE BIA COMPROU UMA GELADEIRA EM 4 PARCELAS IGUAIS DE 220 REAIS. ELA JÁ PAGOU A PRIMEIRA PARCELA. QUANTO FALTA PARA ELA PAGAR?

220
× 3
―――

220
× 4
―――

NESTA UNIDADE VAMOS EXPLORAR:
- Adição e subtração com reagrupamento.
- Situações de multiplicação.
- Situações de divisão.

189

ADIÇÃO E SUBTRAÇÃO COM REAGRUPAMENTO

> PARA RESOLVER AS SITUAÇÕES PROPOSTAS, FAÇA DESENHOS, USE TAMPINHAS, FICHAS, NOTAS E MOEDAS DO **MATERIAL PARA DESTACAR** OU O **MATERIAL DOURADO**.

1. No fim do ano, a prefeitura fará uma grande árvore de Natal com garrafas PET. A escola de Miriam conseguiu 2 128 garrafas, e a escola de Joel, 2 912 garrafas. Quantas garrafas as duas escolas conseguiram juntas?

a) Efetue o cálculo como preferir.

b) Joel estimou o resultado arredondando os números para a centena inteira mais próxima. Miriam calculou o resultado exato usando a decomposição. Termine de fazer os cálculos.

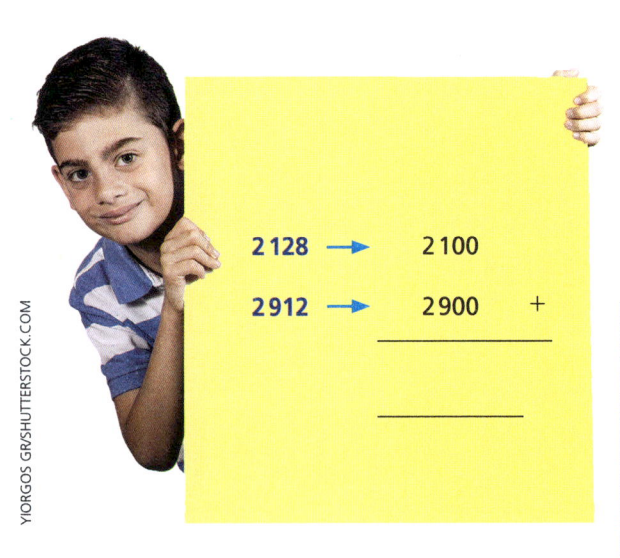

2 128 → 2 100
2 912 → 2 900 +
_____
_____

2 128 → 2 000 + 100 + 20 + 8
2 912 → 2 000 + 900 + 10 + 2

☐ + ☐ + ☐ + ☐

☐

- Na sua opinião, a estimativa feita por Joel foi boa?

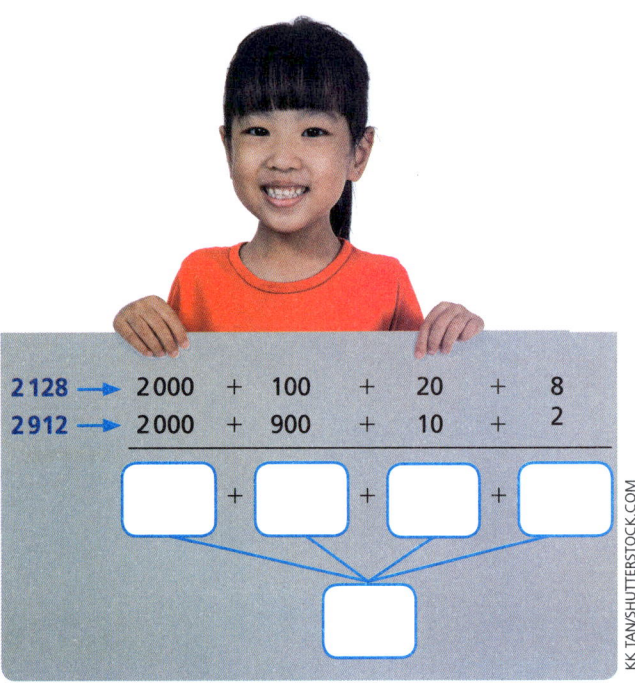

2. A mãe de Edilson é veterinária e acompanha a gravidez de cães, gatos e outros animais. O hospital em que trabalha conseguiu comprar um aparelho de ultrassom veterinário em 4 parcelas de 2 135 reais.

O hospital já pagou a primeira parcela. Quanto falta pagar?

_____

a) Termine de fazer o cálculo de Edilson.

EU SEI QUE: 2 135 = = 2 000 + 100 + + 30 + 5

2000 + 2000 + 2000 = ☐

100 + 100 + 100 = ☐

30 + 30 + 30 = ☐

5 + 5 + 5 = ☐ +

☐

b) Pense em uma estratégia diferente da de Edilson para fazer esse cálculo.

3. Júnior está treinando para uma maratona estudantil. Ontem ele correu 3 000 metros. Hoje pretende correr 4 000 metros.

a) Veja a representação na reta numérica da distância que Júnior correu ontem:

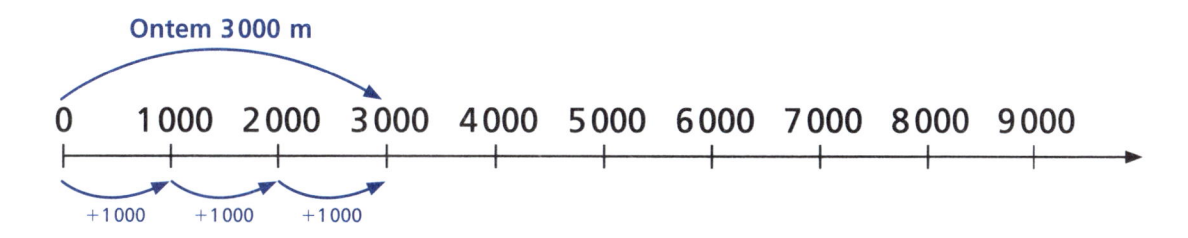

Ontem 3 000 m

0   1000   2000   3000   4000   5000   6000   7000   8000   9000

+1 000   +1 000   +1 000

b) Represente na reta numérica a distância que Júnior pretende correr hoje e descubra o total de metros que ele correrá nesses dois dias.

_____

4. Observe esta adição representada na reta numérica:

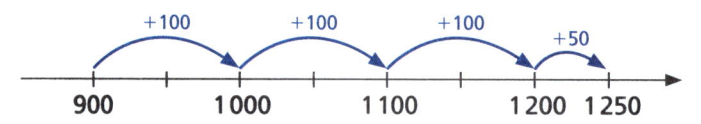

```
        +100    +100    +100   +50
    900    1000    1100    1200 1250
```

a) Que adição é essa? _____

b) Escreva um problema que possa ser resolvido com esse cálculo.

_____

_____

_____

_____

_____

TRABALHANDO COM O CÁLCULO MENTAL

1 UM COM 2 U SÃO 1002.

1 UM COM 2 D SÃO 1020.

1 UM COM 2 C SÃO 1200.

Calcule mentalmente as seguintes somas:

- 2 000 + 1 000 = _____
- 2 000 + 100 = _____
- 2 000 + 10 = _____
- 2 000 + 1 = _____

- 3 000 + 400 + 5 = _____
- _____ = 3 000 + 400 + 50
- 3 000 + 40 + 5 = _____
- _____ = 3 000 + 400 + 50 + 1

5. Várias escolas da cidade participaram de uma campanha promovida pela prefeitura para juntar lacres de latinhas de alumínio para trocar por cadeiras de rodas. A escola de Lucy juntou 1099 lacres em um mês, e 921 no mês seguinte. Qual o total de lacres que a escola de Lucy juntou?

a) Arredonde as parcelas para a centena inteira mais próxima e faça uma estimativa do total. _____

b) Acompanhe o cálculo no Quadro de Ordens: inicialmente adicionamos as unidades, depois trocamos 10 **U** por 1 **D**. Continue o cálculo. Use o Material Dourado para realizar as trocas.

UM	C	D	U
1	1	1	
1	0	9	9
+	9	2	1

c) Para fazer esse cálculo podemos usar a **decomposição** de parcelas.

(1 000 + 90 + 9) + (900 + 20 + 1) =

d) A sua estimativa foi boa?

6. A mãe de Kim vai aproveitar o desconto oferecido pelo *site* de uma loja para comprar esta impressora. Quanto ela irá pagar nessa compra se pagar à vista? _____

IMPRESSORA JATO DE TINTA COLORIDA
2 000 REAIS EM 5 PARCELAS IGUAIS.
DESCONTO DE 350 REAIS PARA PAGAMENTO À VISTA.

EU SEI QUE 2000 − 300 = 1700!

a) Como o cálculo pensado por Kim pode ajudar na solução do problema?

b) Proponha outra estratégia de cálculo para resolvê-lo.

7. Mara, que é doceira, teve uma encomenda de 1 000 docinhos. Ela já preparou 300 docinhos pela manhã e 400 docinhos à tarde. O restante ela vai preparar à noite.

a) Veja a representação na reta numérica dos docinhos preparados pela manhã:

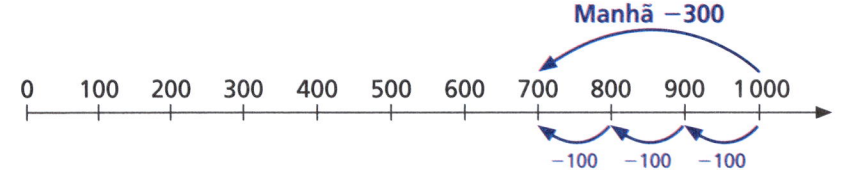

b) Represente na reta numérica acima a quantidade de docinhos preparados à tarde e descubra quantos docinhos faltam para ela preparar à noite.

8. Observe a subtração representada na reta numérica:

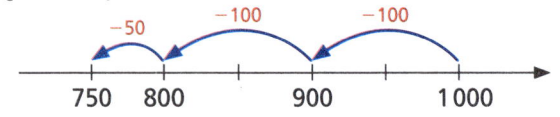

- Que subtração é essa? _____

TRABALHANDO COM O CÁLCULO MENTAL

a) Calcule mentalmente as seguintes diferenças:

- 10 − 1 = _____
- 100 − 10 = _____
- 1 000 − 100 = _____

- _____ = 40 − 5
- _____ = 400 − 50
- _____ = 4 000 − 500

b) João deu uma nota de 100 reais para pagar uma conta de 68 reais. Veja a maneira como ele calcula o troco.

100 − 68? JÁ SEI! SE EU TIRAR 1 REAL DE 100 REAIS E 1 REAL DE 68 REAIS, O TROCO CONTINUARÁ SENDO O MESMO...

```
100  −1→  99
− 68 −1→ − 67
─────    ─────
  ?        32
```

- Calcule 100 − 68 e 99 − 67. O que você observou?

c) Usando a estratégia de João, calcule as diferenças:

- 200 − 72 = _____
- 1 000 − 698 = _____

9. A diretora da escola fez um orçamento para a reforma dos brinquedos do parquinho. Ela descobriu que, dos 3 000 reais necessários, seria possível um desconto e fazer toda a reforma por 2 519 reais. Quanto a escola pagaria a mais antes da pesquisa da diretora?

FAÇA UMA ESTIMATIVA DO RESULTADO. DEPOIS, EFETUE O CÁLCULO E VERIFIQUE SE A SUA ESTIMATIVA FOI BOA.

10. Sônia tinha um saldo de 2 260 reais em sua conta no banco. Pagou o aluguel no valor de 1 271 reais. Com que saldo ela ficou?

> PARA OBTER O VALOR ESTIMADO, SUBTRAIA OS VALORES ARREDONDADOS.

a) Estime o saldo de Sônia após o pagamento, arredondando os valores para as centenas inteiras mais próximas.

• A centena exata mais próxima de 2 260 é _____.

• A centena exata mais próxima de 1 271 é _____.

• Valor estimado: _____ reais.

b) Acompanhe o cálculo no Quadro de Ordens e complete os registros. Use o Material Dourado para realizar as trocas.

Primeiro, calculamos a diferença entre as unidades.

UM	C	D	U
		5	10
2	2	6̶	0̶
− 1	2	7	1

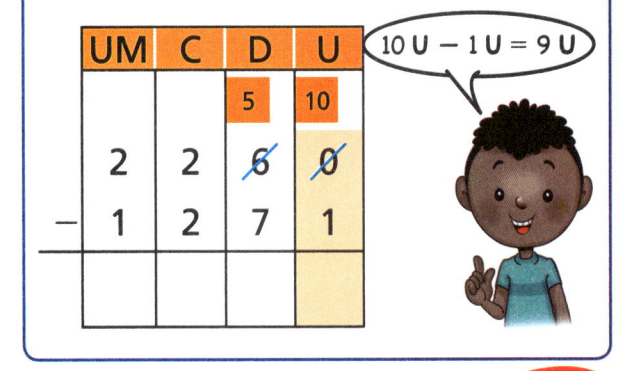

10 U − 1 U = 9 U

Depois, calculamos a diferença entre as dezenas.

UM	C	D	U
	1	15	10
2	2̶	6̶	0̶
− 1	2	7	1

15 D − 7 D = 8 D

Calculamos a diferença entre as centenas.

UM	C	D	U
1	11	15	10
2̶	2̶	6̶	0̶
− 1	2	7	1

11 C − 2 C = 9 C

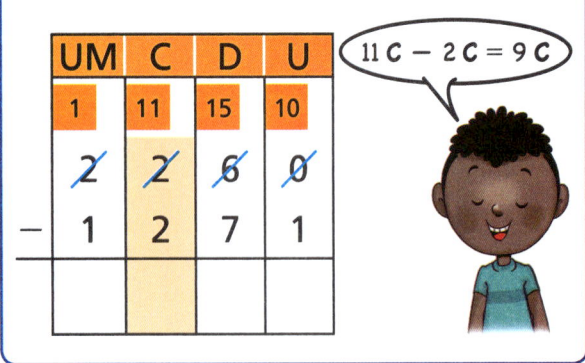

Finalmente, calculamos a diferença entre as unidades de milhar.

UM	C	D	U
1	11	15	10
2̶	2̶	6̶	0̶
− 1	2	7	1

1 UM − 1 UM = = 0 UM

11. Crie um problema para ser resolvido pelo cálculo 2 362 − 1 149.

_____

Para calcular a diferença, podemos usar a decomposição.
Lembre-se de que:
- 2 362 = 2 000 + 300 + 60 + 2 ou, ainda,
  2 362 = 2 000 + 300 + 50 + 12.
- 1 149 = 1 000 + 100 + 40 + 9

12. Reúna-se com um colega. Cada um inventa um problema com os dados do esquema abaixo e passa para o colega resolver. Depois, vocês conversam sobre as soluções.

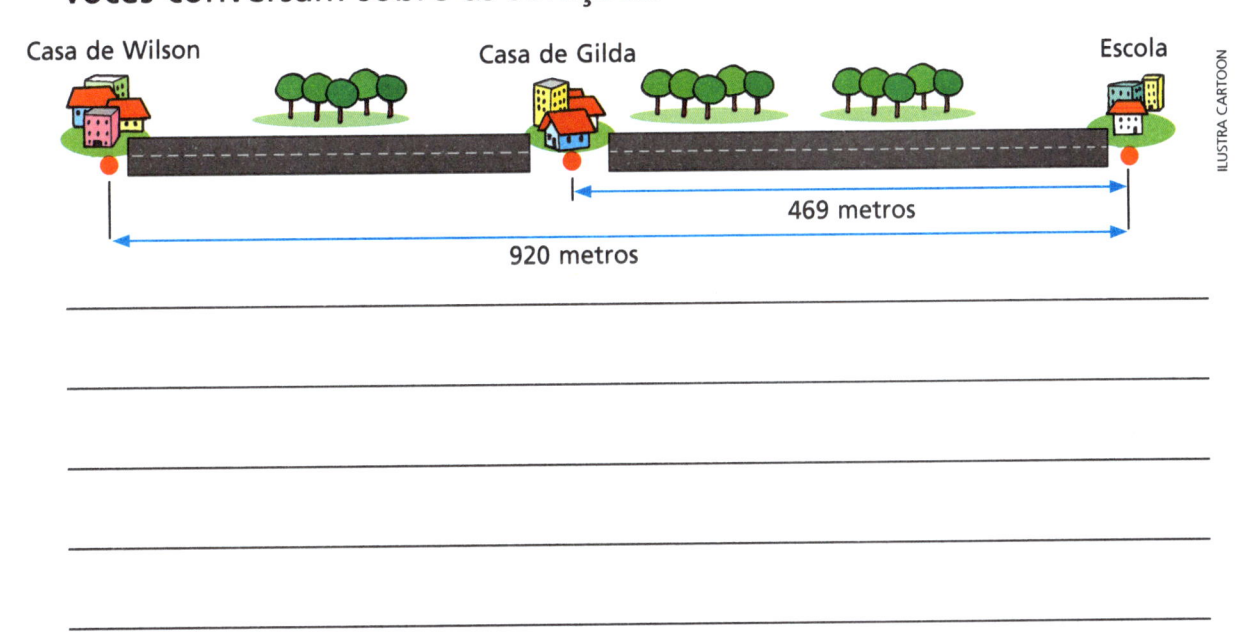

Casa de Wilson   Casa de Gilda   Escola

469 metros (da Casa de Gilda até a Escola)
920 metros (da Casa de Wilson até a Casa de Gilda)

_____

TRATANDO A INFORMAÇÃO

A prefeitura da cidade organizou um festival de teatro com peças inspiradas em alguns contos infantis dos irmãos Grimm. Uma pesquisa revelou a peça preferida dos alunos das escolas da cidade. Veja o resultado no gráfico.

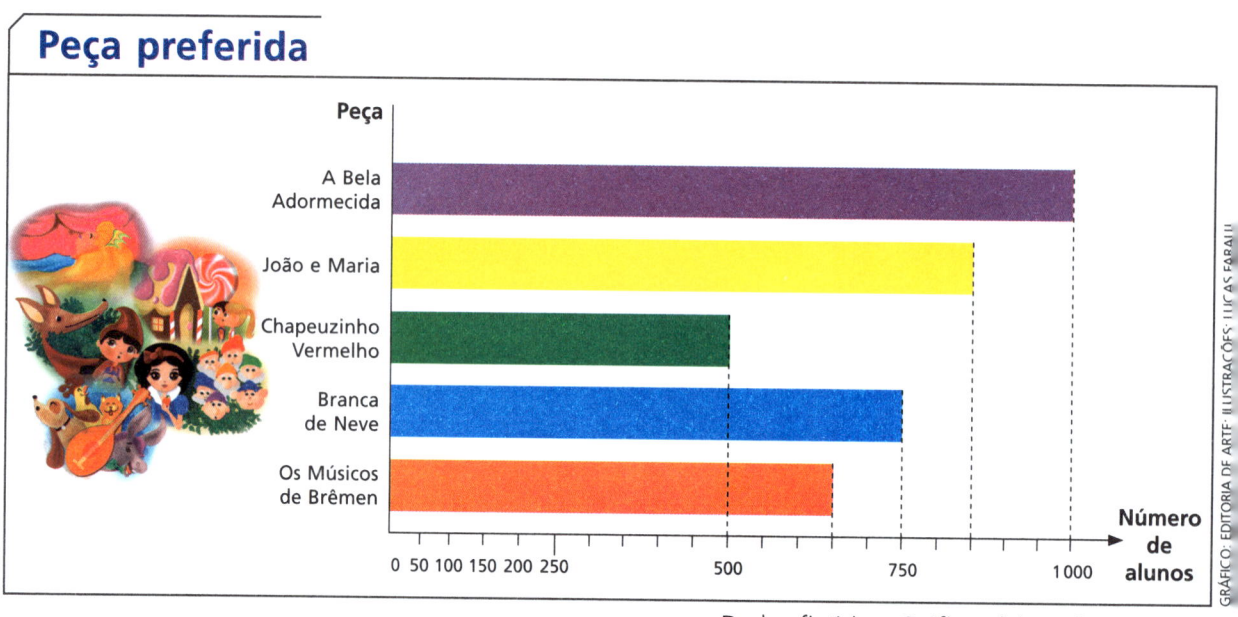

Peça preferida

Peça	Número de alunos
A Bela Adormecida	1 000
João e Maria	850
Chapeuzinho Vermelho	500
Branca de Neve	750
Os Músicos de Brêmen	650

Dados fictícios. Gráfico elaborado em 2017.

Sabendo que cada aluno fez uma única escolha, responda:

a) Que peça foi a mais votada? _____

b) Quantos alunos escolheram:

   • Os Músicos de Brêmen? _____

   • João e Maria? _____

   • Branca de Neve? _____

> PARA DESCOBRIR O NÚMERO DE ALUNOS, É SÓ CONTAR OS TRACINHOS DE 50 EM 50.

c) A peça mais votada teve quantos votos a mais que a segunda colocada? _____

d) De acordo com as informações do gráfico, o que indica a adição 1 000 + 850 + 750 + 650 + 500? Calcule a soma.

_____

198

MULTIPLICAÇÃO

1. A escola fez uma pesquisa de preço pela internet para adquirir um *tablet* e um *notebook* para o laboratório de informática. Esta foi a loja virtual que apresentou as melhores ofertas:

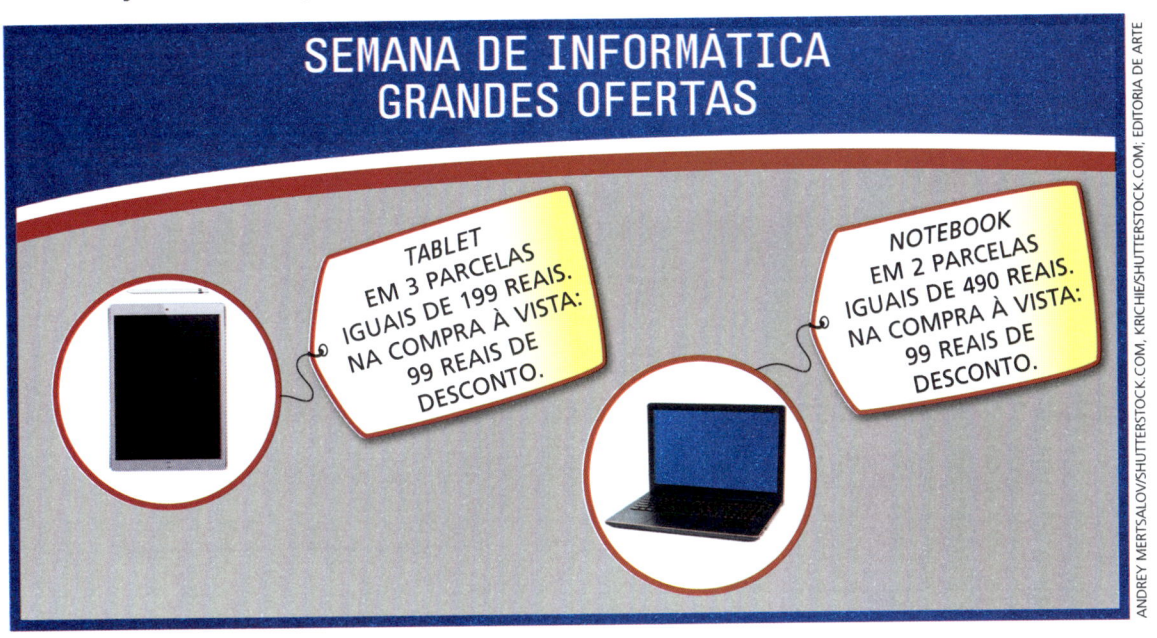

**SEMANA DE INFORMÁTICA
GRANDES OFERTAS**

TABLET EM 3 PARCELAS IGUAIS DE 199 REAIS. NA COMPRA À VISTA: 99 REAIS DE DESCONTO.

NOTEBOOK EM 2 PARCELAS IGUAIS DE 490 REAIS. NA COMPRA À VISTA: 99 REAIS DE DESCONTO.

a) Veja como Elen pensou para calcular o preço parcelado do *tablet* sem o desconto.

> É SÓ MULTIPLICAR 200 REAIS POR 3 E SUBTRAIR 3 REAIS!

- Troque ideias com seus colegas sobre a forma como Elen pensou.

b) Usando o mesmo raciocínio, calcule o preço do *notebook* sem o desconto.

c) Qual é o preço à vista de cada produto?

2. Dois irmãos cortaram juntos bandeirinhas para enfeitar a festa da rua em que moram. O mais novo cortou 55 bandeirinhas, e o mais velho o **quádruplo** dessa quantidade.

a) Quantas bandeirinhas cortou o irmão mais velho?

_____

b) Acompanhe a resolução dessa situação-problema pela decomposição e com o uso do algoritmo da multiplicação. Complete os cálculos.

Decompomos o número 55 em 50 + 5.

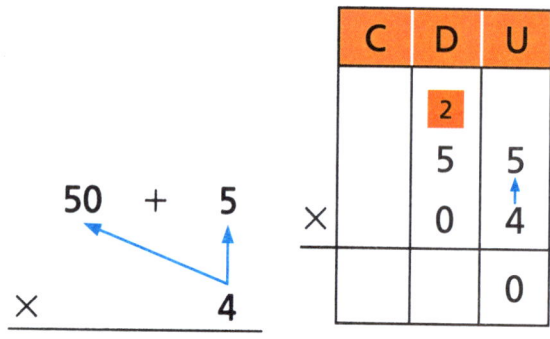

C	D	U
	2	
	5	5
×	0	4
		0

$4 \times 5 =$ _____.
Como 20 = 2 **D**, escrevemos 0 na casa das unidades e reservamos 2 **D**.

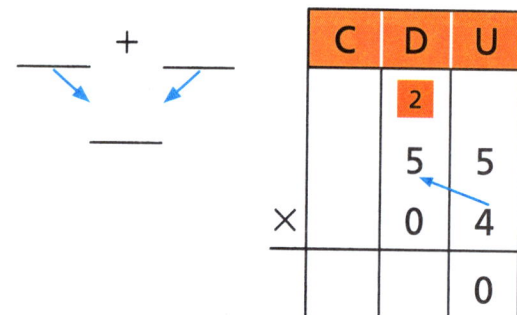

C	D	U
	2	
	5	5
×	0	4
		0

Em seguida, calculamos

4×5 **D** = _____ **D**

20 **D** + 2 **D** = _____ **D**

22 **D** = _____ **C** + _____ **D**

O irmão mais velho cortou _____ bandeirinhas.

TRABALHANDO COM O CÁLCULO MENTAL

Quantos reais há no total? Calcule mentalmente e, depois, registre.

6 notas de 50 com 4 notas de 20.

6 × _____ + 4 × _____

_____ + _____ = _____ reais.

3. A praça em frente à escola ganhou canteiros novos para receber mudas de plantas. Uma empresa doou 13 caixas com mudas de flores, como essa da figura ao lado. Cinco dessas caixas tinham mudas de flores vermelhas, e 8 tinham mudas de flores brancas. Quantas mudas:

a) havia em cada caixa?

b) eram de flores vermelhas?

c) eram de flores brancas?

4. Rita é taxista e depende do celular para trabalhar. Como o celular dela quebrou, Rita resolveu comprar outro. Na internet, ela encontrou o anúncio ao lado.
Rita soube que no fim de semana esse aparelho será vendido com um desconto de 48 reais.

CELULAR 16 GB
À VISTA OU EM 3 PARCELAS IGUAIS DE 297 REAIS.

• Se não quiser esperar pela promoção, quanto Rita pagará pelo celular? _____

QUAL É A SUA OPINIÃO?

Troque ideias com os seus colegas.

a) Qual é a importância de pesquisar preços antes de realizar uma compra?

b) Rita deve esperar pela promoção do fim de semana?

5. A escola arrecadou 1431 quilogramas de alimentos para vítimas de uma enchente.
A meta é dobrar os quilogramas arrecadados.

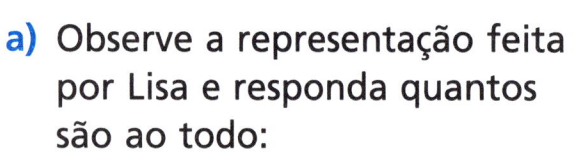

VOU CALCULAR O DOBRO DESSA QUANTIDADE USANDO O MATERIAL DOURADO.

a) Observe a representação feita por Lisa e responda quantos são ao todo:

- os cubos de milhar. _____
- as placas de centena. _____
- as barrinhas de dezena. _____
- os cubinhos de unidade. _____

b) Quantos quilogramas de alimentos a escola pretende arrecadar ao todo? _____

6. Carlos atrasou as parcelas dos móveis que havia comprado. Então, ele voltou à loja e negociou a dívida em três parcelas iguais de 1312 reais.

USE O MATERIAL DOURADO E CALCULE O TOTAL DA DÍVIDA DE CARLOS.

7. Pinte de uma mesma cor os cartões que apresentam o mesmo produto.

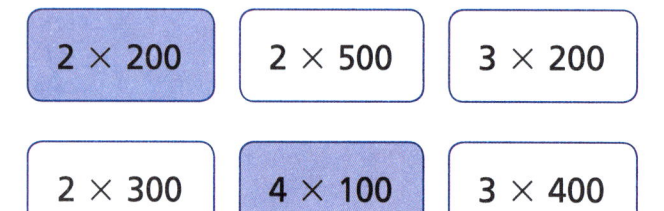

| 2 × 200 | 2 × 500 | 3 × 200 |

| 2 × 300 | 4 × 100 | 3 × 400 |

| 4 × 300 | 5 × 200 |

O DOBRO DE 200 É IGUAL AO QUÁDRUPLO DE 100.

2 × 200 = 4 × 100
400 = 400

202

TRABALHANDO COM O CÁLCULO MENTAL

a) Heitor e Luci calculam mentalmente o quádruplo de 1500.

4 × 1500
2 × 2 × 1500
2 × 3000
6000

4 É O MESMO QUE 2 VEZES 2.

PRIMEIRO, EU CALCULO O DOBRO DE 1500, QUE É 3000.

DEPOIS, CALCULO O DOBRO DE 3000, QUE É 6000.

1500 É IGUAL A 1000 MAIS 500.

EU CALCULO 4 × 1000, QUE DÁ 4000.

EM SEGUIDA, CALCULO 4 × 500, QUE DÁ 2000.

DEPOIS, EU ADICIONO 4000 A 2000. DÁ 6000.

1000 + 500
×   4
4000 + 2000
6000

Calcule mentalmente as multiplicações.

- 4 × 1400 = _____
- 4 × 2100 = _____
- 4 × 2300 = _____

b) Veja a estratégia de Artur para efetuar multiplicações:

PARA CALCULAR 3 × 1233, BASTA PENSAR EM 1233 COMO 1000 + 200 + 30 + 3 E MULTIPLICAR CADA PARCELA POR 3!

3 × 1000 = 3000
3 × 200 = 600
3 × 30   =   90
3 × 3   =   9 +
                3699

c) Agora, calcule assim:

- 2 × 1422 = _____
- 3 × 3141 = _____

DIVISÃO

1. Sara e Ema vão comprar uma impressora juntas. Veja o anúncio que elas encontraram em uma queima de estoque de uma loja:

IMPRESSORA MULTIFUNCIONAL JATO DE TINTA
RESOLUÇÃO DE ATÉ 4 800 DPI E CONEXÃO USB SÓ HOJE 448 REAIS À VISTA ou EM DUAS PARCELAS NO CARTÃO DE CRÉDITO.

VAMOS DIVIDIR O VALOR MEIO A MEIO.

TUDO BEM. MAS QUANTO EU VOU TER DE PAGAR?

Se elas comprarem a impressora à vista, quanto cada uma deve pagar?

a) Marque com X o item que representa a melhor estimativa de quanto cada uma deve pagar.

b) Confira se as estratégias usadas por Luiz e Miro estão corretas.

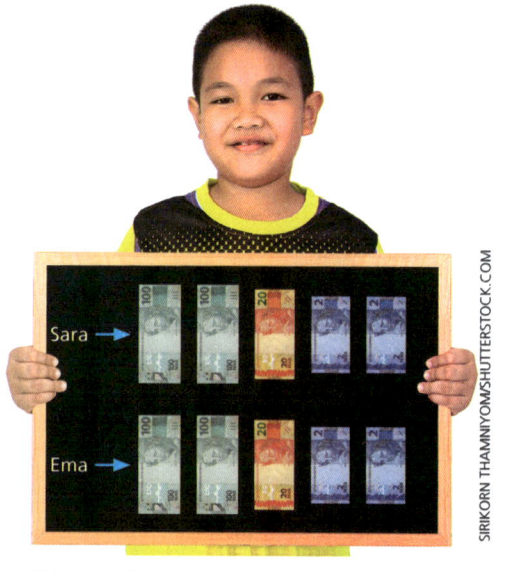

- Eles chegaram ao mesmo resultado? _____

c) Confira esta outra estratégia usada por Cláudio e complete o cálculo:

"USANDO A DECOMPOSIÇÃO DÁ PARA FAZER OS CÁLCULOS DE CABEÇA."

448 = 400 + 40 + 8
      ↓:2   ↓:2   ↓:2
      □ + □ + □ = □

2. Na loja, Sara e Ema negociaram e conseguiram um desconto de 24 reais para o pagamento à vista.

   a) Quanto elas vão pagar pela impressora com o desconto?

   b) Dividindo o valor da impressora igualmente entre as duas, quanto cada uma deve pagar? Calcule da maneira que preferir.

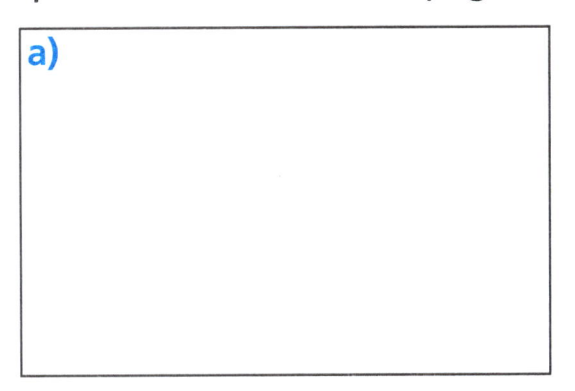

   a)

   b)

3. Veja como Danilo fez os cálculos na hora de dividir a despesa de 115 reais do lanche igualmente entre ele e os quatro amigos.

   100 : 5 = 20
       E
   15 : 5 = 3
   20 + 3

   a) Explique como Danilo efetuou a divisão 115 : 5.

   b) Quanto cada amigo vai pagar? _____

4. Encontre os quocientes das divisões usando a estratégia de Danilo.

a) 144 : 6 = _____ b) 238 : 7 = _____ c) 344 : 8 = _____

5. No teatro da escola há 248 cadeiras, dispostas em 8 fileiras iguais. Quantas cadeiras há em cada fileira?

6. Um edifício tem 6 apartamentos por andar, num total de 114 apartamentos. Quantos andares tem esse edifício?

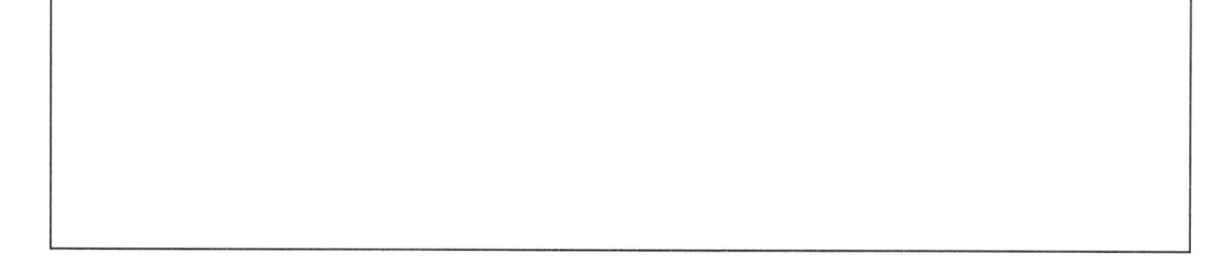

QUAL É A CHANCE?

O que deve ser feito para que, sem olhar, a chance de sortear 🔴 ou 🔵 seja a mesma em cada pote? Troque ideias com seus colegas.

7. O clube da cidade vai ampliar a área de lazer para as crianças, adquirindo um brinquedo para o *playground*.

a) Marque com um ✘ o item que representa a melhor estimativa de quanto será cada uma das parcelas se o brinquedo escolhido for este:

☐ 1 000 reais.

☐ 1 200 reais.

☐ 2 000 reais.

☐ 2 200 reais.

BRINQUEDO PARA *PLAYGROUND*
DE 6 000 REAIS
POR 4 820 REAIS
EM 4 PARCELAS IGUAIS.

b) Qual é o valor de cada parcela? Francisca fez a divisão mentalmente. Termine o cálculo proposto por ela.

4820 : 2 = 2410

e

2410 : 2 = ☐

É SÓ PENSAR NA METADE DA METADE!

c) Este grupo propôs outra resolução usando o Material Dourado.

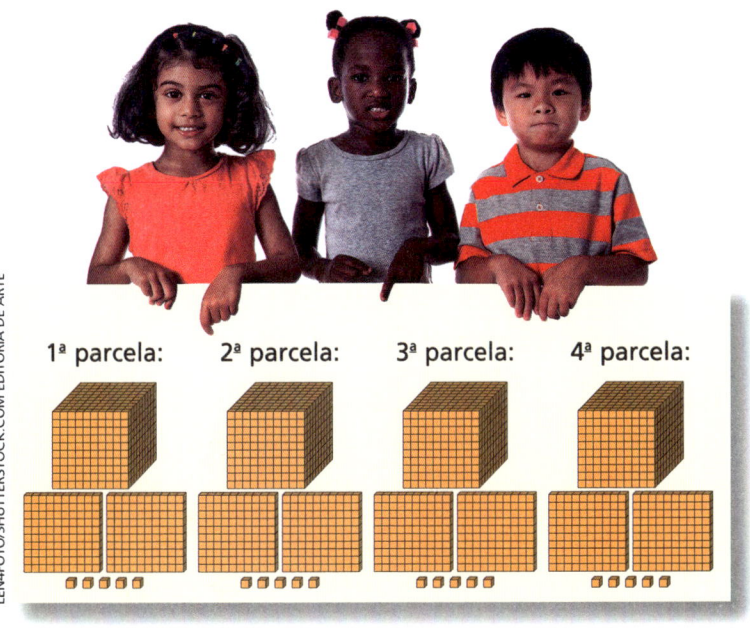

Em cada uma das parcelas, quantos são:

- os cubos de milhar?

  _____

- as placas de centena?

  _____

- as barras de dezena?

  _____

- os cubinhos de unidade?

  _____

1ª parcela: 2ª parcela: 3ª parcela: 4ª parcela:

d) Qual é o valor da parcela que eles encontraram? _____

8. A diretoria do clube pesquisou este outro brinquedo para *playground*.

- Se eles optarem por esse brinquedo, qual será o valor da parcela?

BRINQUEDO PARA *PLAYGROUND*

DE 7 200 REAIS
POR 5 525 REAIS

EM 5 PARCELAS IGUAIS.

TRABALHANDO COM O CÁLCULO MENTAL

a) Pinte da mesma cor os cartões que apresentam o mesmo quociente.

| 600 : 2 | 800 : 4 | 1 000 : 4 |

| 1 200 : 3 | 900 : 3 | 800 : 2 |

| 500 : 2 | 400 : 2 |

É SÓ PENSAR EM 6 : 2 E 9 : 3 QUE DÁ PARA FAZER O CÁLCULO DE CABEÇA!

600 : 2 = 900 : 3
300 = 300

b) Termine de efetuar a divisão 1 488 : 4 proposta por Leila. Depois, efetue a divisão 9 639 : 3 usando a **decomposição**.

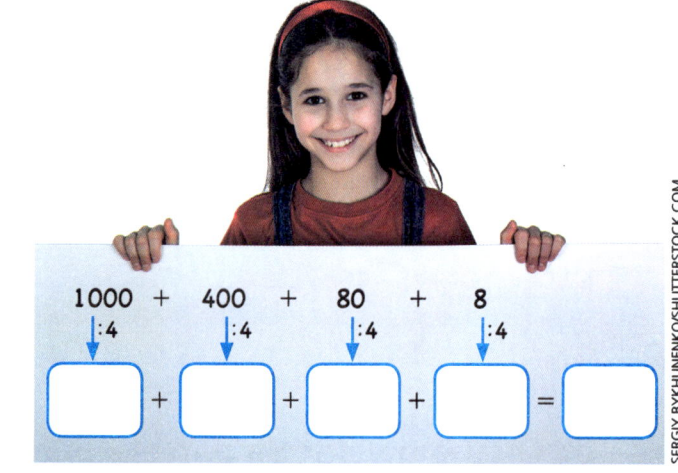

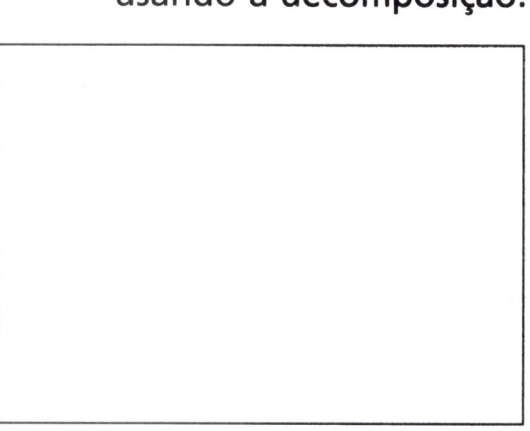

1000 + 400 + 80 + 8
 ↓:4   ↓:4   ↓:4 ↓:4

☐ + ☐ + ☐ + ☐ = ☐

SÓ PARA LEMBRAR

1 A escola será enfeitada para a festa de fim de ano. As bandeirinhas da festa junina foram guardadas e serão aproveitadas. Mas, de um total de 1643 bandeirinhas, 245 estavam rasgadas e tiveram de ser refeitas. Quantas das bandeirinhas guardadas foram aproveitadas?

2 Jane comprou o uniforme de judô para os três filhos. Cada uniforme custou 148 reais. Jane usou 5 notas de reais de igual valor para pagar essa compra.
Faça os cálculos e escreva o que significa o resultado obtido para cada item.

a) $3 \times 148 = $ _____

b) $5 \times 100 = $ _____

c) $500 - 444 = $ _____

3 Uma padaria assa os pães em bandejas com 96 pães distribuídos igualmente em 8 filas. Quantos são os pães em cada fila?

4 Mirela precisa ler um livro de 244 páginas. Já leu 104. Ela chegou à metade do livro? Se não, quantas páginas faltam para isso?

UNIDADE 8

GRANDEZAS E MEDIDAS

Vejam algumas curiosidades sobre a flora brasileira.

A MAIOR E MAIS ANTIGA ÁRVORE BRASILEIRA

Um jequitibá-rosa, com mais de **3 000 anos**, é considerado a maior e mais antiga árvore do Brasil. Ele tem **40 metros de altura** e fica no Parque Estadual de Vassununga, em Santa Rita do Passa Quatro (SP). O parque foi criado em **26 de outubro de 1970**. Para abraçar esse jequitibá são necessários cerca de dez homens de mãos dadas. Estime o comprimento desse abraço.

Texto elaborado pelos autores com base em: André Jorge de Oliveira. Conheça o jequitibá-rosa 'Patriarca', a árvore mais velha do Brasil. **Revista Galileu**, 12 jan. 2015. Disponível em: <http://revistagalileu.globo.com/Ciencia/Biologia/noticia/2015/01/conheca-o-jequitiba-rosa-patriarca-arvore-mais-velha-do-brasil.html>. Acesso em: 9 ago. 2017.

Jequitibá de Santa Rita do Passa Quatro, SP. Foto de 2014.

A MAIOR FOLHA DO MUNDO

A maior folha do mundo é a *Coccoloba spp.*, uma planta encontrada apenas na Floresta Amazônica. Pode chegar a 250 cm de comprimento e 144 cm de largura e pesa cerca de 800 gramas.

A coccoloba está ameaçada de extinção.

Duzentos e cinquenta centímetros é mais ou menos que a sua altura? Oitocentos gramas é mais ou menos que um quilograma?

Texto elaborado pelos autores com base em: Tiago Melo. Em extinção, maior folha do mundo ainda é encontrada no Amazonas. **G1**, 21 jun. 2012. Disponível em: <http://g1.globo.com/am/amazonas/noticia/2012/06/em-extincao-maior-folha-do-mundo-ainda-e-encontrada-no-amazonas.html>. Acesso em: 9 ago. 2017.

Folha de coccoloba em exposição no Museu do Instituto Nacional de Pesquisas da Amazônia (INPA), em 2009.

NESTA UNIDADE VAMOS EXPLORAR:
- Unidades de medidas de comprimento: o centímetro, o milímetro e o metro.
- Comparação de áreas por sobreposição.
- Unidades de medidas de massa: o quilograma, o grama e o miligrama.
- Unidades de medidas de capacidade: o litro e o mililitro.
- Medidas de tempo.

MEDINDO COMPRIMENTOS: MEDIDAS NÃO PADRONIZADAS

1. Meça o comprimento da fita ilustrada usando palitos.

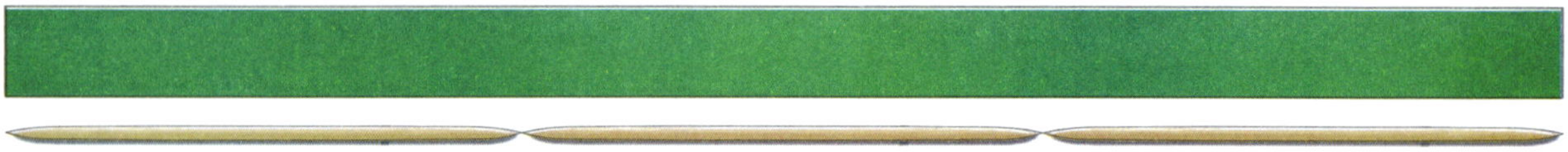

a) O comprimento da fita é de _____ palitos.

b) Dobre o palito até uma ponta encostar na outra, assim. Meça novamente o comprimento da fita usando a metade do palito.

• Quantas metades de palito mede o comprimento da fita? _____

• Observe as respostas dos itens **a** e **b**. O que é possível concluir?

2. Alice mediu o comprimento da mesa usando seu palmo. Emílio não concorda com o resultado da medida de Alice.

> O COMPRIMENTO DA MESA É DE 5 PALMOS!

> PARA MIM O RESULTADO FOI DIFERENTE. EU USEI MEU PALMO E DEU 4 PALMOS E 3 DEDOS!

ILUSTRAÇÕES: EDSON FARIAS

• Por que as crianças não encontraram as mesmas medidas?

#FICA A DICA

Que tal ler **Minha mão é uma régua**, de Kim Seong-Eun, ilustrações de Oh Seung-Min, São Paulo, Callis, 2009?

De que modo o corpo pode ser usado como padrão para medir objetos e espaços? Uma menina muito esperta descobre que pode usar partes do corpo para medir comprimentos.

MEDINDO COMPRIMENTOS: O CENTÍMETRO, O MILÍMETRO E O METRO

1.

— TENHO RÉGUA DE 10, 15 E 30. DE QUAL DELAS VOCÊ VAI PRECISAR?

— COMO ASSIM?

— VOU EXPLICAR, OBSERVE. CADA TRAÇO VERMELHO INDICA 1 CENTÍMETRO NA RÉGUA.

— A DISTÂNCIA ENTRE O ZERO E O TRACINHO QUE CORRESPONDE AO 1 É DE 1 CENTÍMETRO.

— AH, ENTENDI. E A DISTÂNCIA ENTRE O TRACINHO QUE CORRESPONDE AO 1 E O QUE CORRESPONDE AO 2 TAMBÉM É DE 1 CENTÍMETRO.

— ISSO MESMO. E ASSIM POR DIANTE.

— AO TODO, NESTA RÉGUA, ESTÃO REPRESENTADOS 10 CENTÍMETROS.

a) Quantos centímetros estão representados numa régua de 15? _____

b) E na sua régua, quantos centímetros estão representados? _____

— ENTÃO, VOU QUERER UMA RÉGUA DE 15.

2. A escola pediu uma foto 3 por 4 para fazer o crachá dos alunos. Vamos verificar se esta foto que um aluno trouxe é de 3 por 4.

> VOCÊS SABEM O QUE É UMA FOTO 3 POR 4? É A QUE TEM MEDIDAS DE 3 cm POR 4 cm. COM UMA RÉGUA, VAMOS MEDIR A LARGURA.

Com uma régua, Sérgio mediu a largura.

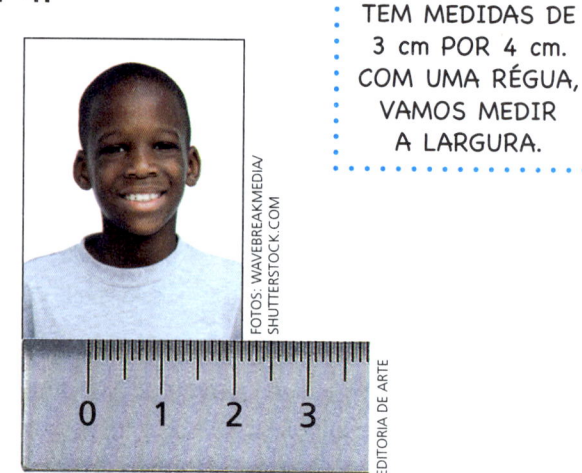

a) Qual das duas maneiras de colocar a régua é a correta?

_____

_____

b) Use a régua e confira a medida da largura da foto.

_____

c) Agora, use a régua e meça a altura dessa foto.

_____

3. Você tem algum documento em que aparece uma foto 3 por 4? Use a sua régua e confira essas medidas.

4. Pegue sua régua e observe os números escritos nela. Veja que do 1 ao 5 há 4 centímetros.

> O CENTÍMETRO É UMA UNIDADE DE MEDIDA DE COMPRIMENTO. O SÍMBOLO DO CENTÍMETRO É **cm**.

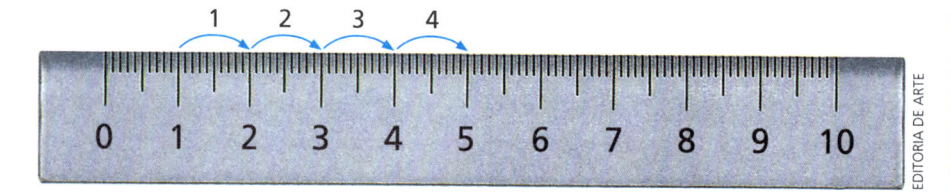

Quantos centímetros há:

a) do 2 ao 7? _____

b) do 6 ao 9? _____

c) do 4 ao 10? _____

d) do 1 ao 8? _____

5. Os clipes têm medidas de comprimento diferentes. Observe a régua e responda:

a) Quantos centímetros de comprimento tem cada clipe?

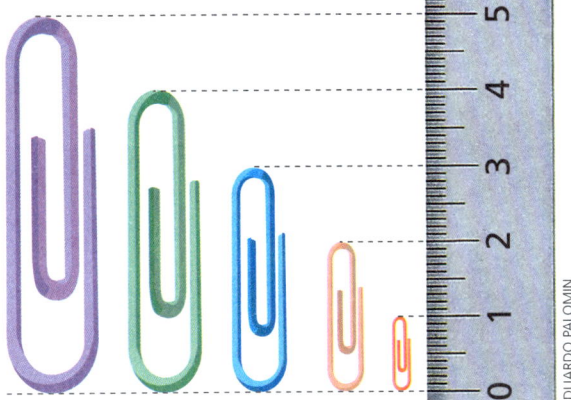

_____

_____

_____

b) Quantos centímetros de comprimento o clipe maior tem a mais que o menor?

_____

c) Quantos centímetros de comprimento o clipe azul tem a menos que o roxo? _____

6. Este é o lápis que Alan está usando para pintar o cartaz.

Ele mede **mais de 10 cm** e **menos de 11 cm**, ou seja, mede **entre 10 cm** e **11 cm**.

Observe o lápis de Alan e estime quanto mede o:

a) _____ de Bruna.

Mais de _____ cm e menos de _____ cm.

b) _____ de Raul.

Entre _____ cm e _____ cm.

c) _____ de Giovana.

Mais de _____ cm e menos de _____ cm.

215

7. Fernando observou na régua aqueles tracinhos menores entre os centímetros e resolveu pesquisar o que significam.

- Junto com seu grupo, faça essa pesquisa também. Troque ideias com os outros grupos sobre o que descobriram.

FIQUE SABENDO

Na régua graduada em centímetro, a distância entre o 0 e o primeiro tracinho é 1 milímetro. Do primeiro ao segundo tracinho também é 1 milímetro. E assim por diante.

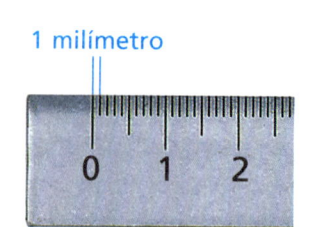

1 milímetro

O MILÍMETRO É UMA UNIDADE DE MEDIDA DE COMPRIMENTO. O SÍMBOLO DO MILÍMETRO É **mm**.

8. Agora, observe a régua e responda: em 1 centímetro há quantos milímetros? _____

9. Clara e Diogo usaram a régua para medir o comprimento deste lápis.

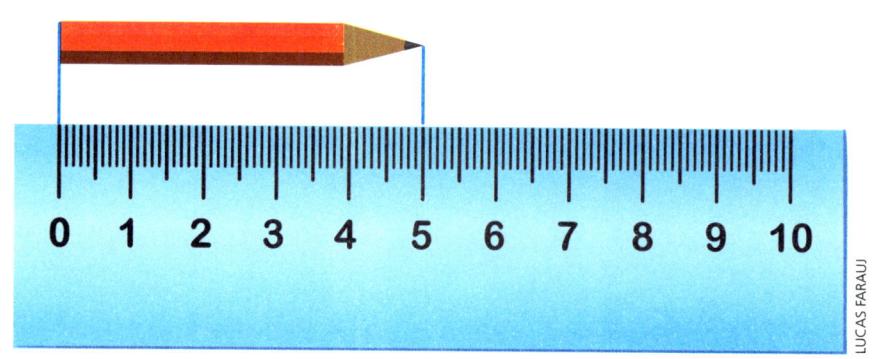

Vejam as respostas que eles deram.
- Quem deu a resposta certa? Por quê? Troque ideias com seus colegas.

5 cm. 50 mm.

10. Dê as medidas dos lápis em centímetros (cm) e milímetros (mm).

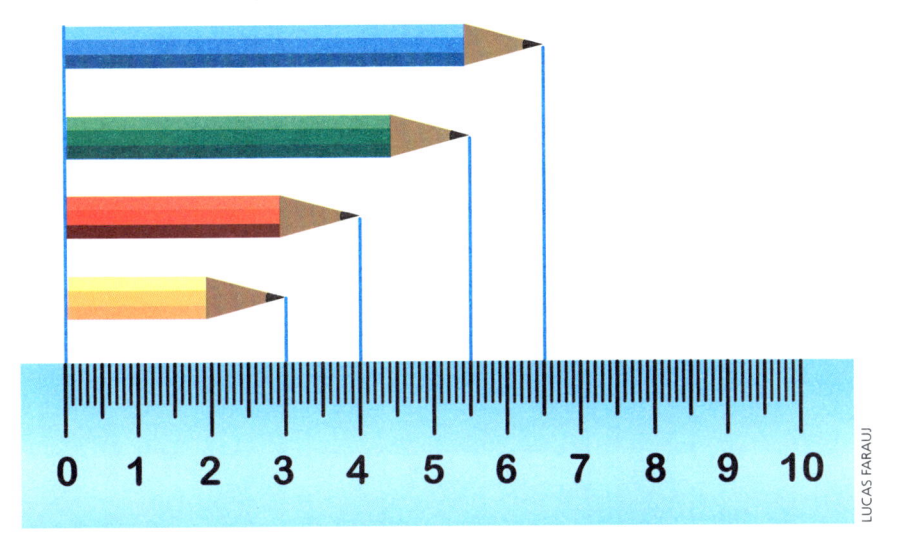

- lápis amarelo: _____.
- lápis verde: _____.
- lápis vermelho: _____.
- lápis azul: _____.

11. Você já viu estes instrumentos de medida? Pesquise para descobrir seus nomes e como costumam ser usados.

_____   _____   _____

_____   _____   _____

QUAL É A SUA OPINIÃO?

Por que as costureiras usam a fita métrica para tirar medidas e não o metro articulado ou a trena?

12. A fita métrica de 1 metro é dividida em 100 partes iguais. Cada uma dessas partes representa 1 centímetro.

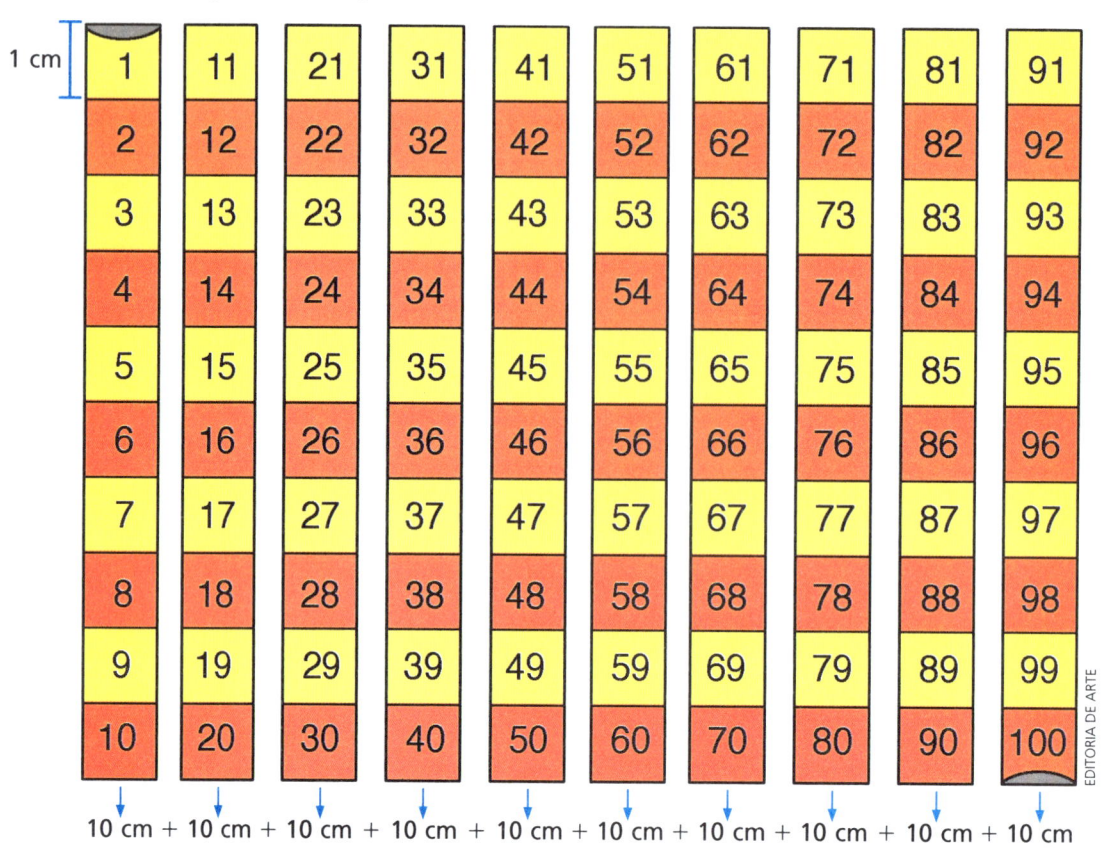

10 cm + 10 cm + 10 cm + 10 cm + 10 cm + 10 cm + 10 cm + 10 cm + 10 cm + 10 cm

Agora, complete.

a) Em 1 metro temos _____.

b) Meio metro é formado por _____.

c) A quarta parte de um metro é formada por _____.

> O METRO É UMA UNIDADE DE MEDIDA DE COMPRIMENTO. O SÍMBOLO DO METRO É **m**.
> **MEIO METRO** É O MESMO QUE A METADE DE 1 METRO.
> 1 m = 100 cm
> 1 cm = 10 mm
> 1 m = 1000 mm
> 1 METRO EQUIVALE A 1000 MILÍMETROS.

13. Escolha a unidade de medida mais apropriada para medir o comprimento:

a) Do pátio da escola. _____

b) Do seu palmo. _____

c) De uma formiga. _____

14. Observe a altura de Renato. Ele tem 1 metro e 50 centímetros ou, ainda, 150 centímetros de altura.

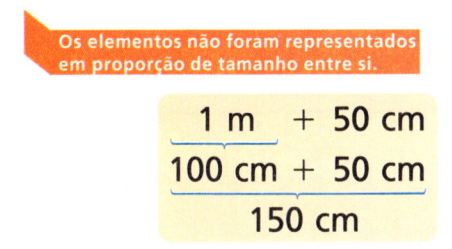

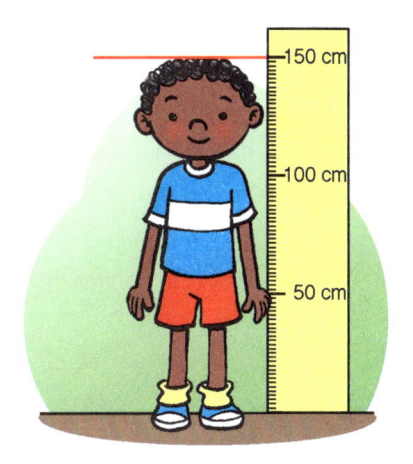

Os elementos não foram representados em proporção de tamanho entre si.

$$\underline{1\ m} + 50\ cm$$
$$100\ cm + 50\ cm$$
$$150\ cm$$

Observe também as alturas de Sandro e Anita.

125 cm
DIFERENÇA
111 cm

a) Escreva de duas maneiras diferentes:
- a altura de Sandro:
  _____
- a altura de Anita:
  _____

b) Qual é a diferença de altura entre eles? _____

15. Que tal medir a sua altura? Descalço, deite-se sobre um tapete. Mantendo as pernas unidas, encoste os pés em uma parede e estique-se bem. Depois, coloque um livro, por exemplo, encostado à sua cabeça, como representado na imagem.

Levante-se. Com uma fita métrica ou uma trena, meça essa distância em linha reta. Então, qual é a sua altura?

_____
_____

16. A turma da classe de Pablo mediu a largura e o comprimento da sala de aula e indicou essas medidas no esquema ao lado.

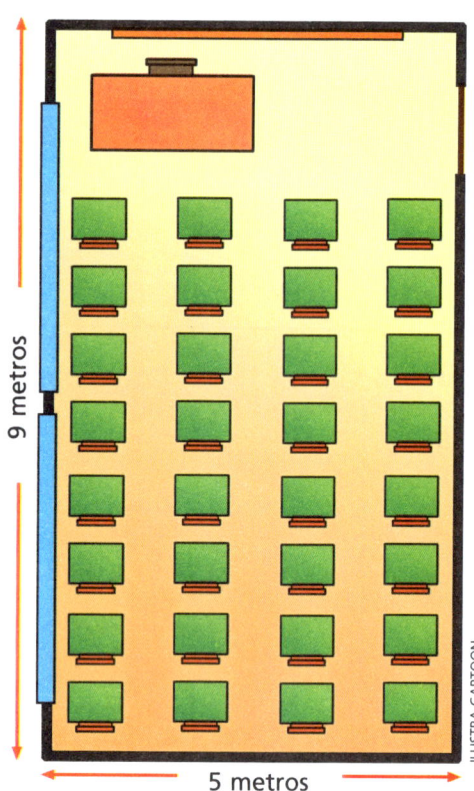

As medidas obtidas foram:

• comprimento: _____.

• largura: _____.

17. O professor explicou aos alunos o que era perímetro e pediu que eles usassem as medidas obtidas para calcular o perímetro dessa sala. Mas os alunos ficaram em dúvida sobre estas duas maneiras de fazer o cálculo:

> A MEDIDA DO CONTORNO DA SALA É CHAMADA DE PERÍMETRO DA SALA.

1ª maneira: 9 metros + 5 metros + 9 metros + 5 metros.

2ª maneira: 2 × 9 metros + 2 × 5 metros.

• Na sua opinião, qual dessas maneiras de calcular é correta? Qual é o perímetro da sala de aula de Pablo?

_____

_____

COMPARANDO ÁREAS POR SOBREPOSIÇÃO

1. Para esta atividade, use as peças do tangram da página 267 que você destacou.

a) Pegue um △ , um △ e um △ .

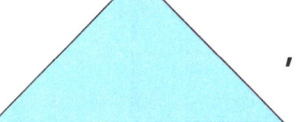

Sobreponha os triângulos para compará-los.

b) Desses triângulos que você comparou:

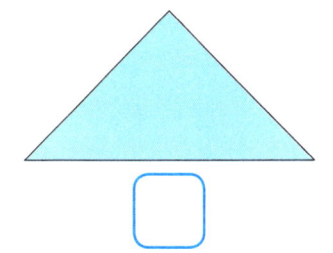

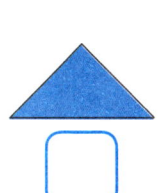

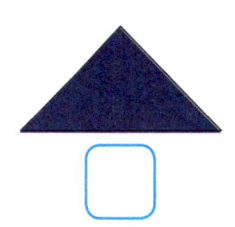

- Faça um ✗ no triângulo maior, aquele que ocupa a maior superfície.
- Faça um ◯ no triângulo menor, aquele que ocupa a menor superfície.

2. Junte-se a um colega. Usem suas peças de tangram e sobreponham as figuras para descobrir:

a) Quantos destes △ vocês precisam para cobrir exatamente este △ ? _____

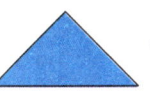

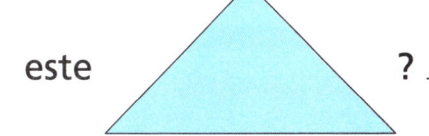

b) Quantos destes △ são necessários para cobrir exatamente este △ ? _____

3. O chão da cozinha da casa de Beto será todo pavimentado com lajotas quadradas com meio metro de lado. O trabalho já começou.

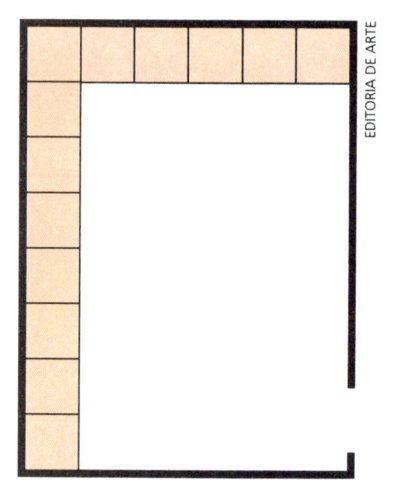

Quantas dessas lajotas serão necessárias para pavimentar todo o chão dessa cozinha? Troque ideias com seus colegas.

---

4. O desenho que representa as partes de uma construção é chamado de **planta**. Observe abaixo a planta de uma casa.

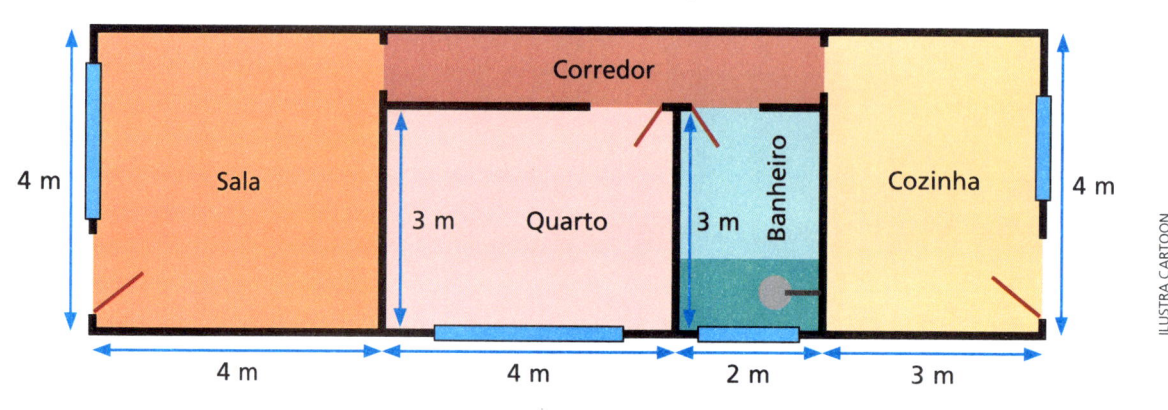

O chão da sala vai ser revestido com lajotas de forma quadrada.
• Quantas lajotas com 1 metro de lado são necessárias para cobrir o piso?

---

5. Escolha uma caixa. Depois, contorne duas faces dessa caixa numa folha sem pauta. Recorte as duas figuras e, por sobreposição, verifique qual delas tem maior área.

6. VAMOS BRINCAR COM PERCURSOS?

Para ir andando de casa até a farmácia, Ari pode escolher entre dois caminhos: o que passa em frente à escola ou o que passa em frente ao mercado.

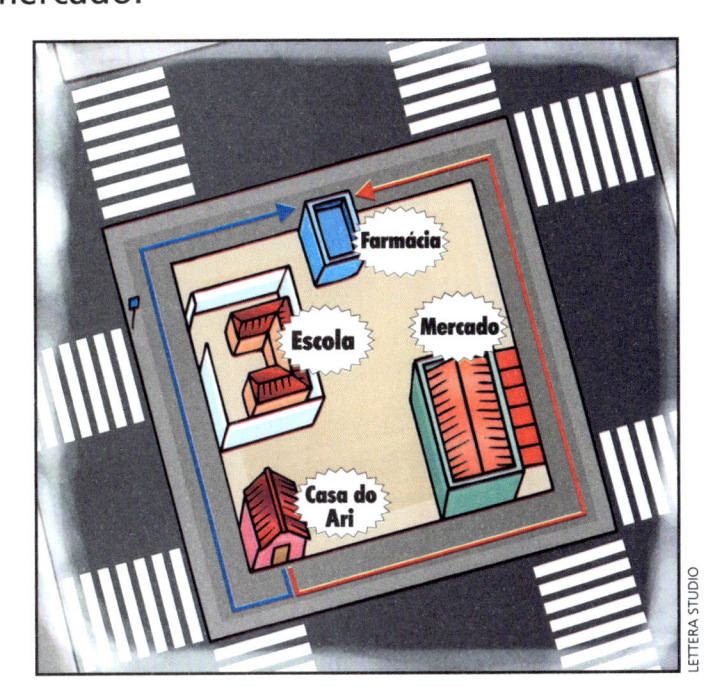

a) Qual dos dois caminhos é o mais longo?

___

b) No bairro onde Ari mora, cada lado do quarteirão mede 100 m de comprimento.
- Para ir da casa dele até a escola, Ari anda:
    ☐ 100 m   ☐ mais de 100 m   ☐ menos de 100 m
- Para ir da casa dele até a farmácia, Ari anda:
    ☐ 100 m   ☐ mais de 100 m   ☐ menos de 100 m

c) Calcule o perímetro do quarteirão onde Ari mora.

___

#FICA A DICA

Que tal conhecer um jogo *on-line* interessante que inclui deslocamento e percurso pelas ruas de uma cidade? Acesse: DAQUI pra lá, de lá pra cá. **Nova Escola**. Disponível em: <http://ftd.li/gbcr2h>. Acesso em: 9 ago. 2017.

COMPARANDO MASSAS

QUAL É A SUA OPINIÃO?

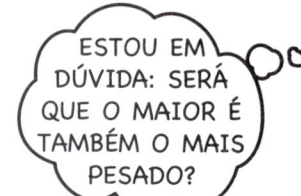

ESTOU EM DÚVIDA: SERÁ QUE O MAIOR É TAMBÉM O MAIS PESADO?

Troque ideias com os seus colegas sobre esta dúvida de Regina.

1. Veja como Regina fez para descobrir: pegou um livro e um travesseiro, que era bem maior, e segurou cada um desses objetos em uma mão. Desse modo, ela poderia comparar as massas e saber, com certeza, o que era mais pesado.

- Que tal brincar de balança e comparar a massa de um livro e de um travesseiro usando as mãos, como Regina está fazendo? Registre aqui a conclusão a que você chegou: o mais

   pesado é o _____ e o mais leve

   é o _____.

2. Observe as posições das balanças e escreva o nome das frutas, da mais pesada para a mais leve.

1ª: _____. 2ª: _____. 3ª: _____.

MEDINDO MASSAS: O QUILOGRAMA

1. A escola está promovendo uma campanha de reciclagem de latinhas de alumínio. As latinhas coletadas serão vendidas para uma cooperativa do bairro. A cooperativa paga 3 reais pelo quilograma da latinha de alumínio. Com o dinheiro arrecadado, a escola vai comprar computadores novos.
Podemos medir a massa de latinhas de alumínio usando uma balança, por exemplo.

MINHA TURMA TROUXE 100 LATINHAS PARA RECICLAR.

O QUILOGRAMA É UMA UNIDADE DE MEDIDA DE MASSA. O SÍMBOLO DO QUILOGRAMA É **kg**.

Na tabela está indicado o número de latinhas de alumínio que cada turma trouxe nesta semana. Cerca de 74 latinhas formam um quilograma. Marque um ✗ para indicar se a quantidade que cada classe trouxe corresponde a **1 quilograma**, **mais de 1 quilograma** ou **menos de 1 quilograma**.

Latinhas trazidas pelas turmas do 3º ano				
Turma	Número de latinhas de alumínio	1 kg	Mais de 1 kg	Menos de 1 kg
3º A	100			
3º B	74			
3º C	60			
3º D	79			

Dados fictícios. Tabela elaborada em 2017.

2. Se 1 quilograma de latinhas de alumínio equivale a 74 latinhas, então:

a) em meio quilograma há, aproximadamente, _____ latinhas de alumínio.

b) em 1 quilograma e meio há, aproximadamente, _____ latinhas de alumínio.

3. No final da campanha, as turmas da manhã haviam arrecadado 54 quilogramas de latinhas de alumínio e as turmas da tarde, 43 quilogramas.

a) Quantos quilogramas de latinhas de alumínio foram arrecadados no total?

b) A 3 reais o quilograma, quanto a escola arrecadou?

FIQUE SABENDO

O Brasil é o país que mais recicla latinhas de alumínio no mundo. Quase o total de latinhas produzidas aqui são recicladas.

A reciclagem de alumínio é fonte de renda para muitos trabalhadores e proporciona uma grande economia de energia elétrica, diminuindo a emissão do gás de efeito estufa, entre outros benefícios.

Fonte de pesquisa: BRASIL recicla 2,1 milhões de latinhas de alumínio por hora. **Exame**, 31 out. 2012. Disponível em: <http://exame.abril.com.br/mundo/brasil-bate-recorde-em-reciclagem-de-latinhas-de-aluminio/>. Acesso em: 24 jul. 2017.

#FICA A DICA

Que tal conhecer A Turminha da Reciclagem, que ensina um jeito divertido de ajudar o planeta com pequenos gestos? Disponível em: <http://ftd.li/6fnb6a>. Acesso em: 24 jul. 2017.

MEDINDO MASSAS: O GRAMA E O MILIGRAMA

1. Sabrina usou uma balança para medir a massa de um pacote com meio quilograma de pó de café.

O QUE SIGNIFICA 500 g?

> O **GRAMA** É UMA UNIDADE DE MEDIDA DE MASSA.
> 1 kg = 1 000 g.
> **MEIO QUILOGRAMA** EQUIVALE A **500 GRAMAS**.
> O SÍMBOLO DO **GRAMA** É **g**.

- Você sabe esclarecer a dúvida de Sabrina?
- Troque ideias com seus colegas sobre isso.

2. A balança está em equilíbrio. Qual é a massa do frango, então?

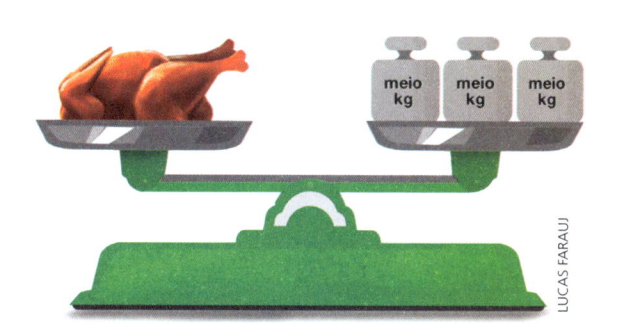

_____

- E você, quantos quilogramas tem? Aproximadamente, quantos ![meio kg] seriam necessários para representar sua massa?

_____

3. Investigando equivalências.

100, 200, 300...

a) De quantos 100 g preciso para obter:

- meio quilograma? _____

- 1 quilograma? _____

4. Jorge comprou uma barra de chocolate de 1 quilograma para usar numa receita de bolo. Ele vai precisar de 500 gramas. Jorge leu na embalagem que o chocolate vem dividido em partes de 100 gramas cada uma.
Quantas partes desse chocolate ele deve usar na receita do bolo?

_____

5. Uma empresa que fabrica molho de tomate lançou o produto em latas de diferentes tamanhos. Observe a massa de molho de tomate que vem em cada uma dessas latas.

3 000 g
2 200 g
800 g
70 g
198 g
210 g
400 g
425 g

a) Ordene as massas dessas latas da menor para a maior.

_____, _____, _____, _____, _____, _____, _____, _____

b) Quantos quilogramas de molho de tomate vêm na lata maior?

_____

c) Quantos gramas de molho de tomate vêm na lata maior a mais que na menor lata? _____

d) Preciso de 1 kg de molho de tomate. Como posso obter essa massa aproximada de molho comprando duas dessas latas? E três dessas latas?

_____

_____

FAZENDO ESTIMATIVAS

Marque com um ✗ a melhor estimativa para cada caso.

Quantos quilogramas você acha que ele tem?	E esse boi, quantos quilogramas tem?
☐ 5 kg ☐ 50 kg ☐ 500 kg	☐ 2 kg ☐ 20 kg ☐ 200 kg

FIQUE SABENDO

É comum encontrarmos medidas de massa expressas em miligramas em rótulos de remédios ou em rótulos com a informação de produtos.

O **MILIGRAMA** É UMA UNIDADE DE MEDIDA DE MASSA. O SÍMBOLO DO MILIGRAMA É **mg**. 1 GRAMA EQUIVALE A 1000 mg
1 g = 1000 mg

PRODUÇÃO

▼ ANALISANDO INFORMAÇÕES EM RÓTULOS E EMBALAGENS

Com seu grupo, pesquise rótulos e embalagens em que apareçam medidas expressas em miligrama (**mg**).

Selecione algumas delas para colar em um cartaz. Ao lado do rótulo ou das informações da embalagem, registre o nome do produto, o tipo de indústria (alimentícia, farmacêutica, cosmética etc.), a medida expressa em mg e a escrita por extenso da medida escolhida.

MEDINDO A CAPACIDADE: O LITRO E O MILILITRO

1. As crianças trouxeram estes recipientes para reciclar. Observe as garrafas PET de 1 L.

• Contorne os recipientes com capacidade de mais de 1 L.

VEJA QUANTOS RECIPIENTES DIFERENTES FORAM TRAZIDOS PARA A RECICLAGEM!

NOS RÓTULOS DESSAS EMBALAGENS APARECEM ESTAS ESCRITAS: 1 L, 2 L, 5 L E 10 L. O QUE SERÁ ISSO?

Os elementos não foram representados em proporção de tamanho entre si.

• Troque ideias com seus colegas a respeito dos símbolos expressos nos rótulos dessas embalagens.

*PARA SABER A QUANTIDADE DE LÍQUIDO QUE CABE EM UM RECIPIENTE, MEDIMOS A **CAPACIDADE** DELE.*

*POR EXEMPLO, NA CENA ACIMA, 1 L, 2 L, 5 L E 10 L INDICAM A CAPACIDADE DOS RECIPIENTES EM LITROS. O SÍMBOLO DE **LITRO** É ℓ OU L.*

2. Quantos copos de 200 mililitros  é possível encher com 1 litro  de água? Façam a experiência para descobrir.

3. Com base na experiência anterior, responda: quantos copos  é possível encher com LEITE 1ℓ LEITE 1ℓ ? _____

4. De quantas garrafas de  meio litro eu preciso para obter 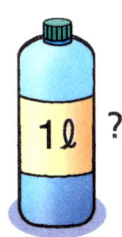 1ℓ ?

_____

_____

FIQUE SABENDO

Se, depois de usado, o óleo comestível for jogado no ralo da pia, poderá entupir o encanamento e causar estragos: poluir rios e represas e dificultar o tratamento da água. Por isso, é muito importante fazer a reciclagem desse óleo. Você sabia que é possível transformar o óleo usado em sabão?

Fonte de pesquisa: INCRA. Disponível em: <http://www.incra.gov.br/servidor-do-incramg-realiza-projetos-de-sustentabilidade>. Acesso em: 24 jul. 2017.

5. Com 4 litros de óleo de cozinha é possível fazer 3 quilogramas de sabão de boa qualidade. Quantos quilogramas de sabão é possível obter com:

• 8 litros de óleo?

_____

• 20 litros de óleo?

_____

6. Na campanha de reciclagem da escola foram arrecadados 148 litros de óleo de cozinha, vendidos a uma empresa que pagou 1 real para cada 2 litros de óleo. Quanto a escola arrecadou com essa venda?

---

7. Ao manter a torneira fechada enquanto escova os dentes e usar um copo de água para enxaguar a boca, você economiza quase 12 litros de água em uma única escovação. Se 6 pessoas da família fizerem isso ao escovar os dentes, quantos litros de água, aproximadamente, poderão economizar em uma única escovação?

Fonte: USO racional da água. Disponível em: <http://site.sabesp.com.br/site/interna/Default.aspx?secaold=595>. Acesso em: 3 ago. 2017.

---

8. Continue a preencher os espaços nos quadros.

Quantidade de litros de leite	Quantidade de copos cheios	Quantidade de litros de leite	Quantidade de copos cheios
1	5	6	
2		7	
	15		40
4		9	
5			50

9. Na lanchonete do seu Juca, os sucos podem ser comprados em garrafas como as representadas abaixo.

O QUE SIGNIFICA 500 mL?

VAMOS PESQUISAR?

COM A GARRAFA MAIOR ENCHEMOS 4 COPOS.

E, COM A GARRAFA MENOR, ENCHEMOS A METADE DESSA QUANTIDADE, OU SEJA, 2 COPOS.

- Com seus colegas, pesquisem o que significa 500 mL. Pesquisem também embalagens em que aparece o símbolo **mL**.

FIQUE SABENDO

O mililitro é uma unidade de medida de capacidade. O símbolo do mililitro é **mL**. 1 litro equivale a 1 000 mililitros ou 1 L = 1 000 mL.

Assim, 500 mL equivalem à metade de 1 litro.

10. Observe os rótulos das caixas. O suco de uma caixa de 1 litro corresponde a quantas caixas de 200 mililitros?

_____

_____

11. Investigando equivalências. Quantas vezes:

a) 200 mL cabem em 1 L? _____

b) 500 mL cabem em 1 L? _____

c) 50 mL cabem em 1 L? _____

12. Observando a capacidade destes vidros de perfume, como você faria para obter 150 mL, comprando:

a) dois desses vidros?

_____

b) três desses vidros?

_____

_____

13. Observe as informações dos rótulos dos sucos e responda:

a) Qual é a capacidade da caixa? E da latinha?

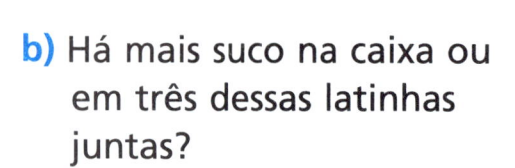

_____

_____

b) Há mais suco na caixa ou em três dessas latinhas juntas?

_____

_____

234

MEDINDO O TEMPO

Você conhece a história **Alice no País das Maravilhas**? Nessa história um coelho apressado vive consultando o relógio.

💬 Na sua opinião, por que o coelho olha tanto para o relógio? O que ele vê no relógio?

LENDO AS HORAS

1. Nos relógios de ponteiros, quando o ponteiro maior estiver no 12, para ler as horas basta ver o número que o ponteiro menor está indicando. Que horas o relógio ao lado está marcando? _____

2. Faça a leitura dos relógios abaixo para indicar que horas são.

_____ horas.   _____ horas.   _____ horas.

3. Continue a contar os minutos que formam uma hora, de 5 min em 5 min.

> **FIQUE SABENDO**
> Uma hora tem 60 minutos.
> 1 h = 60 min.

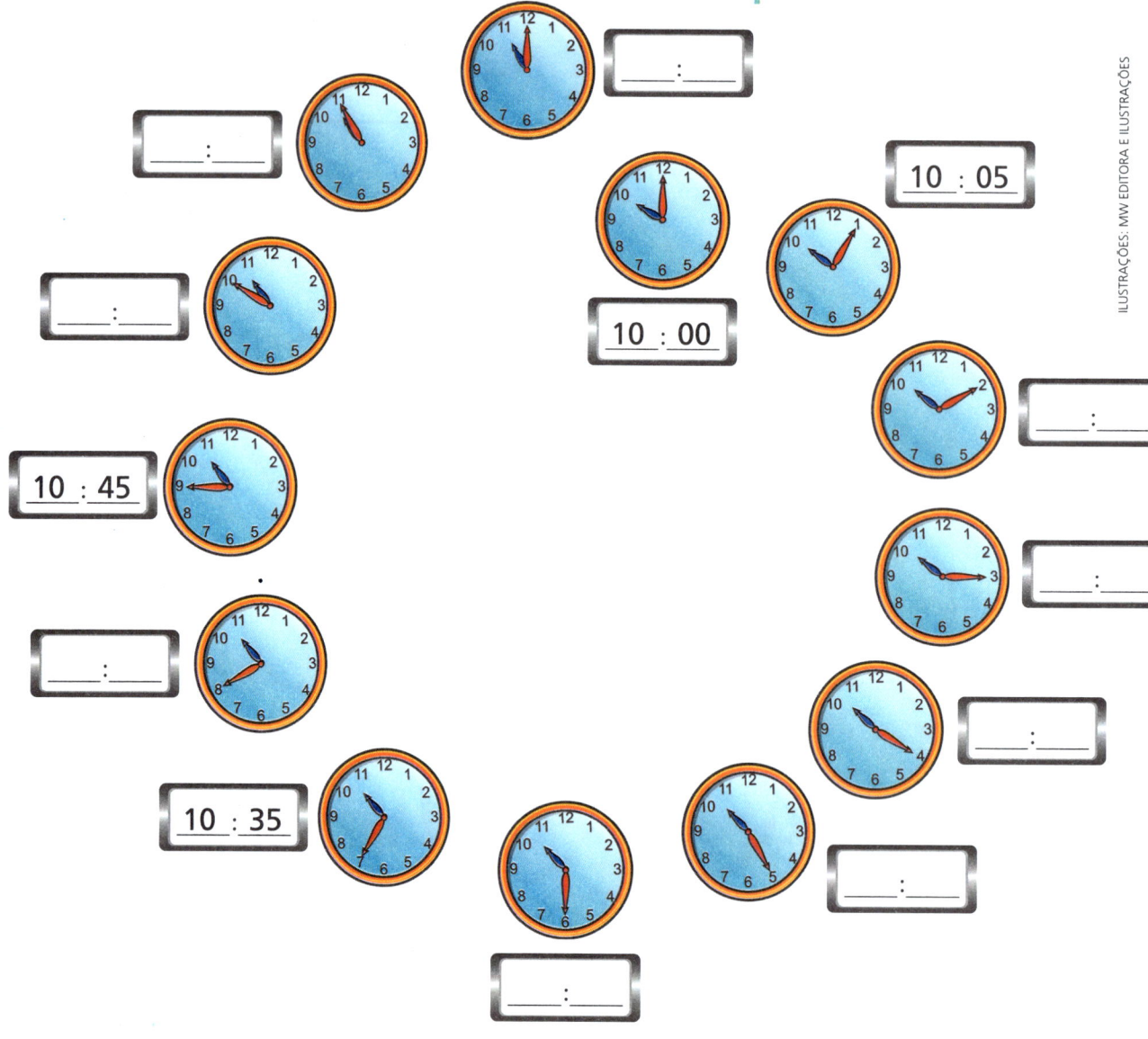

____ : ____

10 : 05

10 : 00

10 : 45

10 : 35

____ : ____

4. Quantos minutos há em:
a) meia hora?
_____

b) uma hora e meia?
_____

c) um quarto de hora?
_____

5. Ana marcou o tempo gasto em cada etapa da produção desta borboleta. Os relógios indicam o horário em que ela começou e terminou cada etapa.

1ª etapa: Ana desenhou e recortou as asas da borboleta.

Começo: [relógio]   Término: [relógio]

2ª etapa: Ela pintou ambos os lados (frente e verso) das asas recortadas.

Começo: [relógio]   Término: [relógio]

3ª etapa: Ela pintou o pregador.

Começo: [relógio]   Término: [relógio]

4ª etapa: Na ponta do pregador, ela colou duas metades de palito de dentes para fazer as antenas e finalizou prendendo as asas com o pregador.

Começo: [relógio]   Término: [relógio]

a) Indique quantos minutos Ana gastou em cada etapa.

1ª etapa	2ª etapa	3ª etapa	4ª etapa

b) No total, ela gastou mais ou menos de uma hora? Quanto?

_____

c) Construa uma borboleta como a de Ana. Marque o tempo gasto em cada etapa e registre no quadro a seguir.

1ª etapa	2ª etapa	3ª etapa	4ª etapa

6. Manuela ganhou o filme **Na época dos dinossauros**.

[Quadrinhos:
- BENTO, QUER ASSISTIR A UM FILME COMIGO ÀS 10 HORAS?
- QUAL É O TEMPO DE DURAÇÃO DO FILME?
- SÃO 100 MINUTOS.
- UMA HORA E 40 MINUTOS? TUDO BEM, POSSO IR! SE COMEÇAR ÀS 10 HORAS VAI TERMINAR ÀS 11 HORAS E 40 MINUTOS.]

• Pesquise o tempo de duração de três dos seus filmes favoritos e complete o quadro:

Título do filme	Tempo de duração
Na época dos dinossauros	100 min ou 1 h e 40 min

FIQUE SABENDO

Alguns relógios digitais são de "24 horas". Por exemplo, o relógio ao lado marca 22 horas e 38 minutos ou 10 horas e 38 minutos da noite.

Outros relógios digitais são de "12 horas". Por exemplo:

Antes do meio-dia, as horas vêm acompanhadas da sigla **AM**.

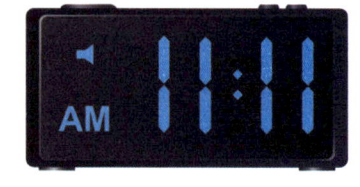

São 11 horas e 11 minutos da manhã.

Depois do meio-dia, as horas vêm acompanhadas da sigla **PM**.

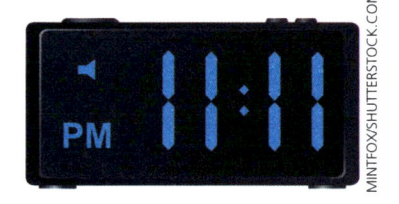

São 11 horas e 11 minutos da noite.

7. Veja maneiras diferentes de ler as horas indicadas em um relógio.

São oito e meia ou 8 horas e 30 minutos.

São 10 horas e 45 minutos ou quinze minutos para as onze ou um quarto para as 11 horas.

São 16 horas e 50 minutos ou dez minutos para as dezessete.

Escreva de duas maneiras diferentes as horas indicadas nos relógios a seguir.

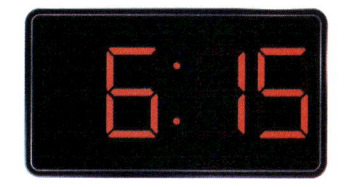

_____

_____

_____

FIQUE SABENDO

Há relógios que também indicam os segundos.

Os dois relógios indicam 10 horas, 10 minutos e 0 segundo.

1 minuto tem 60 segundos.

ponteiro dos segundos

horas minutos segundos

ENQUANTO O PONTEIRO DOS MINUTOS PASSA DE UM TRACINHO PARA O OUTRO, O PONTEIRO DOS SEGUNDOS DÁ UMA VOLTA COMPLETA.

FAZENDO ESTIMATIVAS

a) Quanto tempo demora para:
- piscar o olho?
- estalar os dedos?
- dar um espirro?

b) Conte alto até 60, batendo palmas a cada número falado. Faça isso acompanhando o ponteiro dos segundos de um relógio de ponteiros ou a contagem dos segundos em um relógio digital. Quanto tempo você acha que leva? Verifique sua estimativa no relógio.

c) A metade de 1 minuto é 30 segundos. O que você acha que dá para fazer em 30 segundos?

d) Quanto tempo você leva para soletrar o alfabeto inteiro?

☐ Menos de 30 segundos.

☐ Exatamente 30 segundos.

☐ Mais de 30 segundos.

8. Este relógio está indicando 10 horas, 58 minutos e 50 segundos.

contagem dos segundos.

Quantos segundos faltam para 10 horas e 59 minutos?

O CALENDÁRIO

1. Cláudio observou neste calendário que os feriados do segundo semestre quase sempre caem aos domingos.

2021

Janeiro
Dom	Seg	Ter	Qua	Qui	Sex	Sáb
					1	2
3	4	5	6	7	8	9
10	11	12	13	14	15	16
17	18	19	20	21	22	23
24	25	26	27	28	29	30
31						

Fevereiro
Dom	Seg	Ter	Qua	Qui	Sex	Sáb
	1	2	3	4	5	6
7	8	9	10	11	12	13
14	15	16	17	18	19	20
21	22	23	24	25	26	27
28						

Março
Dom	Seg	Ter	Qua	Qui	Sex	Sáb
	1	2	3	4	5	6
7	8	9	10	11	12	13
14	15	16	17	18	19	20
21	22	23	24	25	26	27
28	29	30	31			

Abril
Dom	Seg	Ter	Qua	Qui	Sex	Sáb
				1	2	3
4	5	6	7	8	9	10
11	12	13	14	15	16	17
18	19	20	21	22	23	24
25	26	27	28	29	30	

Maio
Dom	Seg	Ter	Qua	Qui	Sex	Sáb
						1
2	3	4	5	6	7	8
9	10	11	12	13	14	15
16	17	18	19	20	21	22
23	24	25	26	27	28	29
30	31					

Junho
Dom	Seg	Ter	Qua	Qui	Sex	Sáb
		1	2	3	4	5
6	7	8	9	10	11	12
13	14	15	16	17	18	19
20	21	22	23	24	25	26
27	28	29	30			

Julho
Dom	Seg	Ter	Qua	Qui	Sex	Sáb
				1	2	3
4	5	6	7	8	9	10
11	12	13	14	15	16	17
18	19	20	21	22	23	24
25	26	27	28	29	30	31

Agosto
Dom	Seg	Ter	Qua	Qui	Sex	Sáb
1	2	3	4	5	6	7
8	9	10	11	12	13	14
15	16	17	18	19	20	21
22	23	24	25	26	27	28
29	30	31				

Setembro
Dom	Seg	Ter	Qua	Qui	Sex	Sáb
			1	2	3	4
5	6	7	8	9	10	11
12	13	14	15	16	17	18
19	20	21	22	23	24	25
26	27	28	29	30		

Outubro
Dom	Seg	Ter	Qua	Qui	Sex	Sáb
					1	2
3	4	5	6	7	8	9
10	11	12	13	14	15	16
17	18	19	20	21	22	23
24	25	26	27	28	29	30
31						

Novembro
Dom	Seg	Ter	Qua	Qui	Sex	Sáb
	1	2	3	4	5	6
7	8	9	10	11	12	13
14	15	16	17	18	19	20
21	22	23	24	25	26	27
28	29	30				

Dezembro
Dom	Seg	Ter	Qua	Qui	Sex	Sáb
			1	2	3	4
5	6	7	8	9	10	11
12	13	14	15	16	17	18
19	20	21	22	23	24	25
26	27	28	29	30	31	

ADESVECTORS/SHUTTERSTOCK.COM

a) Pesquise no dicionário o significado da palavra **semestre**.

_____

b) Os meses do 2º semestre do ano são:

_____

INVESTIGANDO PADRÕES E REGULARIDADES

Pesquise as abreviações dos nomes dos meses e complete a sequência.

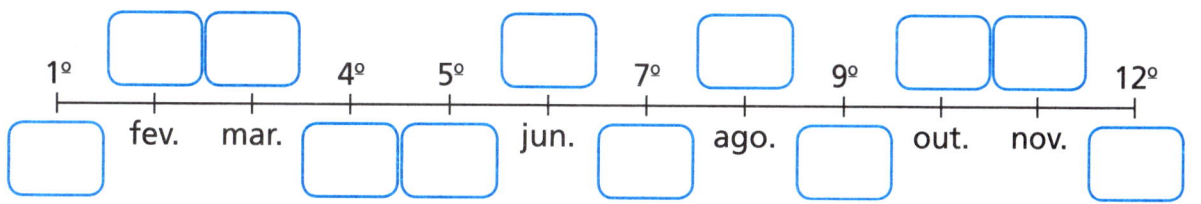

1º [ ] — [ ] fev. — [ ] mar. — 4º [ ] — 5º [ ] — [ ] jun. — 7º [ ] ago. — 9º [ ] — [ ] out. — [ ] nov. — 12º [ ]

241

2. No calendário abaixo:

a) Use ✏️ e contorne os meses de 2 em 2, formando os bimestres.

b) Use ✏️ e contorne os meses de 3 em 3, formando os trimestres.

Janeiro	Fevereiro	Março

Dom Seg Ter Qua Quin Sex Sáb
                              1   2
3   4   5   6   7   8   9
10 11 12 13 14 15 16
17 18 19 20 21 22 23
24 25 26 27 28 29 30
31
	Dom Seg Ter Qua Quin Sex Sáb
	        1 2 3 4 5 6
	7 8 9 10 11 12 13
	14 15 16 17 18 19 20
	21 22 23 24 25 26 27
	28
		Dom Seg Ter Qua Quin Sex Sáb
		        1 2 3 4 5 6
		7 8 9 10 11 12 13
		14 15 16 17 18 19 20
		21 22 23 24 25 26 27
		28 29 30 31

Abril	Maio	Junho

Dom Seg Ter Qua Quin Sex Sáb
                      1   2   3
4   5   6   7   8   9 10
11 12 13 14 15 16 17
18 19 20 21 22 23 24
25 26 27 28 29 30
	Dom Seg Ter Qua Quin Sex Sáb
	                                  1
	2 3 4 5 6 7 8
	9 10 11 12 13 14 15
	16 17 18 19 20 21 22
	23 24 25 26 27 28 29
	30 31
		Dom Seg Ter Qua Quin Sex Sáb
		            1 2 3 4 5
		6 7 8 9 10 11 12
		13 14 15 16 17 18 19
		20 21 22 23 24 25 26
		27 28 29 30

Julho	Agosto	Setembro

Dom Seg Ter Qua Quin Sex Sáb
                      1   2   3
4   5   6   7   8   9 10
11 12 13 14 15 16 17
18 19 20 21 22 23 24
25 26 27 28 29 30 31
	Dom Seg Ter Qua Quin Sex Sáb
	1 2 3 4 5 6 7
	8 9 10 11 12 13 14
	15 16 17 18 19 20 21
	22 23 24 25 26 27 28
	29 30 31
		Dom Seg Ter Qua Quin Sex Sáb
		                  1 2 3 4
		5 6 7 8 9 10 11
		12 13 14 15 16 17 18
		19 20 21 22 23 24 25
		26 27 28 29 30

Outubro	Novembro	Dezembro

Dom Seg Ter Qua Quin Sex Sáb
                              1   2
3   4   5   6   7   8   9
10 11 12 13 14 15 16
17 18 19 20 21 22 23
24 25 26 27 28 29 30
31
	Dom Seg Ter Qua Quin Sex Sáb
	        1 2 3 4 5 6
	7 8 9 10 11 12 13
	14 15 16 17 18 19 20
	21 22 23 24 25 26 27
	28 29 30
		Dom Seg Ter Qua Quin Sex Sáb
		                  1 2 3 4
		5 6 7 8 9 10 11
		12 13 14 15 16 17 18
		19 20 21 22 23 24 25
		26 27 28 29 30 31

ALEJO MIRANDA/SHUTTERSTOCK.COM

c) Com base no que foi feito, complete: o ano tem _____ bimestres e _____ trimestres.

d) Pinte de 🖍️ os nomes dos meses com 30 dias e de 🖍️ os nomes dos meses com 31 dias.

e) Quantos dias tem o mês de fevereiro nesse calendário? _____

3. Os anos bissextos são aqueles em que fevereiro tem 29 dias. Verifique se o ano em que estamos é bissexto.

_____

4. Elisa observa o calendário. Em que dias de maio pode ser essa consulta?

> TENHO MÉDICO NA PRIMEIRA QUINZENA DE MAIO.

_____

• Troque ideias com seus colegas sobre o significado de quinzena.

5. VAMOS BRINCAR NA MALHA!

1º Preparem dois dados: um com letras de **A** a **F** nas faces e outro com números de **1** a **6**. Vejam, na foto ao lado, como devem ficar os dados.

2º Cada um joga os dados. A letra e o número sorteados formarão um par que servirá para localizar uma figura no painel abaixo. Por exemplo, em **D5** há a figura de um copo.

Os elementos não foram representados em proporção de tamanho entre si.

	A	B	C	D	E	F
6	relógio digital	ampulheta	relógio	balança	régua	Perde a jogada
5	mão	jarra medidora	Ganha 2 pontos	copo	colher	pé
4	garrafa de leite	clipe	fita métrica	mamadeira	metro articulado	Ganha 2 pontos
3	lata	Perde 1 ponto	Perde 1 ponto	Jogue outra vez	Perde 1 ponto	relógio de pulso
2	balança	Jogue outra vez	balança de cozinha	caixa	Perde a jogada	copo medidor
1	Jogue outra vez	esquadro	pesos	garrafa	Ganha 2 pontos	Perde a jogada

3º O jogador deverá escrever, em uma folha de papel, o nome da figura que localizou com o par sorteado nos dados. Cada palavra escrita corretamente vale 1 ponto.

4º Se o jogador sortear mais de uma vez o mesmo par, passará a vez.

5º Ganha o jogador que tiver mais pontos ao final de 6 rodadas.

SÓ PARA LEMBRAR

1 Escolha um dos instrumentos de medida abaixo para fazer as medições em cada caso e registre as medidas encontradas.

Fita métrica.

Relógio.

Os elementos não foram representados em proporção de tamanho entre si.

Régua.

Balança.

Recipiente graduado.

a) O comprimento da sua cintura. _____

b) A massa da sua mochila. _____

c) A capacidade de um copo. _____

d) A largura do seu dedo indicador esquerdo. _____

e) O tempo que você fica na escola durante as aulas. _____

2 Vamos fazer a feira? Use suas notas e moedas de real para ajudar os cálculos e complete o quadro.

Produto	1 kg	500 g	250 g	2 kg
Cenoura 	6 reais		1 real e 50 centavos	
Abóbora 				16 reais
Pimentão 		5 reais		

244

3 Marcos ficou incumbido de regar as plantas com 15 litros de água. Ele usa um regador com capacidade para 1 litro e meio de água. Para cumprir a tarefa, quantas vezes ele terá de encher de água o regador? Descubra e complete os espaços.

Quantidade de regadores	Litros de água
1	1 litro e meio
2	3 litros
3	4 litros e meio
4	
5	

Quantidade de regadores	Litros de água
6	
7	
8	
9	
10	

4 Em uma mercearia, 300 gramas de cebola são vendidos a 1 real e 50 centavos. Use suas notas e moedas de real destacadas, troque ideias com os colegas e calcule o preço, nessa mercearia, de:

a) 100 gramas de cebola. _____

b) 500 gramas de cebola. _____

5 Que unidade de medida é a mais adequada para indicar:

a) o tempo que você leva para dar um pulo? _____

b) o tempo que você leva escovando os dentes? _____

c) a quantidade de água em uma caixa-d'água cheia? _____

d) a espessura de um fio de lã? _____

e) a altura do prédio da sua escola? _____

6 DIVIRTA-SE!

Você já brincou de **Dois ou um**? Jogue com 3 pessoas. Juntos, todos falam: "Dois ou um?" e, na sequência, colocam um ou dois dedos ao mesmo tempo. Ganha quem colocar a quantidade de dedos diferente. Das crianças da cena, quem ganhou a rodada?

#FICA A DICA

Que tal saber mais sobre o **Dois ou um**? Acesse MAPA do brincar, **Folha de S. Paulo**. Disponível em: <http://ftd.li/7uue38>. Acesso em: 25 jul. 2017.

7 DIVIRTA-SE!

Chame dois amigos para brincar de limpa a trilha com dois ou um.

1º Cada jogador escolhe uma das casas de PARTIDA e posiciona o seu pião nela.

2º Tirem no **Dois ou um** quem fará a primeira jogada e também as jogadas seguintes. O ganhador avança sempre uma casa na trilha, o que representa que ele recolheu o lixo e o levou até a lixeira.

3º Vence aquele que recolher todo o lixo da trilha primeiro.

• Você acha que há alguma estratégia que aumente a sua chance de ganhar na brincadeira **Dois ou um**?

PEQUENO GLOSSÁRIO ILUSTRADO

ADIÇÃO

- A ideia de juntar

3 ovos
mais
4 ovos

São 7 ovos no total

$3 + 4 = 7$

- A ideia de **acrescentar**

Número de ovos na caixa	
Ovos acrescentados	
Adição	$6 + 6 = 12$

Os 6 ovos que estavam na caixa, com os outros 6 que foram acrescentados, formam uma dúzia de ovos.

ANTECESSOR

O antecessor de 11 é 10.
O antecessor de 10 é 9.

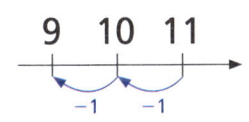

9 10 11

ARESTA

aresta

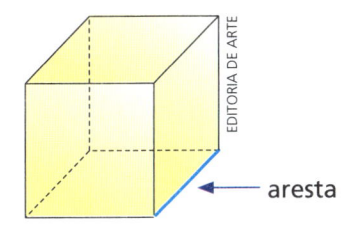

ARREDONDAMENTO

Para efetuar a adição 560 + 432, Beto arredonda as parcelas para a centena exata mais próxima, calculando a soma aproximada.

560 está mais próximo de 600

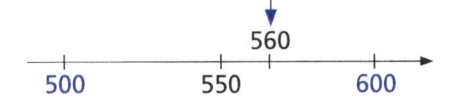

432 está mais próximo de 400

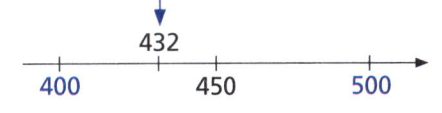

$600 + 400 = 1\,000$

Então, a soma é, aproximadamente, 1 000.

BLOCO RETANGULAR

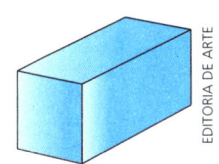

CENTENA

10 grupos de 10 = 100 = 1 centena

CENTÍMETRO

Unidade de medida de comprimento.

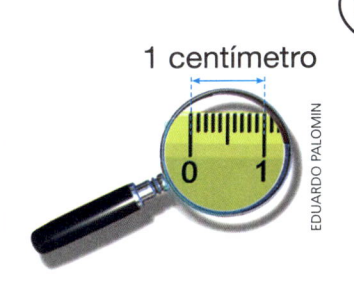

1 centímetro

O SÍMBOLO DE CENTÍMETRO É **cm**.

247

CILINDRO

CÍRCULO

CONE

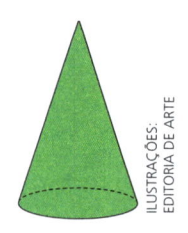

CORRESPONDÊNCIA UM A UM

PARA CADA LATINHA, UMA GARRAFA.

CUBO

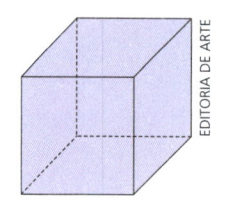

DEZENA

Dez unidades formam 1 dezena.

DIFERENÇA

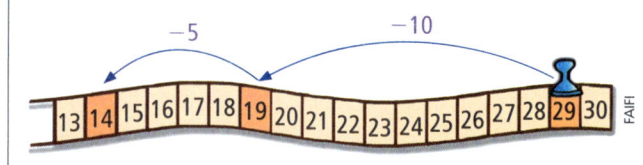

$29 - 15 = 29 - 10 - 5 = 14$

A diferença entre 29 e 15 é 14.

DIVISÃO

- A ideia de dividir em partes iguais.

DIVIDINDO IGUALMENTE 24 BOTÕES EM 6 GRUPOS, CADA GRUPO FICA COM 4 BOTÕES.

$24 : 6 = 4$

- A ideia de medir

Em um saco de 25 quilogramas, cabem 5 pacotes de 5 quilogramas.

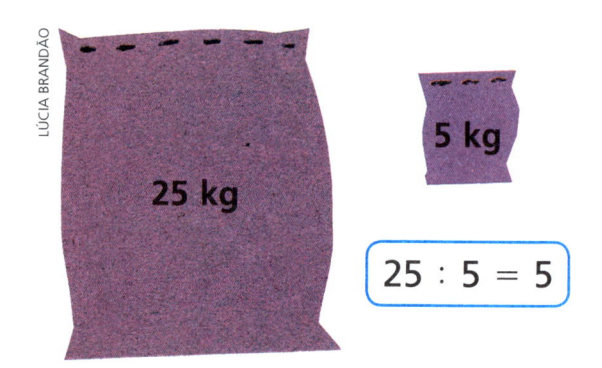

$25 : 5 = 5$

DIVISÃO NÃO EXATA

Quando o resto de uma divisão não é zero, dizemos que a divisão não é exata.

17 reais divididos por 5 dão 3 reais e sobram 2 reais.

DOBRO

Dobrar ou calcular o **dobro** de um número é o mesmo que multiplicá-lo por 2.

DÚZIA

Uma dúzia é formada por **doze** unidades.

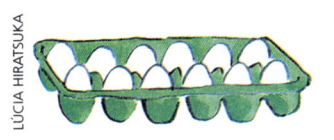

D	U
1	2

ESFERA

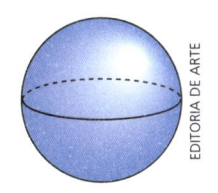

ESTIMATIVA

> **ESTIMAR** É AVALIAR APROXIMADAMENTE UMA QUANTIDADE, UM PREÇO, QUANTO TEMPO É GASTO ETC. NÃO PRECISA SER O NÚMERO, NEM O VALOR, NEM A MEDIDA EXATA.

Exemplo: Estime quantas crianças são ao todo. Depois, conte para ver se a estimativa foi boa.

FACE

← face

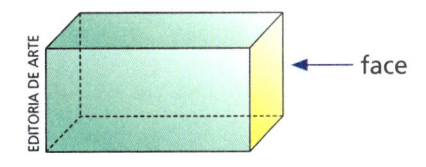

FATORES

Na multiplicação, temos:

$$8 \times 3 = 24$$

fatores   produto

GRAMA

É uma unidade de medida de massa.

> **GRAMA** É UMA PALAVRA USADA NO MASCULINO QUANDO EMPREGADA COMO UNIDADE DE MEDIDA. EXEMPLOS:
> • PESEI UM GRAMA DE OURO.
> • COMPREI DUZENTOS GRAMAS DE QUEIJO.
> O SÍMBOLO DE GRAMA É g.

LITRO

O litro é uma unidade de medida de capacidade.

O símbolo de litro é ℓ ou L.

LOSANGO

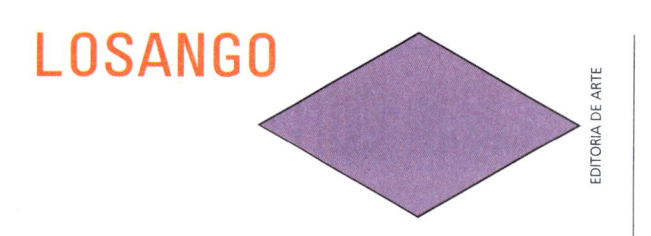

MEDIR

Medir é comparar. Para medir um comprimento, comparamos esse comprimento com outro. Ivan mediu a largura da carteira com seu palmo.

um palmo

A MINHA CARTEIRA TEM 3 PALMOS DE LARGURA.

MEIO METRO

Meio metro é o mesmo que a metade de 1 metro.

METRO

É uma unidade de medida de comprimento.

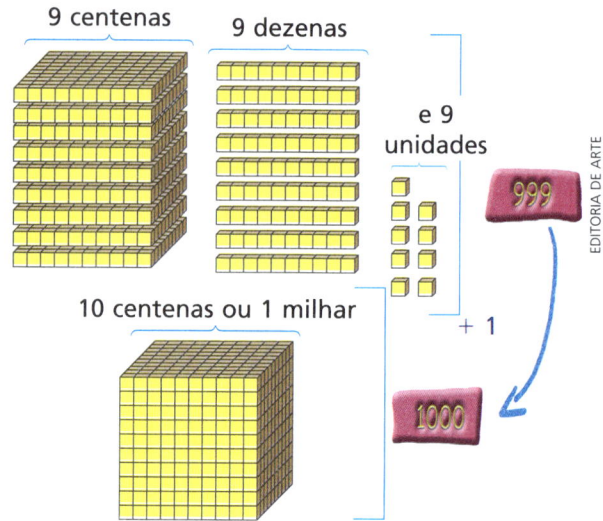

UM METRO TEM 100 CENTÍMETROS. O SÍMBOLO DE **METRO** É **m**.

NOVECENTOS E NOVENTA E NOVE MAIS UM SÃO **MIL**.

9 centenas 9 dezenas e 9 unidades

999

10 centenas ou 1 milhar + 1

1000

MILÍMETRO

É uma unidade de medida de comprimento. Corresponde à milésima parte do metro ou à décima parte do centímetro.

$$1 \text{ m} = 1000 \text{ mm}$$

O tracinho verde destacado tem 1 milímetro de comprimento.

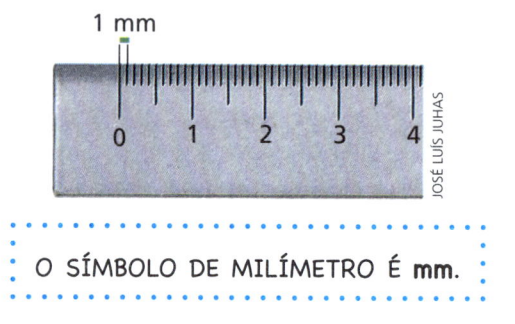

1 mm

O SÍMBOLO DE MILÍMETRO É **mm**.

MILIGRAMA

Miligrama é uma unidade de medida de massa.

MILILITRO

Mililitro é uma unidade de medida de capacidade.

MULTIPLICAÇÃO

- Adição de parcelas iguais

Há 2 grupos com 3 🐄 em cada um.

Cálculo do total de 🐄

Adição: 3 + 3 = 6

Multiplicação: 2 × 3 = 6

- Organização retangular

Na malha, há 2 linhas e 🌼 em cada linha.

2 × 2 = 4

No total, são 4 🌼.

NÚMEROS ÍMPARES

Agrupamos de 2 em 2 e **sobrou** 1 calçado. O número de calçados é ímpar.

Os números ímpares são aqueles cujo algarismo das unidades é 1, 3, 5, 7, ou 9.

NÚMEROS PARES

Agrupamos de 2 em 2 e **não sobrou** sapato sem formar par.

O número de calçados é **par**.

Os números pares são aqueles cujo algarismo das unidades é 0, 2, 4, 6 ou 8.

PARALELOGRAMO

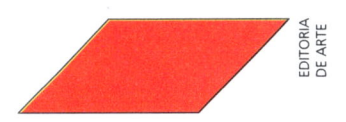

PARCELAS

Na adição, temos:

20 + 39 = 59

parcelas — soma ou total

PENTÁGONO

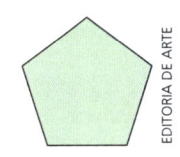

PERÍMETRO

A medida do contorno de uma figura plana é chamada **perímetro**.

PIRÂMIDE

Pirâmide de base quadrada.

PLANIFICAÇÃO

Desmontando uma caixa, obtemos a **planificação** dessa caixa.

Veja a planificação de uma caixa de forma cúbica.

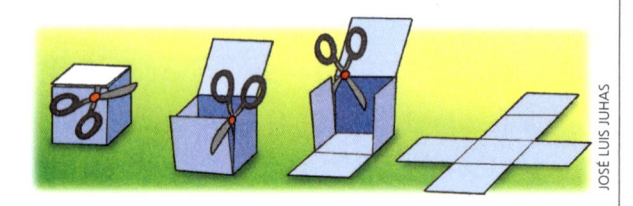

Veja agora a planificação da pirâmide de base quadrada.

pirâmide de base quadrada

planificação

PRISMA DE BASE TRIANGULAR

PRODUTO

É o resultado de uma multiplicação.

3 × 4 = 12 → produto

QUADRADO

QUADRILÁTEROS

São figuras com 4 lados e 4 vértices.

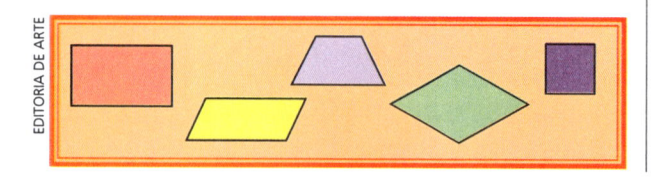

QUÁDRUPLO

Quadruplicar ou calcular o quádruplo de um número é o mesmo que multiplicá-lo por 4.

QUARTA PARTE

Calcular a quarta parte de um número é o mesmo que dividi-lo por 4.

QUILOGRAMA

É uma unidade de medida de massa.

O símbolo de **quilograma** é **kg**.

QUOCIENTE

O QUOCIENTE DA DIVISÃO 24 : 4 É 6.

RESTO   QUOCIENTE

RESTO

- Numa **divisão**:

a) exata, o resto é zero

$$\begin{array}{r|l} 24 & 8 \\ \text{resto} \rightarrow 0 & 3 \end{array}$$

b) não exata, o resto é diferente de zero

$$\begin{array}{r|l} 30 & 8 \\ \text{resto} \rightarrow 6 & 3 \end{array}$$

RETÂNGULO

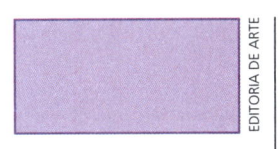

SOMA

Soma é o resultado de uma adição.

$$2 + 3 = 5$$

SOMAR

Somar é o mesmo que adicionar. É o que fazemos quando precisamos juntar quantidades ou quando acrescentamos uma quantidade a outra.

SUBTRAÇÃO

- A ideia de tirar

Havia 5 bolinhas no copo. Tirando 2, ficaram 3.

$$5 - 2 = 3$$

- A ideia de comparar

São 6 🟥 e 3 ⬛.

Há 3 🟥 a mais que ⬛.

$$6 - 3 = 3$$

- A ideia de completar

Falta pintar de cor-de-rosa 4 bonequinhos para completar 8.

$$8 - 4 = 4$$

SUCESSOR

- O sucessor de 30 é 31.
- O sucessor de 31 é 32.
- O sucessor de 32 é 33.

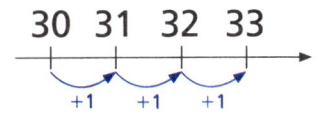

30 31 32 33
   +1 +1 +1

> O **SUCESSOR** DE UM NÚMERO É AQUELE QUE VEM **IMEDIATAMENTE DEPOIS** DESSE NÚMERO.

TRIÂNGULO

TRIPLO

Triplicar ou calcular o triplo de um número é o mesmo que multiplicá-lo por 3.

VÉRTICE

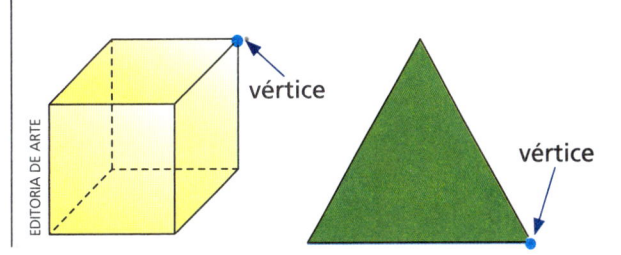

BIBLIOGRAFIA

ABRAMOVICH, Fanny. **O professor não duvida! Duvida?** São Paulo: Summus, 1990.

BIGODE, Antonio José Lopes; FRANT, Janete Bolite. **Matemática**: soluções para dez desafios do professor – 1º ao 3º ano do ensino fundamental. São Paulo: Ática, 2011.

BIGODE, Antonio José Lopes; RODRIGUEZ, Joaquin Gimenez. **Metodologia para o ensino da aritmética**: competência numérica no cotidiano. São Paulo: FTD, 2009.

BRESSAN, Ana P. de; BRESSAN, Oscar. **Probabilidad y estadística**: cómo trabajar con niños y jóvenes. Buenos Aires: Centro de Publicaciones Educativas y Material Didáctico, 2008.

BROITMAN, Claudia. **As operações matemáticas no ensino fundamental I**: contribuições para o trabalho em sala de aula. Trad. Rodrigo Villela. São Paulo: Ática, 2011.

BROITMAN, Claudia; ITZCOVICH, Horacio. **O estudo das figuras e dos corpos geométricos**: atividades para o ensino fundamental I. Trad. Carmem Caccicarro. São Paulo: Ática, 2011.

BROITMAN, Claudia (Comp.). **Matemáticas en la escuela primaria**: números naturales y decimales con niños y adultos. Buenos Aires: Paidós, 2013. v. 1.

BROITMAN, Claudia (Comp.). **Matemáticas en la escuela primaria**: saberes y conocimientos de niños y docentes. Buenos Aires: Paidós, 2013. v. 2.

BROUSSEAU, Guy. **Introdução ao estudo das situações didáticas**. São Paulo: Ática, 2008.

CARRAHER, Terezinha Nunes (Org.). **Aprender pensando**: contribuições da psicologia cognitiva para a educação. 2. ed. Petrópolis: Vozes, 1986.

CENTURIÓN, Marília. **Conteúdo e metodologia da matemática**: números e operações. São Paulo: Scipione, 1994.

CENTURIÓN, Marília et al. **Jogos, projetos e oficinas para educação infantil**. São Paulo: FTD, 2004.

D´AMBROSIO, Ubiratan. **Da realidade à ação**: reflexões sobre educação e matemática. São Paulo: Summus; Campinas: Editora da Unicamp, 1986.

DANTE, Luiz Roberto. **Didática da matemática na pré-escola**. São Paulo: Ática, 1996.

DEMO, Pedro. **Avaliação qualitativa**. São Paulo: Cortez, 1987.

DORNELES, Beatriz Vargas. **Escrita e número**: relações iniciais. Porto Alegre: Artmed, 1998.

DUHALDE, María Elena; CUBERES, María Tereza González. **Encontros iniciais com a matemática**: contribuições à educação infantil. Trad. Maria Cristina Fontana. Porto Alegre: Artes Médicas, 1998.

ESTEBAN, Maria Teresa. A avaliação no cotidiano escolar. In: ESTEBAN, Maria Teresa. (Org.). **Avaliação**: uma prática em busca de novos sentidos. 3. ed. Rio de Janeiro: DP&A, 2001.

FRIEDMANN, Adriana. **Brincar**: crescer e aprender: o resgate do jogo infantil. São Paulo: Moderna, 1996.

GODINO, Juan Diaz; BERNABEU, M. C. Batanero; CASTELLANO, M. J. Cañizares. **Azar y probabilidad**: fundamentos didacticos y propuestas curriculares. Madrid: Síntesis, 1996.

GUÉRIOS, Ettiène et al. **A avaliação em matemática nas séries iniciais**. Curitiba: Centro Interdisciplinar de Formação Continuada de Professores da Educação Básica (CINFOP), 2005. (Avaliação de Aprendizagem).

HOFFMANN, Jussara Maria Lerch. **Avaliação mediadora**: uma prática em construção da pré-escola à universidade. Porto Alegre: Educação & Realidade, 1993.

KAMII, Constance; JOSEPH, Linda Leslie. **Crianças pequenas continuam reinventando a aritmética (séries iniciais)**: implicações da teoria de Piaget. Trad. Vinicius Figueira. 2. ed. Porto Alegre: Artmed, 2005.

KISHIMOTO, Tizuko Morchida. **O jogo e a educação infantil**. São Paulo: Pioneira, 1984.

LUCKESI, Cipriano Carlos. Avaliação: otimização do autoritarismo. In: **Equívocos teóricos na prática educacional**. Rio de Janeiro: ABT, 1984.

MACHADO, Nílson José. **Ensaios transversais**: cidadania e educação. São Paulo: Escrituras, 1997.

MARINA, José Antonio. **Teoria da inteligência criadora**. Trad. Fernando Moutinho. Lisboa: Editorial Caminho, 1995. (Caminho da Ciência).

NOVAES, Iris Costa. **Brincando de roda**. 2. ed. Rio de Janeiro: Agir, 1986.

NUNES, Terezinha; BRYANT, Peter. **Crianças fazendo matemática**. Trad. Sandra Costa. Porto Alegre: Artes Médicas, 1997.

PANIZZA, Mabel (Org.). **Ensinar matemática na educação infantil e nas séries iniciais**: análise e propostas. Trad. Antonio Feltrin. Porto Alegre: Artmed, 2006.

PARRA, Cecília et al. **Didática da matemática**: reflexões psicopedagógicas. Trad. Juan Acuña Llorens. Porto Alegre: Artes Médicas, 1996.

PERRENOUD, Philippe. **Construir as competências desde a escola**. Trad. Bruno Charles Magne. Porto Alegre: Artes Médicas Sul, 1999.

PERRENOUD, Philippe. **Dez novas competências para ensinar**. Trad. Patrícia Chittoni Ramos. Porto Alegre: Artes Médicas Sul, 2000.

PERRENOUD, Philippe. Não mexam na minha avaliação! Para uma abordagem sistêmica da mudança pedagógica. In: ESTRELA, Albano; NÓVOA, António (Org.). **Avaliações em educação**: novas perspectivas. Porto: Porto Editora, 1999.

PIAGET, J. **Fazer e compreender matemática**. São Paulo: Melhoramentos, 1978.

PIAGET, J.; SZEMINSK, A. **A gênese do número na criança**. Rio de Janeiro: Zahar, 1975.

SEBER, Maria da Glória. **Psicologia do pré-escolar**: uma visão construtivista. São Paulo: Moderna, 1995.

TOLEDO, Marília; TOLEDO, Mauro. **Didática da matemática**: como dois e dois: a construção da matemática. São Paulo: FTD, 1997.

ZUNINO, Delia Lerner de. **A matemática na escola**: aqui e agora. Trad. Juan Acuña Llorens. 2. ed. Porto Alegre: Artes Médicas, 1995.

DOCUMENTOS OFICIAIS

BRASIL. Ministério da Educação. **Base nacional comum curricular**: educação é a base. Proposta preliminar. Brasília, DF, 2017. Disponível em: <http://basenacionalcomum.mec.gov.br/images/BNCC_publicacao.pdf>. Acesso em: 8 maio 2017.

BRASIL. Ministério da Educação. Secretaria de Educação Fundamental. **Parâmetros curriculares nacionais**: matemática. Brasília, DF, 1997.

BRASIL. Ministério da Educação. Secretaria de Educação Fundamental. **Parâmetros curriculares nacionais**: apresentação dos temas transversais. Brasília, DF, 1997.

BRASIL. Ministério da Educação. Secretaria de Educação Fundamental. **Referencial curricular nacional para a educação infantil**. Brasília, DF, 1998. v. 1, 2 e 3.

BRASIL. Ministério da Educação. Secretaria de Educação Básica. **Pró-letramento**: programa de formação continuada de professores dos anos/séries iniciais do ensino fundamental: Matemática. Brasília, DF, 2007.

BRASIL. Ministério da Educação. Secretaria de Educação Básica. **Ensino fundamental de nove anos**: orientações para a inclusão da criança de seis anos de idade. Brasília, DF: FNDE, 2006.

BRASIL. Ministério da Educação. Secretaria de Educação Básica. **Pacto nacional para a alfabetização na idade certa**. Brasília, DF: FNDE, 2013.

MATERIAL PARA DESTACAR

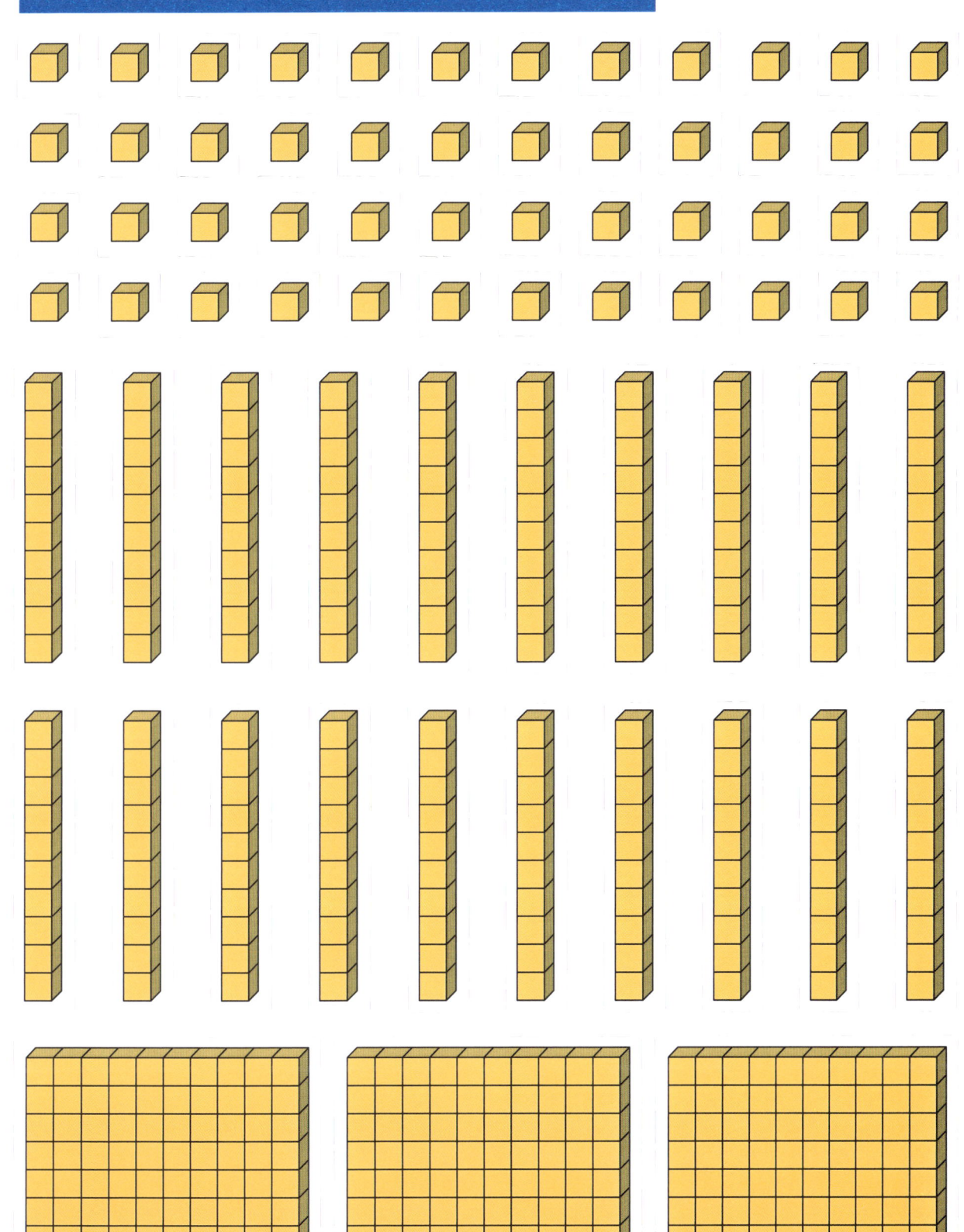

259

261

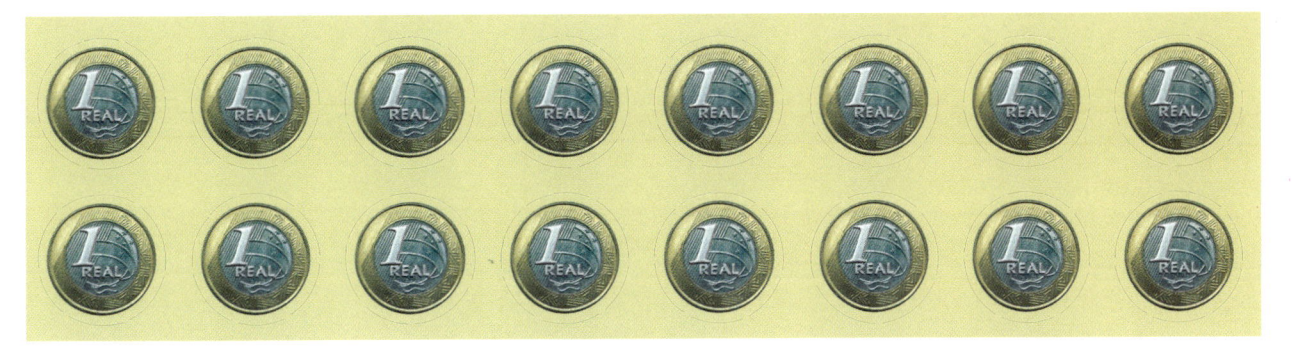

CASA DA MOEDA DO BRASIL

263

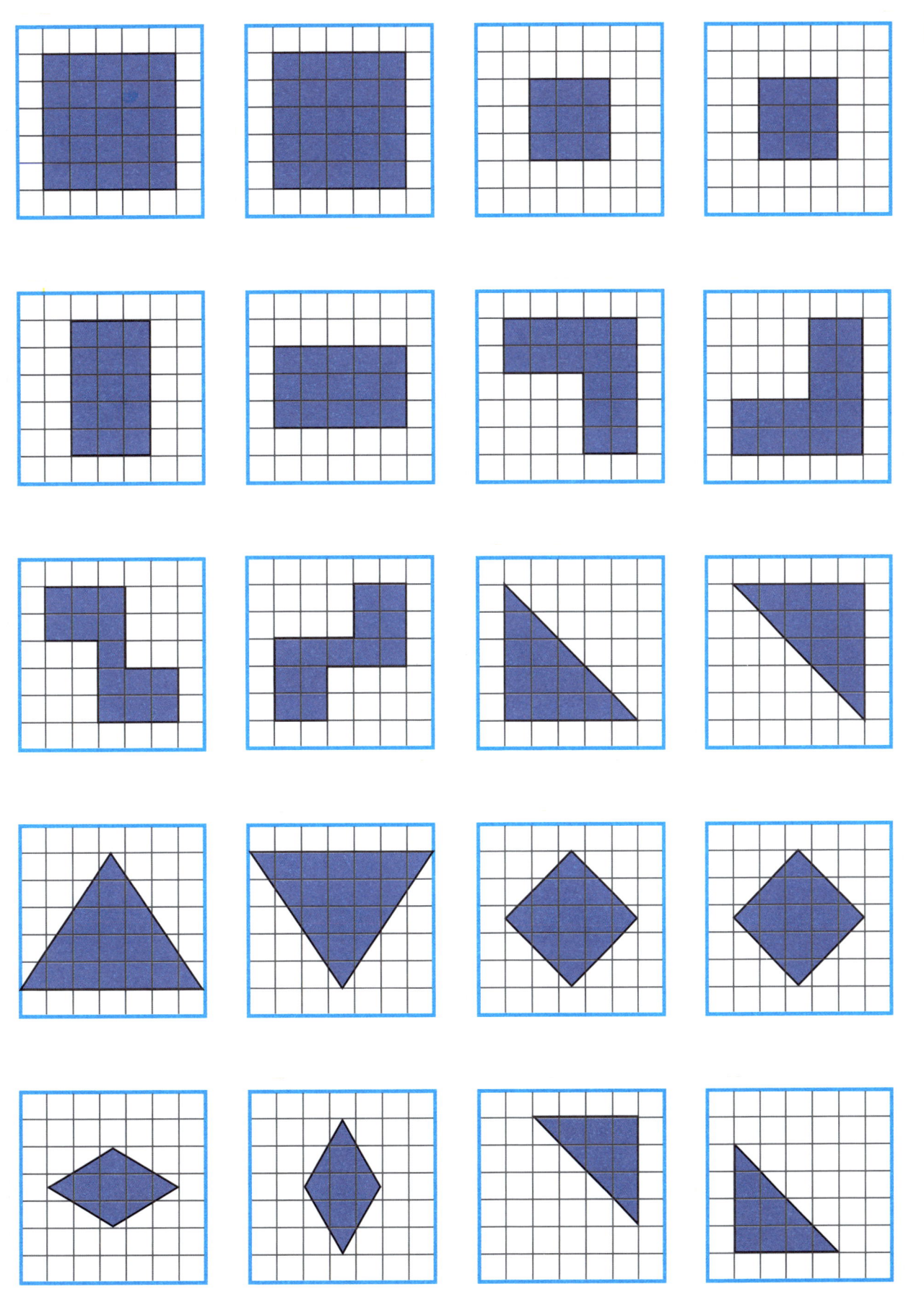

267

DOBRAR	....
COLAR	▬▬▬

1

5 4 2

9

3

269